NATURAL WONDERS OF MEXICO

MARAVILLAS NATURALES DE MÉXICO

Cover - Hidden Beach on the Marietas Islands
p.5 - Panoramic view of the Pacific coast in the state of Nayarit
pp.6-7 - Northern crested caracara (Caracara cheriway) in the desert scenery of Baja California
p.8 - Natural landscape nearby the volcano Popocatépetl
p.300 - Mexican Caribbean

Portada - Playa Escondida en las Islas Marietas
p.5 - Vista panorámica de la costa del Pacífico en el estado de Nayarit
pp.6-7 - Halcón Caracara (Caracara cheriway) en el paisaje desértico de Baja California
p.8 - Paisaje natural cerca del volcán Popocatépetl
p.300 - Caribe Mexicano

Contents

Introduction	9
Pink Lakes	12
Popocatépetl and Iztaccíhuatl	16
Montebello Lakes	22
Sian Ka'an	28
Firefly sanctuaries	32
Revillagigedo Islands	36
Yucatan cenotes	40
Volcano of Fire	46
Oasis of Mulegé	50
Valley of the Monks	54
Lagoon of Seven Colors	58
Pearls of the Sea of Cortes	62
Cuatro Ciénegas	66
Paricutin Volcano	70
El Cielo	74
Sima de las Cotorras	78
Camecuaro Lake	82
Los Cabos Arch	86
Wirikuta	90
Kaan Luum	94
Monarch butterfly	98
Sierra Gorda	104
Dunes of Solitude	108
Arch of Time	112
Xel-Ha	116
Quetzal	120
Copper Canyon	124
Casa Cenote	128
Chinchorro Banks	132
Tehuacán-Cuicatlán Valley	136
Río Secreto	140
Tolantongo	144
Hidden Beach	148
Flamingos	152
Sumidero Canyon	158
Zone of Silence	162
Whale Sanctuary of El Vizcaíno	166
Red Dunes	170
Cacahuamilpa Caves	174
La Bufadora	178
Agua Azul waterfalls	182
Cave of Swallows	186
Ray migration	190
Bernal Peak	194
Cozumel reefs	198
Whale shark	202
Basaltic prisms	206
Cancun	210
Nevado de Toluca	214
Cave of the Hanging Snakes	218
Centla swamps	222
El Pinacate and Gran Desierto de Altar	226
Balandra Beach	230
Axolotl	234
Petrified waterfalls	238
Cloud forest	244
Crystal Cave	248
Usumacinta River	252
Cenote Angelita	256
Samalayuca Dunes	260
Huasteca Potosina	264
Tule Tree	268
Contoy Island	272
Calakmul Biosphere Reserve	276
Orizaba	280
Cabo Pulmo	284
Sierra de Órganos	288
Misol-Ha	292
Credits	296

Contenido

Introducción	10
Lagunas Rosadas	12
Popocatépetl e Iztaccíhuatl	16
Lagunas de Montebello	22
Sian Ka'an	28
Santuarios de luciérnagas	32
Islas Revillagigedo	36
Cenotes de Yucatán	40
Volcán de Fuego	46
Oasis de Mulegé	50
Valle de los Monjes	54
Laguna de los Siete Colores	58
Perlas del Mar de Cortés	62
Cuatro Ciénegas	66
Volcán Paricutín	70
El Cielo	74
Sima de las Cotorras	78
Lago de Camécuaro	82
El Arco de Los Cabos	86
Wirikuta	90
Kaan Luum	94
Mariposa monarca	98
Sierra Gorda	104
Dunas de la Soledad	108
Arco del Tiempo	112
Xel-Ha	116
Quetzal	120
Barrancas del Cobre	124
Casa Cenote	128
Banco Chinchorro	132
Valle de Tehuacán-Cuicatlán	136
Río Secreto	140
Tolantongo	144
Playa Escondida	148
Flamencos	152
Cañón del Sumidero	158
Zona del Silencio	162
Santuario de ballenas de El Vizcaíno	166
Dunas Rojas	170
Grutas de Cacahuamilpa	174
La Bufadora	178
Cascadas de Agua Azul	182
Sótano de las Golondrinas	186
Migración de rayas	190
Peña de Bernal	194
Arrecifes de Cozumel	198
Tiburón ballena	202
Prismas basálticos	206
Cancún	210
Nevado de Toluca	214
Cueva de las Serpientes Colgantes	218
Pantanos de Centla	222
El Pinacate y Gran Desierto de Altar	226
Playa Balandra	230
Ajolote	234
Cascadas petrificadas	238
Bosques de niebla	244
Cueva de los Cristales	248
Río Usumacinta	252
Cenote Angelita	256
Dunas de Samalayuca	260
Huasteca Potosina	264
Árbol del Tule	268
Isla Contoy	272
Reserva de la Biósfera Calakmul	276
Orizaba	280
Cabo Pulmo	284
Sierra de Órganos	288
Misol-Ha	292
Créditos	296

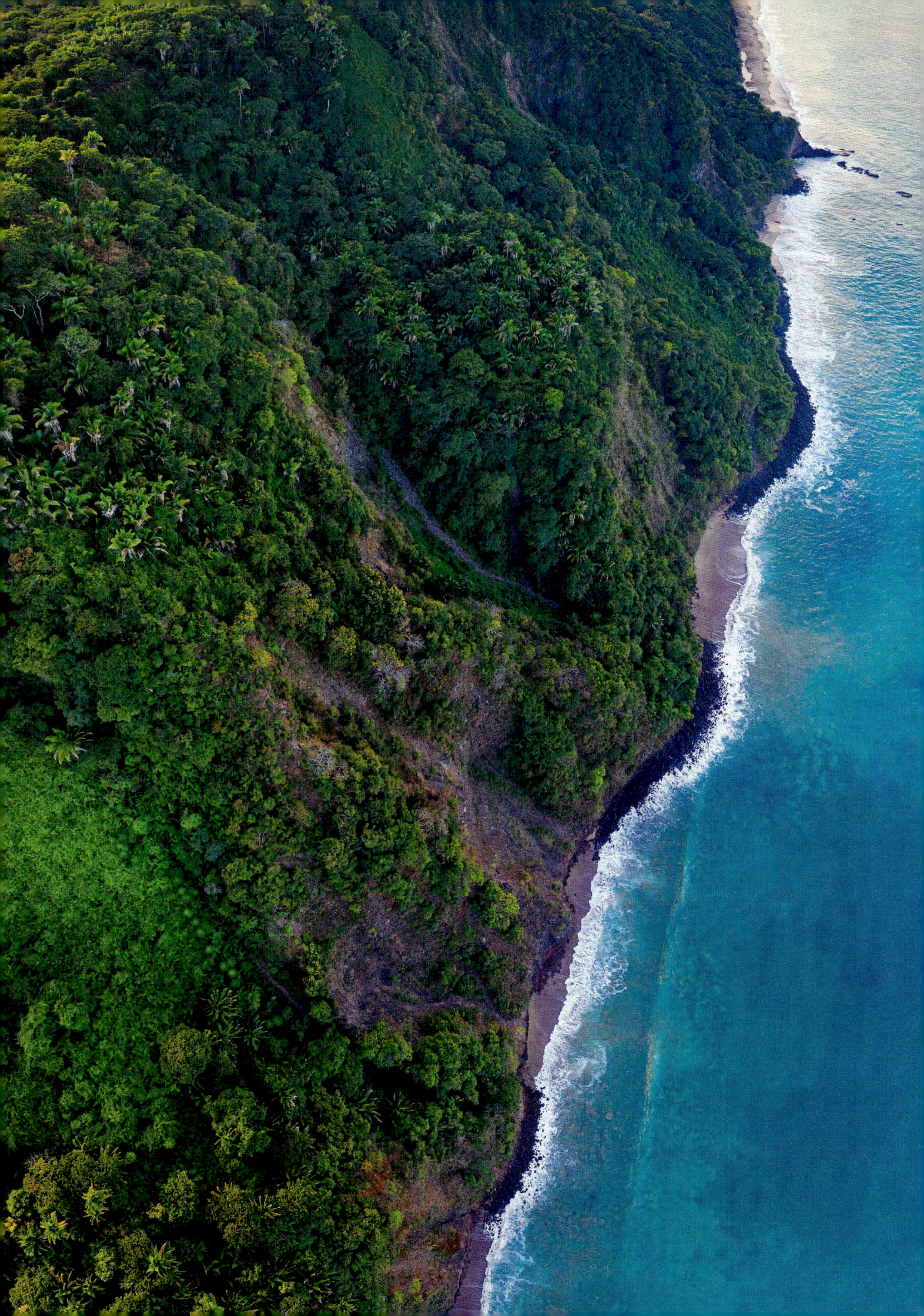

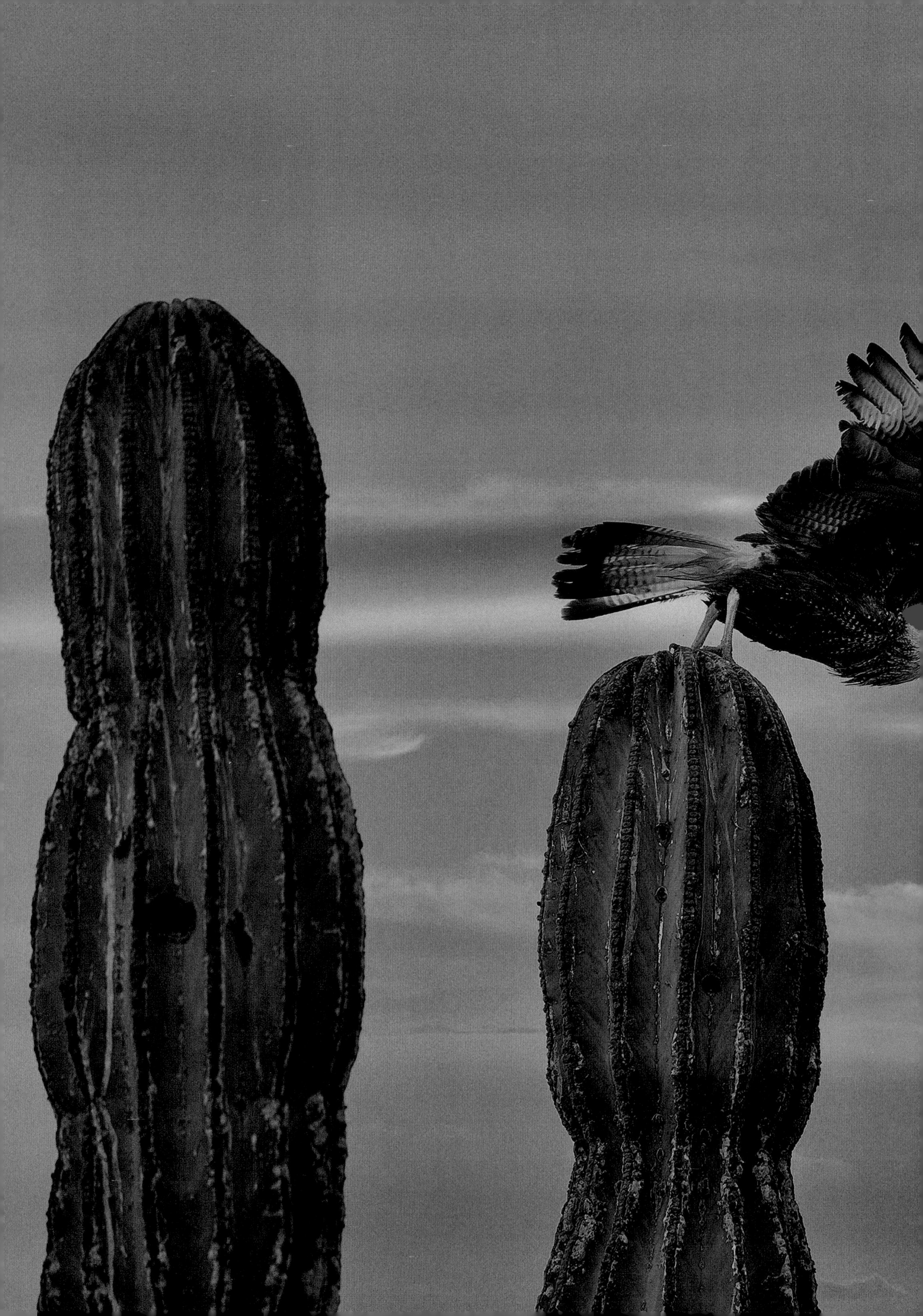

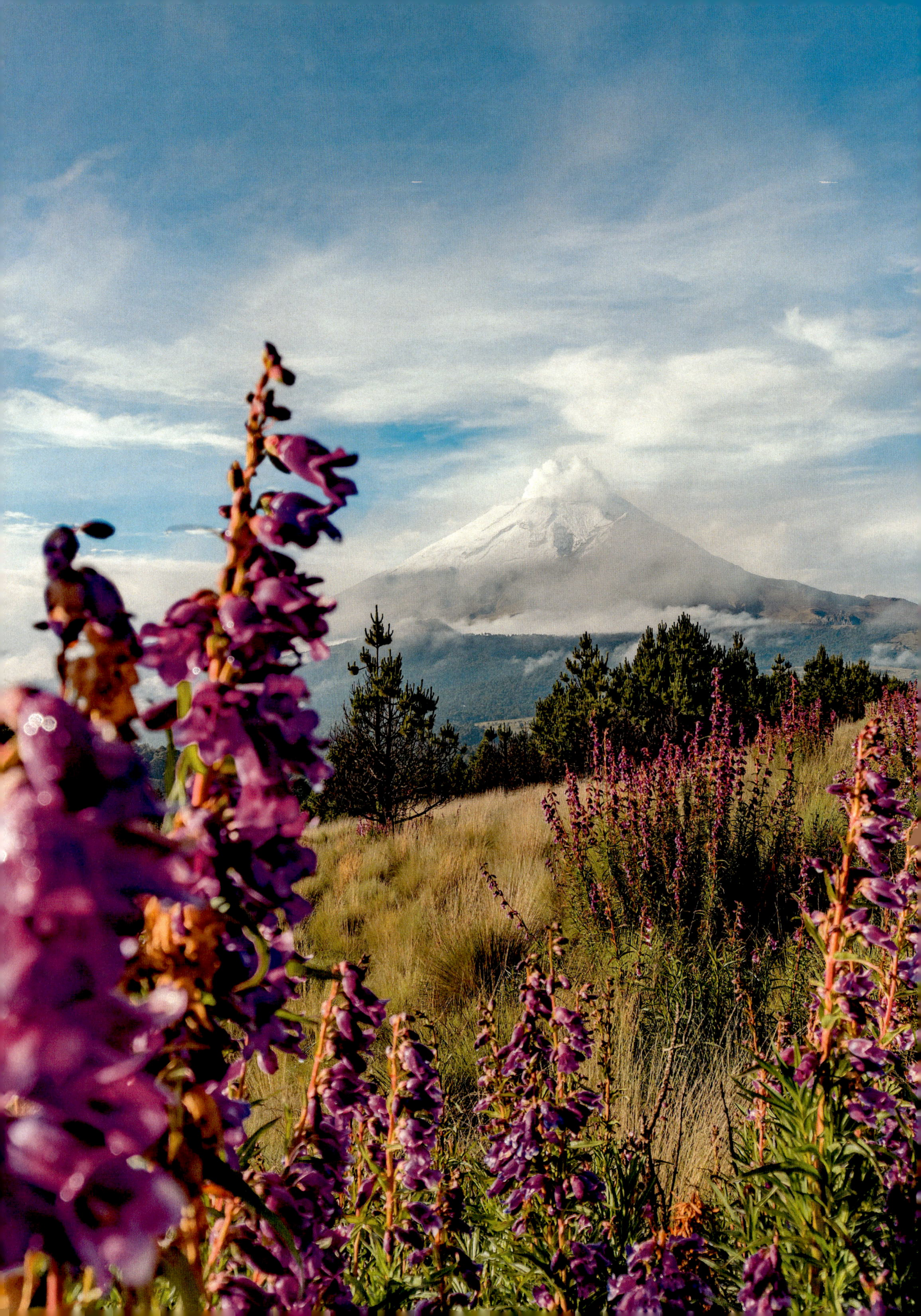

Introduction

"Nature is the art of God".
Dante Alighieri

Nature never ceases to amaze us. It is an eternal source of fascination and inspiration. Through the diversity of its landscapes and creations, it captivates the senses and awakens our innate curiosity.

Mexico is one of the most biodiverse countries in the world, where almost all natural environments of our planet are present: from snow-capped mountain peaks to the depths of its seas full of life, from arid deserts to lush tropical forests. Here, the complex mosaic of ecosystems brings together fiery volcanoes and peaceful lagoons, dark caves and paradisiacal beaches, vast swamps and colorful tropical reefs, majestic waterfalls and enigmatic cenotes, solitary dunes and fertile valleys, two ocean coasts and remote islands. Over time, this overwhelming variety of climates and altitudes, along with other factors, has allowed the evolution of several endemic species of flora and fauna which cannot be found anywhere else on the planet.

This enormous natural wealth is a great privilege, as it is also a great responsibility. It imposes the duty of preserving and caring for it to all humanity so that it continues to be one of the most beautiful parts of our world.

This book was created to show the natural wonders of Mexico, some - very famous and visited by many people every day, others – barely known, like the secret jewels of nature scattered around in different corners of the country. Each place has a charm of its own and a story to tell.

The fascinating collection of beauties included in the book is a homage to Mexico and its enormous natural heritage, complemented by the vibrant culture of its people.

Introducción

"La naturaleza es el arte de Dios".
Dante Alighieri

La naturaleza nunca deja de sorprendernos. Es una fuente eterna de fascinación e inspiración. A través de la diversidad de sus paisajes y creaciones cautiva los sentidos y despierta nuestra curiosidad innata.

México es uno de los países más biodiversos del mundo, donde caben casi todos los entornos naturales que es posible encontrar en nuestro planeta: desde las cimas de las altas montañas cubiertas de nieve hasta lo más profundo de sus mares llenos de vida, desde los áridos desiertos hasta exuberantes bosques tropicales. Aquí, en el complejo mosaico de ecosistemas se reúnen ardientes volcanes y apacibles lagunas, sombrías cuevas y paradisiacas playas, extensos pantanos y coloridos arrecifes tropicales, majestuosas cascadas y enigmáticos cenotes, solitarias dunas y fértiles valles, litorales de dos océanos y remotas islas. Esta impresionante variedad de climas y altitudes, junto con otros factores, con el paso del tiempo ha permitido la evolución de varias especies de flora y fauna endémicas, que no se pueden encontrar en ningún otro lugar del planeta.

Su enorme riqueza natural es un gran privilegio para el país, pero también es una gran responsabilidad. Impone el deber de conservarla y cuidarla a toda la humanidad para que continúe siendo una de las partes más bellas del muestro mundo.

Este libro fue creado para mostrar las maravillas naturales de México, algunas - muy famosas y visitadas por multitud de personas a diario, otras - apenas conocidas, como las joyas secretas de la naturaleza esparcidas por diferentes rincones del país. Cada lugar con un encanto diferente, con una historia por contar.

En homenaje a México, a su enorme patrimonio natural, que se complementa con la vibrante cultura de su gente, se presenta esta fascinante colección de sus bellezas.

Map of the states of Mexico
Mapa de los estados de México

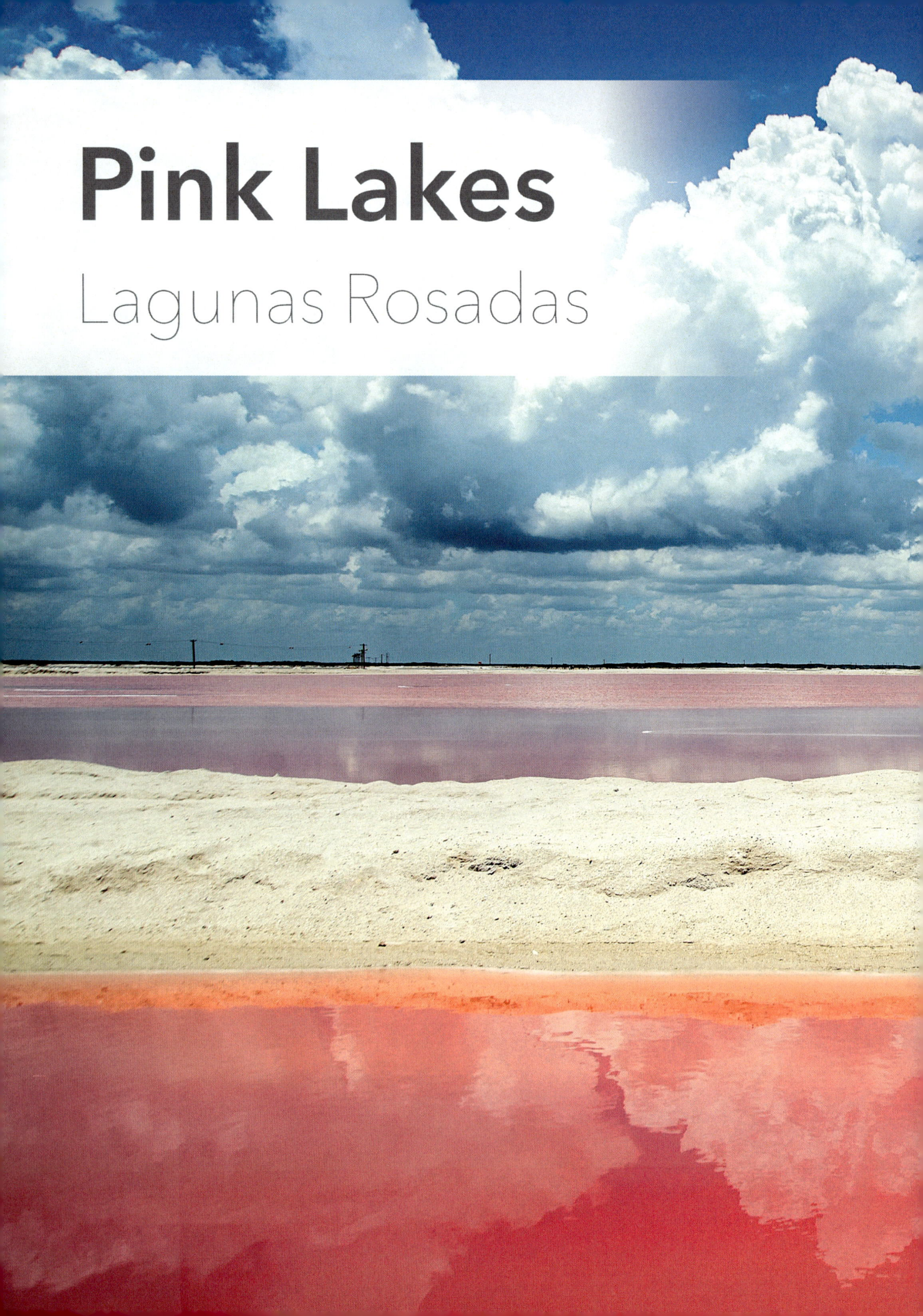

Pink Lakes

Lagunas Rosadas

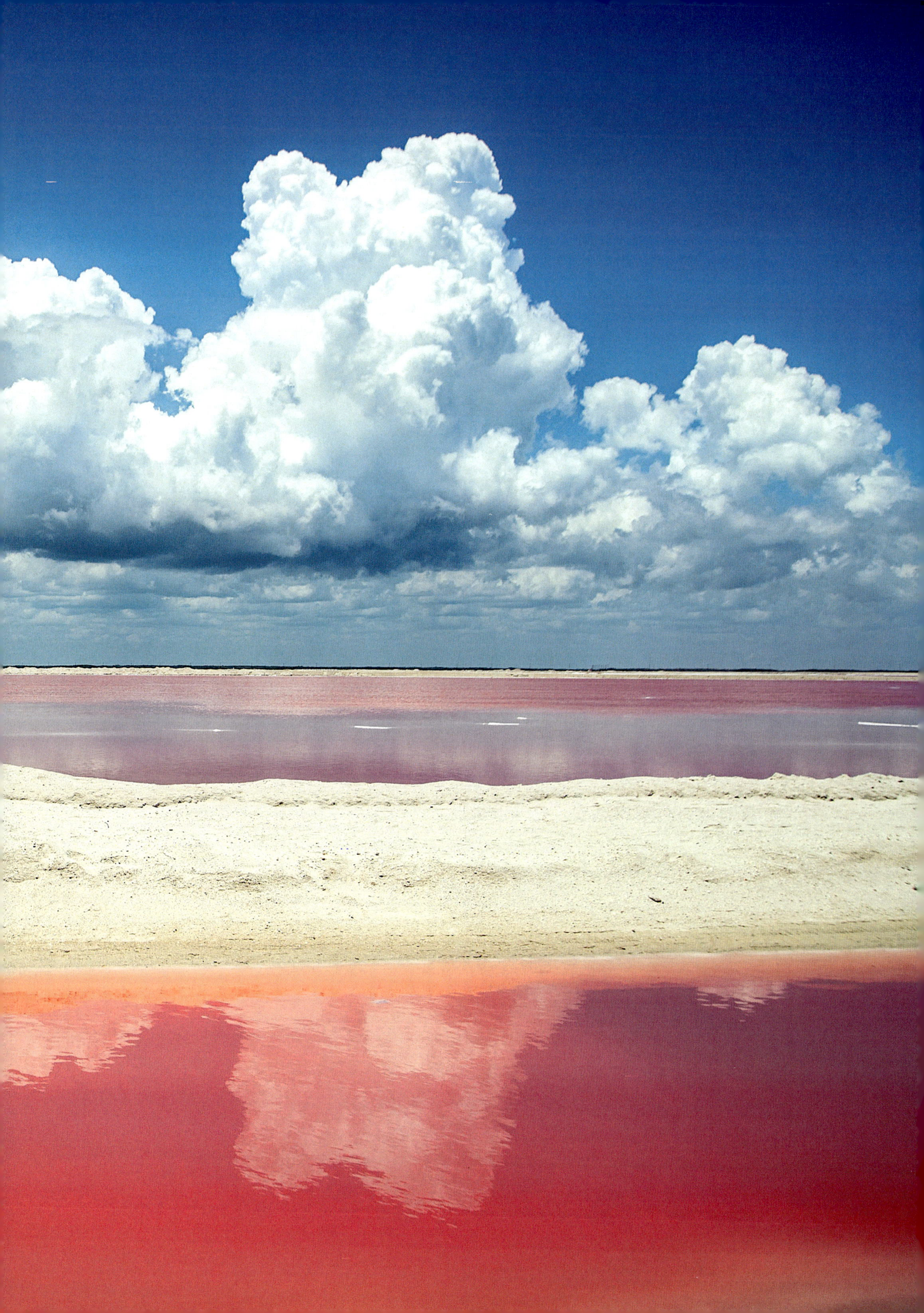

Aerial view of the Yucatan pink lakes; pp.12-13 – Sky reflections on the surface of the Las Coloradas lakes
Vista aérea de las lagunas rosadas en Yucatán; pp.12-13 – Reflejos del cielo en las lagunas de Las Coloradas

Located in the small coastal town of Las Coloradas, Yucatan, these famous pink lakes look like a setting straight out of a fantasy novel. Actually, these lakes are evaporation ponds owned by one of Mexico's largest salt processing plants. The pink shade of the water is created by the sun's effect on the salt and halophytes - microorganisms with pink membranes.

Each pond has a different tone of pink, creating a stunning mosaic of colors, which are most intense around mid-day when the sun is at its highest point.

Ubicados en el pequeño pueblo costero de Las Coloradas, en Yucatán, los famosos lagos rosados parecen un paisaje de fantasía. Se trata de un conjunto de pozas que pertenecen a una de las plantas procesadoras de sal más importantes de México. Sus aguas se pintan de rosa gracias al efecto del sol sobre la sal y los halófilos - unos microorganismos con membranas de color rosado.

Los tonos varían en cada pozo, creando un hermoso mosaico de colores, y adquieren más intensidad al mediodía, cuando el sol está en su punto más fuerte.

Graceful pink Caribbean flamingos
Los graciosos flamencos rosados del Caribe

Las Coloradas pink lakes are privately owned, and although visitors are allowed, the water is not apt for swimming for two reasons: first, to avoid contamination that might disturb salt extraction; and second, due to the high concentration of minerals that can be harmful to the skin.

The site is part of the Ría Lagartos National Park, a protected area of wetlands, mangroves, coastal dunes, and virgin beaches. Here, pink tones are not found exclusively in the lakes: the area is inhabited by the Caribbean flamingos, whose feathers blend in perfectly with the surrounding landscape.

Las Coloradas se encuentran dentro de una zona privada y, aunque el acceso es permitido, estas aguas no son aptas para el nado por dos razones: para no afectar la producción de sal al contaminar el agua y por la alta concentración de minerales que pueden ser nocivos para la piel.

El sitio forma parte del Parque Natural Ría Lagartos, un área protegida de humedales, manglares, dunas costeras y playas vírgenes. Aquí, el color rosa no se limita a los lagos: la zona es habitada por flamencos del Caribe, que con su colorido plumaje encajan a la perfección al paisaje circundante.

Popocatépetl and
Popocatépetl e Iztaccíhuatl

Iztaccíhuatl

The Popocatépetl and Iztaccíhuatl volcanoes are the second and third-highest peaks in Mexico and represent one of its most iconic natural landscapes. They form part of a natural reserve located in the states of Mexico, Puebla, and Morelos.

The height of Popocatépetl is 17,802 feet (5426 m) above sea level, and Iztaccíhuatl is 17,159 feet (5230 m). On a clear day, their breathtaking snow-capped peaks are visible from Mexico City, offering spectators an impressive view.

Los volcanes Popocatépetl e Iztaccíhuatl son la segunda y tercera cumbres más altas del país y uno de sus paisajes naturales más icónicos. Forman parte de la reserva natural ubicada en los estados de México, Puebla y Morelos.

La altura del Popocatépetl es 5426 msnm (17,802 ft), y la del Iztaccíhuatl 5230 msnm (17,159 ft). En un día despejado, sus imponentes picos blancos se pueden apreciar desde la Ciudad de México, ofreciendo al espectador una vista impresionante.

Our Lady of Remedies Church in Cholula with the Popocatépetl volcano in the background
Santuario de la Virgen de los Remedios en Cholula con el volcán Popocatépetl al fondo

Panoramic view of volcanoes Popocatépetl (left) and Iztaccíhuatl (right)
Vista panorámica de los volcanes Popocatépetl (izquierda) e Iztaccíhuatl (derecha)

Snow on the top of the Iztaccíhuatl; pp. 16-17 – Silhouette of the volcanoes at dawn
Nieve en la cima del Iztaccíhuatl; pp. 16-17 – Siluetas de los volcanes al amanecer

Legend tells that these two volcanoes were born from the tragic love story between the young warrior, Popocatépetl, and the princess, Iztaccíhuatl. The princess died from sadness, believing that her beloved had been killed in battle. Nevertheless, Popocatépetl returned victorious, and when he learned about the tragedy, the heartbroken warrior took the young maiden's body to the mountain, holding vigil over her until he, too, died from sadness. The gods then had compassion on the lovers, uniting them for all eternity in these two majestic volcanoes.

Still today, Iztaccíhuatl rests peacefully covered in snow, but Popocatépetl spits fire and smoke each time he becomes incensed over the death of his beloved, threatening nearby towns with his rage.

Cuenta la leyenda, que estos dos volcanes nacieron de una historia de amor trágica entre el joven guerrero Popocatépetl y la princesa Iztaccíhuatl. La princesa murió de tristeza creyendo que su amado había fallecido en la guerra. Pero Popocatépetl regresó victorioso, y al enterarse de la tragedia, el desconsolado guerrero llevó el cuerpo de la joven doncella a un monte, donde se quedó velándola hasta que murió de tristeza. Entonces los dioses se compadecieron de los amantes y los convirtieron en dos majestuosos volcanes que estarían unidos para siempre.

Hasta el día de hoy, Iztaccíhuatl reposa tranquila, cubierta de nieve, pero Popocatépetl, cada vez que se indigna por la muerte de la amada, tiembla, echa fuego y fumarolas, amenazando con su ira a las poblaciones vecinas.

Impressive view of the Popocatépetl volcano spewing a dense smoke column at sunrise
Impresionante vista al amanecer del volcán Popocatépetl con una densa fumarola

Montebello Lakes

Lagunas de Montebello

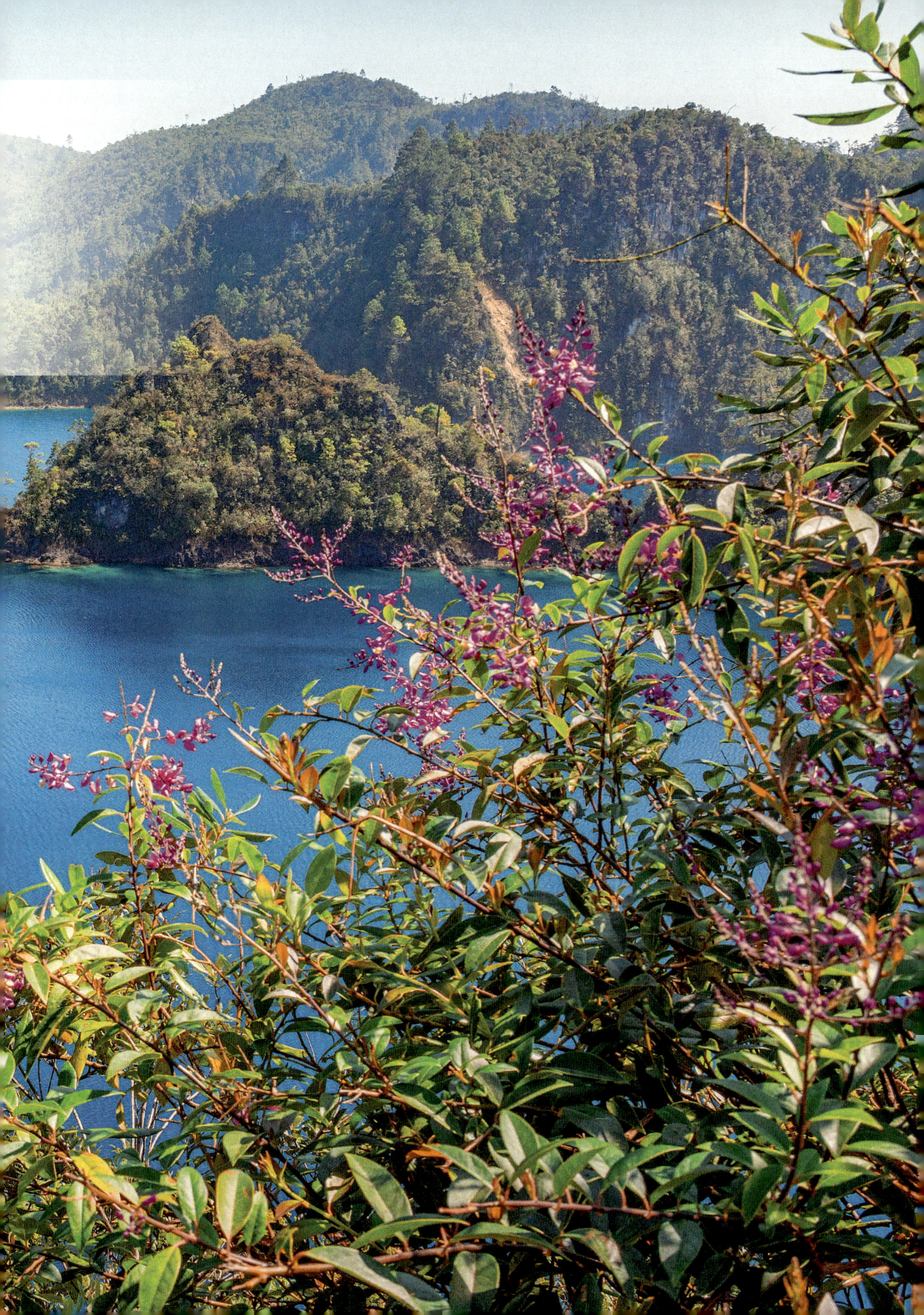

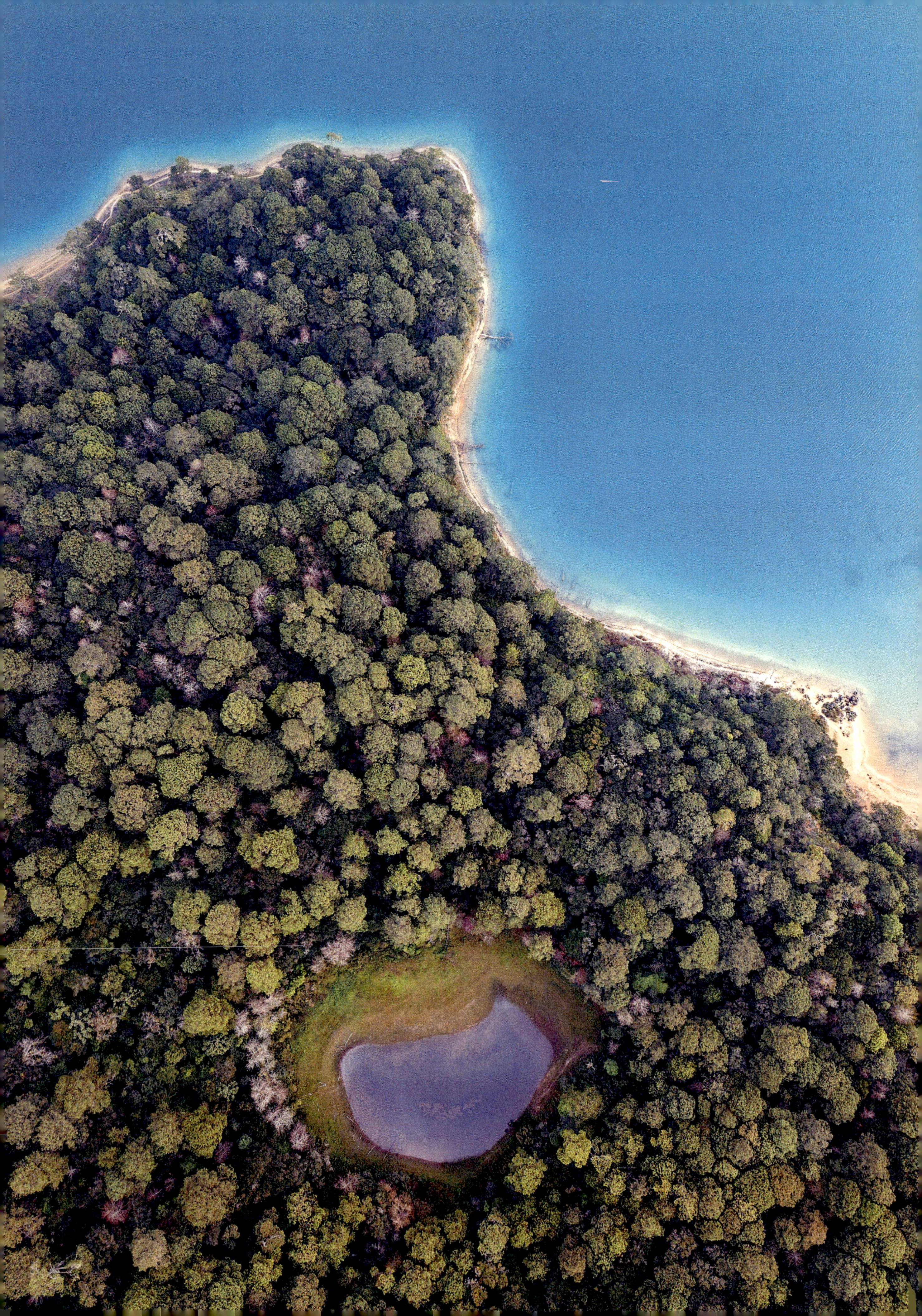

This fascinating natural space, located in the mountains of Chiapas, is made up of 59 lakes, each with a unique color. The color palette varies from green to blue and, in some cases, they also have brown and gray shades.

The colors change because of differences in soil composition, nutrients, and sunlight´s refraction. The depth of the Montebello Lakes ranges from 10 feet (3 meters) up to 148 feet (45 m).

The Montebello Lakes are ancient cenotes (natural freshwater sinkholes) formed by the continuous erosion of limestone and landslides that took place over the years. The total number of lakes is an estimate, as some may temporarily disappear depending on the time of year and weather.

The climate in the area is mild, and the mountain air is fresh and clean. The beauty of these stunning lakes, surrounded by thick forests, served as inspiration for renowned Mexican poet Jaime Sabines, who owned a ranch in this idyllic place.

The Montebello Lakes are stunningly beautiful at any time of day. During the mornings, the landscape is surrounded by a mysterious fog; the mid-day sun reveals all its splendor; the evening light creates stunning sparkles in the water; and after the sun goes down, thousands of bright stars fill the night sky.

Este fascinante espacio natural, ubicado entre las montañas de Chiapas, está conformado por 59 lagos, cada uno con su propio color. La paleta de tonalidades varía del verde al azul, y en algunos casos se presentan los tonos café y gris.

Los colores cambian debido a las diferencias en la composición de suelos, nutrientes, y la refracción de la luz solar. La profundidad de los lagos varía desde los 3 metros (10 ft) hasta 45 metros (148 ft).

Las Lagunas de Montebello son en realidad antiguos cenotes que con el paso del tiempo formaron su aspecto actual debido a la continua erosión de la roca caliza y los derrumbes. Su número total no es preciso; según la época del año y condiciones del tiempo, algunos cuerpos de agua pueden desaparecer temporalmente.

El área goza de un clima templado y aire de montaña fresco y limpio. La belleza de estos deslumbrantes lagos, bordeados por densos bosques, era una fuente de inspiración para el reconocido poeta mexicano Jaime Sabines, quien tuvo un rancho en este idílico lugar.

Las Lagunas de Montebello lucen espectaculares a toda hora. Por la mañana el paisaje se envuelve en una misteriosa neblina, la luz del medio día muestra a todo su esplendor, los atardeceres pintan hermosos destellos en el agua, y las noches esparcen por el cielo un brillante manto de estrellas.

pp.22-23 – Idyllic landscape surrounding the Montebello Lakes; p.24 – Aerial view of the lakes
pp. 22-23 - Idílico paisaje que rodea las Lagunas de Montebello; p. 24 - Vista de las lagunas desde el aire

Traditional log rafts used to navigate the Montebello Lakes
Tradicionales balsas de troncos que se utilizan para navegar en las Lagunas de Montebello

The lakes are surrounded by dense pine and oak forests; p.27 – Aerial view of the chain of lakes
Los lagos están rodeados por densos bosques de pinos y encinos; p.27 – Vista aérea de la cadena de lagos

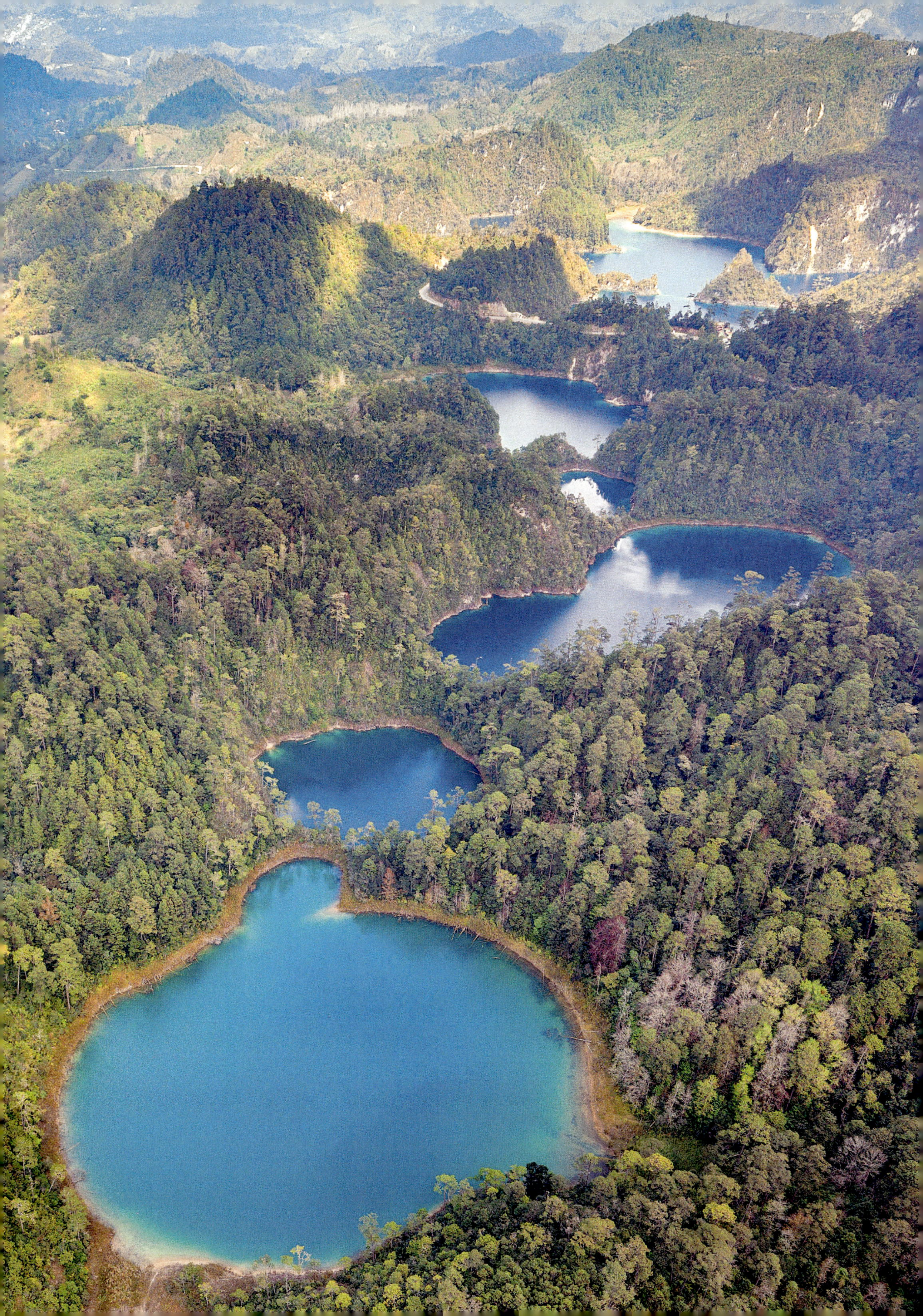

Sian Ka′an

Sian Ka′an

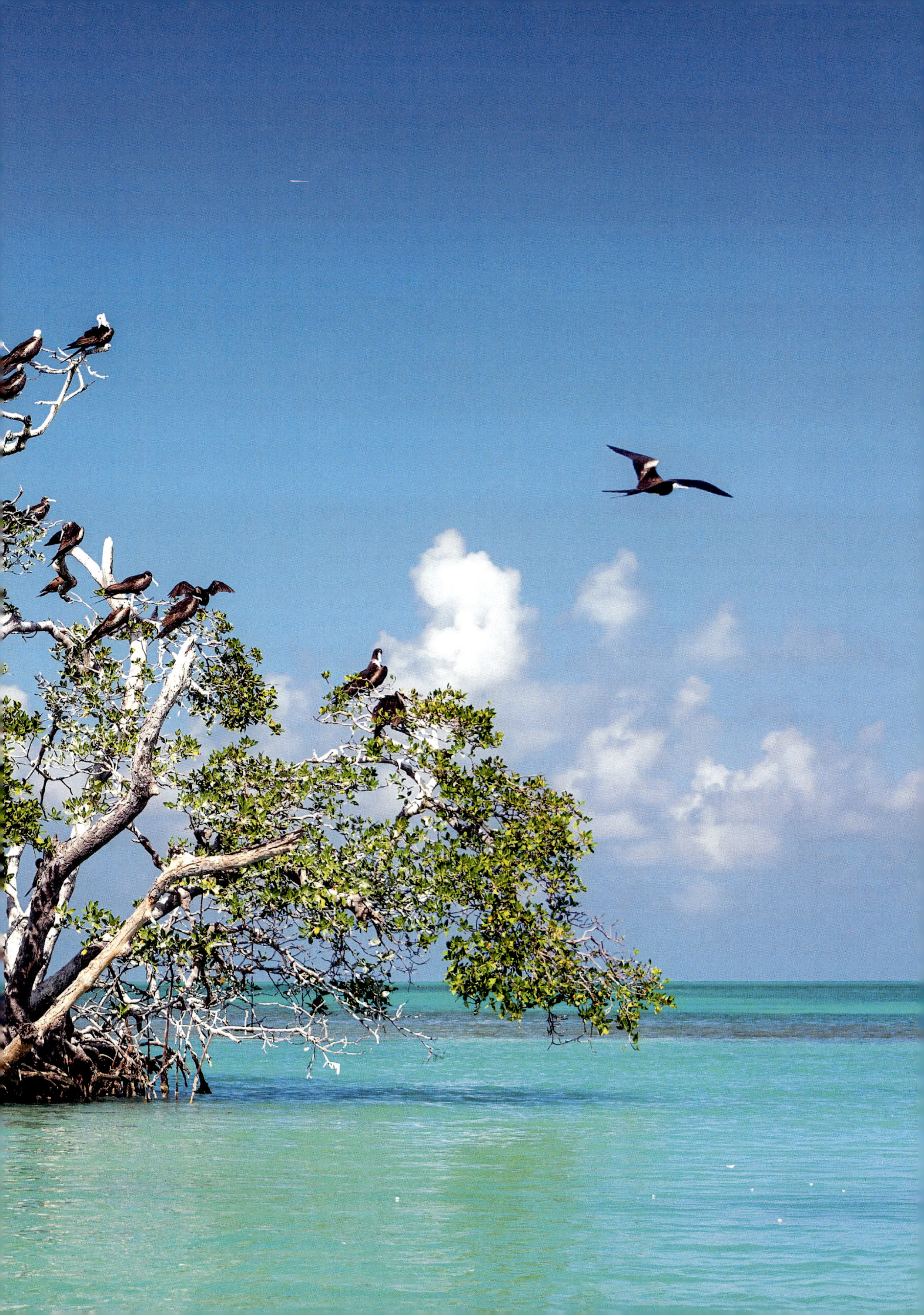

Aerial view of the reserve near the Boca Paila bridge; pp.28-29 – Sian Ka'an provides a perfect habitat for many birds
Vista aérea de la reserva cerca del puente Boca Paila; pp.28-29 – Sian Ka'an sirve de hábitat para multitud de aves

The Sian Ka'an Biosphere Reserve is one of the most important protected natural areas of México and is home to many ecosystems, including jungles, mangroves, wetlands, lagoons, cenotes, coastal dunes, and coral reefs. It is a paradise filled with birds, sea turtles, iguanas, ocelots, pumas, monkeys, tapirs, manatees, crocodiles, and even jaguars.

The reserve stretches south of the Riviera Maya in Quintana Roo and covers more than 2510 square miles (650,000 ha), which is equal to 15% of the territory of this state. In Mayan language, Sian Ka'an means "place where the sky is born." A very fitting name for the area of stunning beauty – where water, sky, and land converge.

La Reserva de la Biósfera de Sian Ka'an es una de las áreas naturales protegidas más importantes de México al concentrar varios ecosistemas: selva, manglares, humedales, lagunas, cenotes, dunas costeras y arrecifes de coral. Un paraíso lleno de aves, tortugas marinas, iguanas, ocelotes, pumas, monos, tapires, manatíes, cocodrilos, e incluso jaguares.

La reserva se extiende al sur de la Riviera Maya en Quintana Roo y ocupa más de 650,000 hectáreas (2510 sq mi), lo que representa el 15% del territorio de este estado. En la lengua maya, el nombre Sian Ka'an significa "donde nace el cielo". La definición digna para un lugar que ofrece paisajes de abrumadora belleza, en las que convergen agua, cielo y tierra.

There is a unique ecosystem known as "petenes" at the reserve. These are small islands of vegetation that grow throughout the wetlands. Their size varies from just a few dozen meters in diameter to up to 1,2 miles (2 kilometers). They are created by underground freshwater aquifers springing up in the middle of the wetlands. Besides the Yucatan Peninsula, these plant formations are only found in Cuba and Florida.

Located in the middle of what was Mayan territory in pre-Columbian times, the Sian Ka'an Reserve also has several archeological sites.

En el territorio de la reserva se puede observar un ecosistema muy peculiar, los llamados "petenes". Son islotes de árboles que crecen agrupados entre las marismas. Sus tamaños varían de unas pocas decenas de metros de diámetro hasta más de 2 km (1,2 mi). Se generan debido a la presencia de manantiales de agua dulce, que brotan en medio de los pantanos. Aparte de la península de Yucatán, estas formaciones vegetales únicamente existen en Cuba y en Florida.

Situada en plena zona del dominio maya en tiempos precolombinos, la Reserva de Sian Ka'an también alberga varios vestigios arqueológicos.

Boat trip through the reserve's mangrove channels
Recorrido en lancha por los canales entre los manglares de la reserva

Firefly sanctuaries
Santuarios de luciérnagas

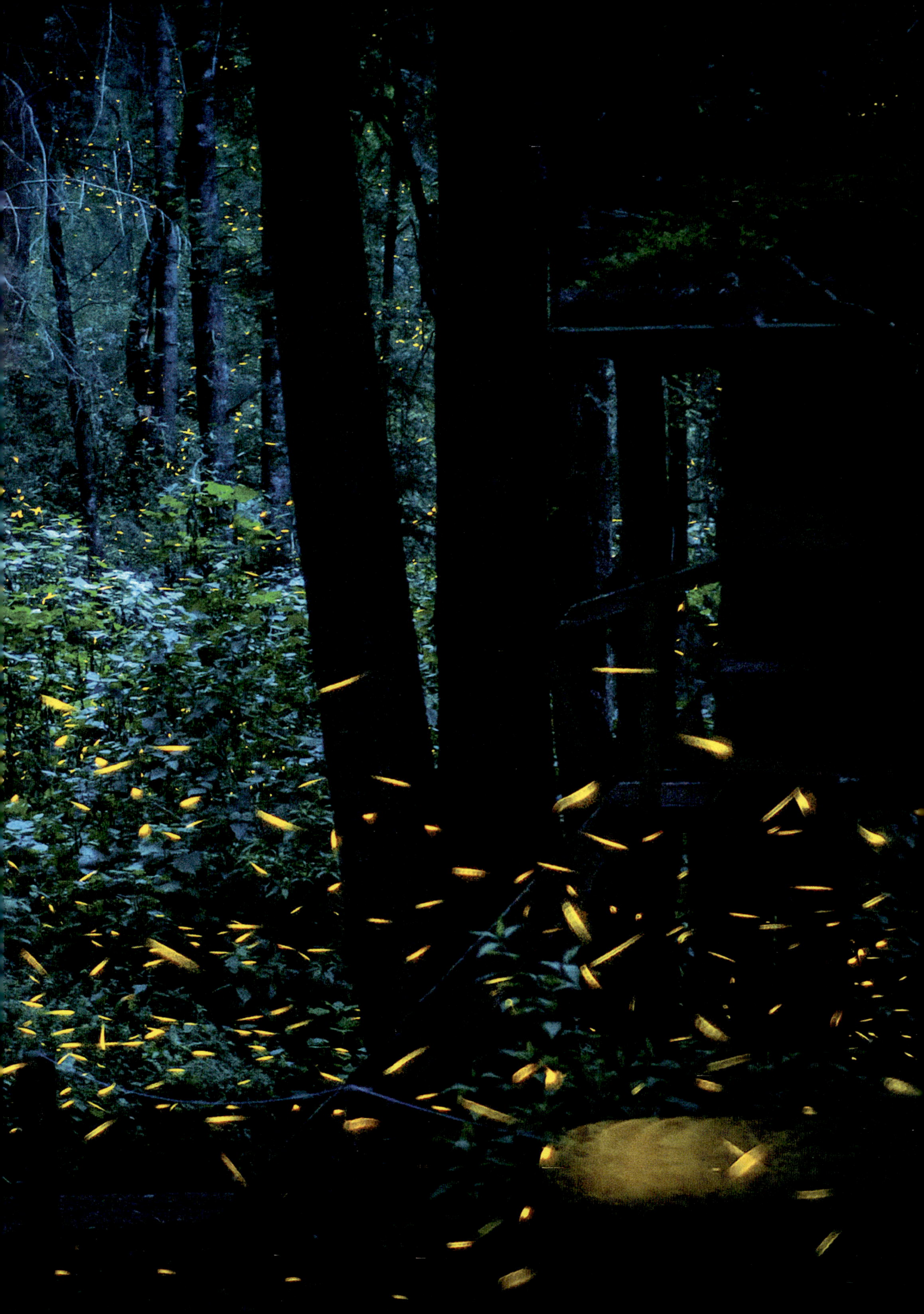

On hot summer nights, from June through August, fireflies are the sole protagonists of a magical show in the forests of Tlaxcala, Puebla, the State of Mexico, and Michoacan. The dancing lights start at dusk and last around an hour. These magnificent beings of light shine brighter during summer months to attract a mate, illuminating the night darkness around them like forest fairies. Female fireflies lay their eggs on the ground, which is where the larvae develop. Their life span as adults lasts only a few weeks, feeding on flower nectar and pollen.

Their bioluminescence is a chemical process that takes place in their abdomens thanks to a substance called luciferin, which emits heatless light when it comes in contact with oxygen. The fireflies' light is generally intermittent, and each species shines differently. There are several sanctuaries in Mexico where, during the summer, visitors can enjoy a night walk through the forest, immersed in the smell of the wet ground and pine trees, with these magical sparkling lights flying around. A true midsummer night's dream.

En las calurosas noches de verano, entre los meses de junio y agosto, las luciérnagas protagonizan un espectáculo mágico en los bosques de Tlaxcala, Puebla, Estado de México y Michoacán. La danza de luces comienza al oscurecer y dura aproximadamente una hora. Estos hermosos seres de luz brillan con más intensidad durante esta época del año para atraer a su pareja, iluminando el paisaje a su paso como hadas del bosque. Las luciérnagas hembras depositan sus huevos en la tierra y es allí donde las larvas se desarrollan. En la fase adulta apenas viven unas semanas, alimentándose de néctar y polen de las flores.

La bioluminiscencia es un proceso químico que tiene lugar en su abdomen gracias a una sustancia llamada luciferina, que emite luz sin calor al entrar en contacto con el oxígeno. La luz de la luciérnaga es por lo general intermitente y brilla de un modo específico en cada especie. Hay varios santuarios en México donde, durante la temporada, se puede disfrutar de una caminata por el bosque nocturno, lleno de aroma a tierra mojada y pino, con estos mágicos destellos volando alrededor. Un verdadero sueño de una noche de verano.

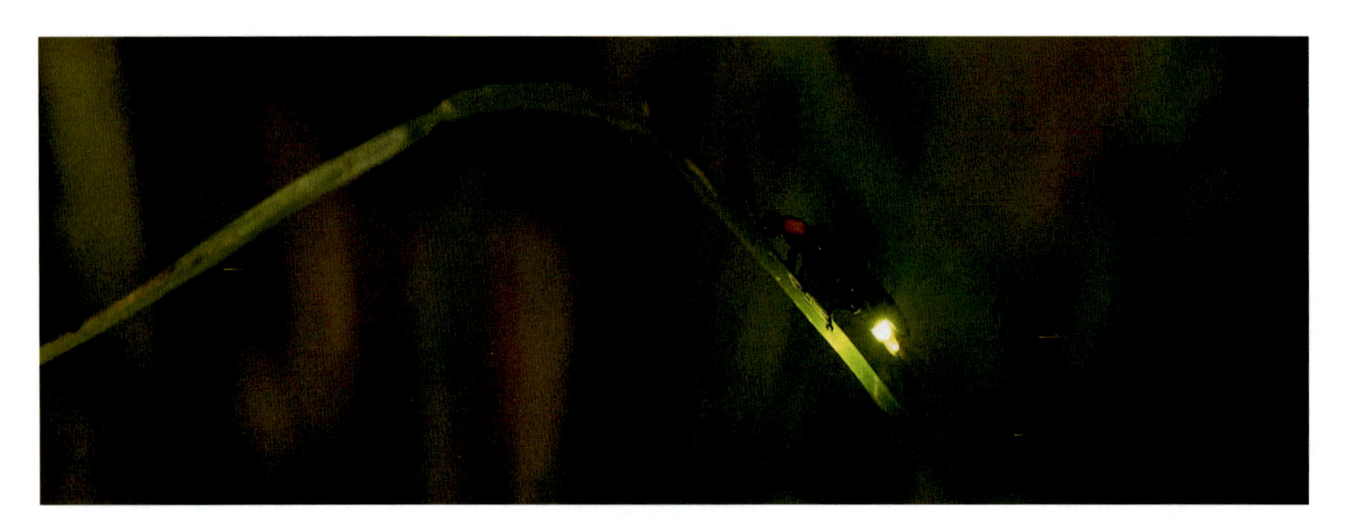

Fireflies forest at night and by day; pp.32-33 – Nanacamilpa, Tlaxcala; p.34 – Glowing firefly
Bosque de las luciérnagas por la noche y por el día; pp.32-33 – Nanacamilpa, Tlaxcala; p.34 – Brillo de una luciérnaga

Revillagigedo
Islas Revillagigedo

Islands

Giant manta rays in the waters of the Revillagigedo archipelago
Las mantarrayas gigantes en las aguas del archipielago de Revillagigedo

San Benedicto island, the third largest of the archipelago; pp.36-37 – Volcano crater on the San Benedicto island
Isla de San Benedicto, la tercera mas grande del archipielago; pp.36-37 – Crater del volcan San Benedicto

The Revillagigedo archipelago is known as the "Galapagos of Mexico" due to its remarkable biodiversity. Currently, it is the largest marine reserve in North America.

The archipelago is made up of the Socorro, Clarion, San Benedicto, and Roca Partida islands. It is located in the Pacific Ocean between 447 and 572 miles (720 and 920 km) west of Manzanillo and almost 249 miles (400 km) south of Cabo San Lucas. Due to its remoteness, very few people visit this place.

Therefore, many marine species find food and take refuge in the local waters. Some of the archipelago's most frequent visitors include humpback whales, grey whales, giant manta rays, several shark species, dolphins, and sea turtles. The Revillagigedo Islands are ranked in the top 1% of places in the world with the greatest number and variety of fish species.

Since there are no permanent sources of fresh water on the islands, vegetation is sparse. The only vertebrates inhabiting the islands are birds and reptiles, including the endemic Socorro blue lizard.

The archipelago was created by volcanic activity that continues today, attracting the interest of the scientific community that studies its volcanic, tectonic, and geomorphological phenomena.

El archipiélago de Revillagigedo se conoce como las "Galápagos de México" por su destacada biodiversidad. Actualmente es la reserva marina más grande de América del Norte.

El archipiélago está conformado por las islas Socorro, Clarión, San Benedicto y el islote Roca Partida. Se ubica en el Océano Pacífico entre 720 y 920 kilómetros (447 y 572 mi) al oeste de Manzanillo y casi 400 km (249 mi) al sur de Cabo San Lucas. Por su lejanía, muy pocas personas llegan a conocer este lugar.

Al mismo tiempo, muchas especies marinas encuentran en las aguas circundantes alimento y refugio. Entre sus visitantes más frecuentes se puede nombrar a ballenas jorobadas, ballenas grises, mantas gigantes, tiburones de varias especies, delfines, tortugas. La cantidad de peces y su variedad sitúa a Islas Revillagigedo dentro de 1% de los sitios con mayor abundancia íctica en todo el mundo.

Las islas no tienen fuentes permanentes de agua dulce, los suelos son pobres en vegetación. Los únicos vertebrados residentes son las aves y los reptiles, entre ellos se destaca la lagartija azul, especie endémica de la isla Socorro.

La actividad volcánica que dio origen al archipiélago continúa hasta nuestros días, lo que atrae el interés de la comunidad científica para el estudio de los fenómenos de vulcanismo, tectónica de placas y geomorfología.

Yucatan cenotes

Cenotes de Yucatán

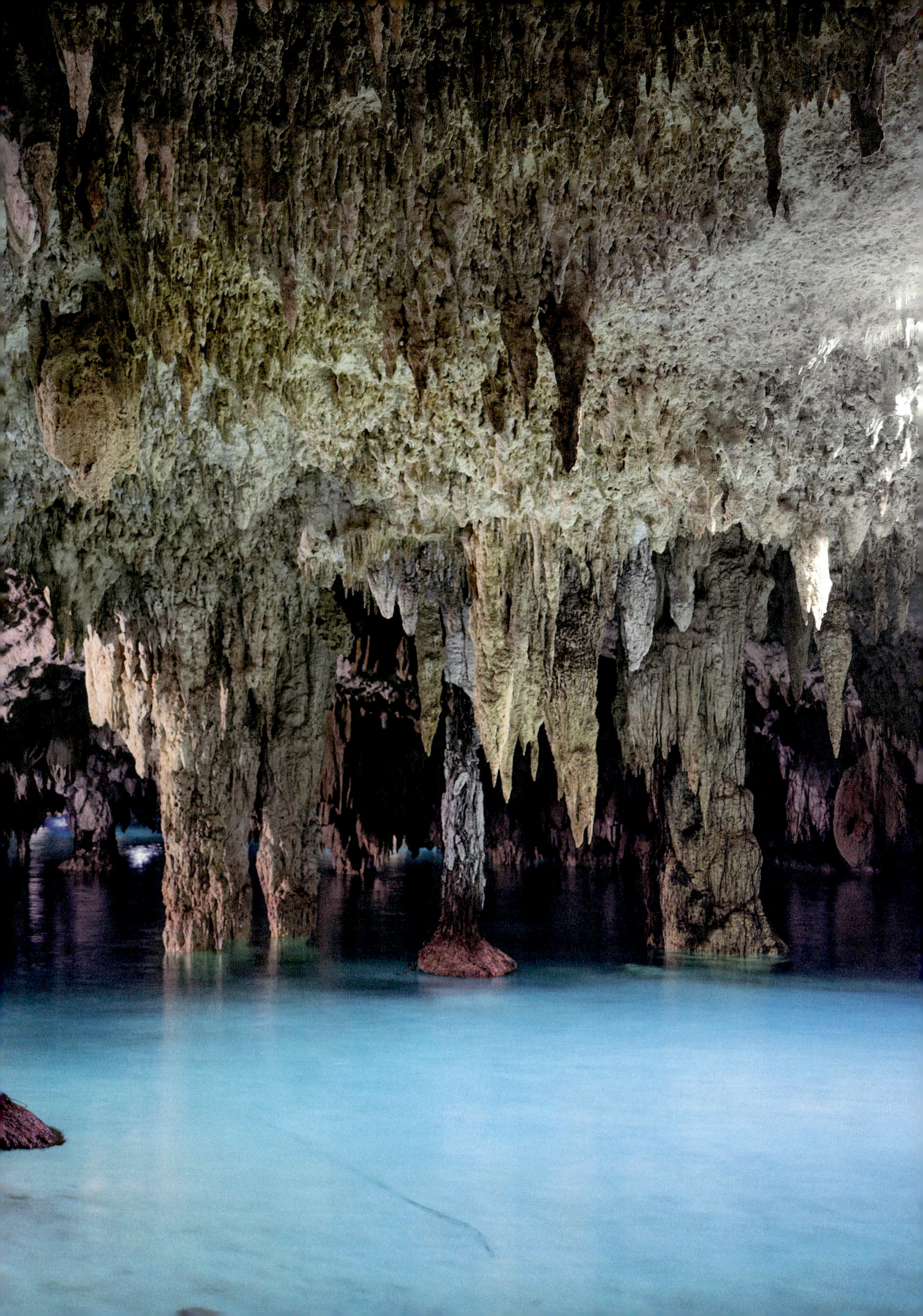

These mysterious sinkholes are distinctive of the Yucatan Peninsula landscape. The Mayan called them "dzonot", which Spaniards pronounced as "cenote." Over 3000 cenotes have been discovered in the Yucatan region, and many more are believed to be hidden in the dense jungle.

The entire Yucatan Peninsula is an extensive limestone plain. Throughout time, its high permeability and porosity led to the formation of complex underground cave systems with water deposits. When a cave's roof collapses due to erosion a cenote is formed, like a window to the interior of the Earth. In fact, the Mayans believed that cenotes were the entrance to Xibalbá, the underworld, and for that reason used them for sacrificial offerings to their gods.

These sacred wells have pure and refreshing waters that can reach over a hundred feet in depth (tens of meters deep). Although each cenote has its unique features, they are generally classified into three kinds:

- Cave cenotes - young cenotes that are still inside a cave.
- Semi-open cenotes - partially covered.
- Open cenotes - cave ceilings that once covered them collapsed long ago, leaving them fully exposed. The oldest open cenotes look like lakes and are called "aguadas".

Estos enigmáticos pozos de agua son formaciones distintivas del paisaje de Yucatán. Los Mayas les dieron el nombre de "dzonot", que los españoles pronunciaron "cenote". Existen unos 3000 cenotes descubiertos, pero se estima que existen muchos más que aún se ocultan entre la densa selva.

Toda la península de Yucatán es una planicie de roca caliza. Debido a su característica permeabilidad, con el paso del tiempo se formaron complejos sistemas de cuevas subterráneas con depósitos de agua. Cuando el techo de la cueva se desploma por la erosión se forma un cenote, como una ventana del mundo interior de la Tierra hacia el exterior. Los Mayas creían que los cenotes eran la entrada al Xibalbá, el inframundo, razón por la cual eran lugar de sacrificios como ofrenda para los dioses.

Estos pozos sagrados poseen aguas cristalinas y refrescantes, cuya profundidad a veces alcanza hasta varias decenas de metros. Cada uno de los cenotes tiene distintas características, aunque de manera general se clasifican en:

- Cenotes caverna - cenotes más jóvenes, aún se encuentran en el interior de una cueva.
- Semiabiertos - parcialmente cubiertos.
- Cenotes abiertos - el techo que los cubría se colapsó hace tiempo dejándolos totalmente expuestos. Los cenotes abiertos más antiguos tienen la apariencia similar a una laguna y se llaman "aguadas".

pp.40-41 – Cenote Sac Actun in Riviera Maya; p.43 – Cenote Suytun, close to the town of Valladolid
pp. 40-41 – Cenote Sac Actún en la Riviera Maya; p.43 – Cenote Suytun, próximo a la ciudad de Valladolid

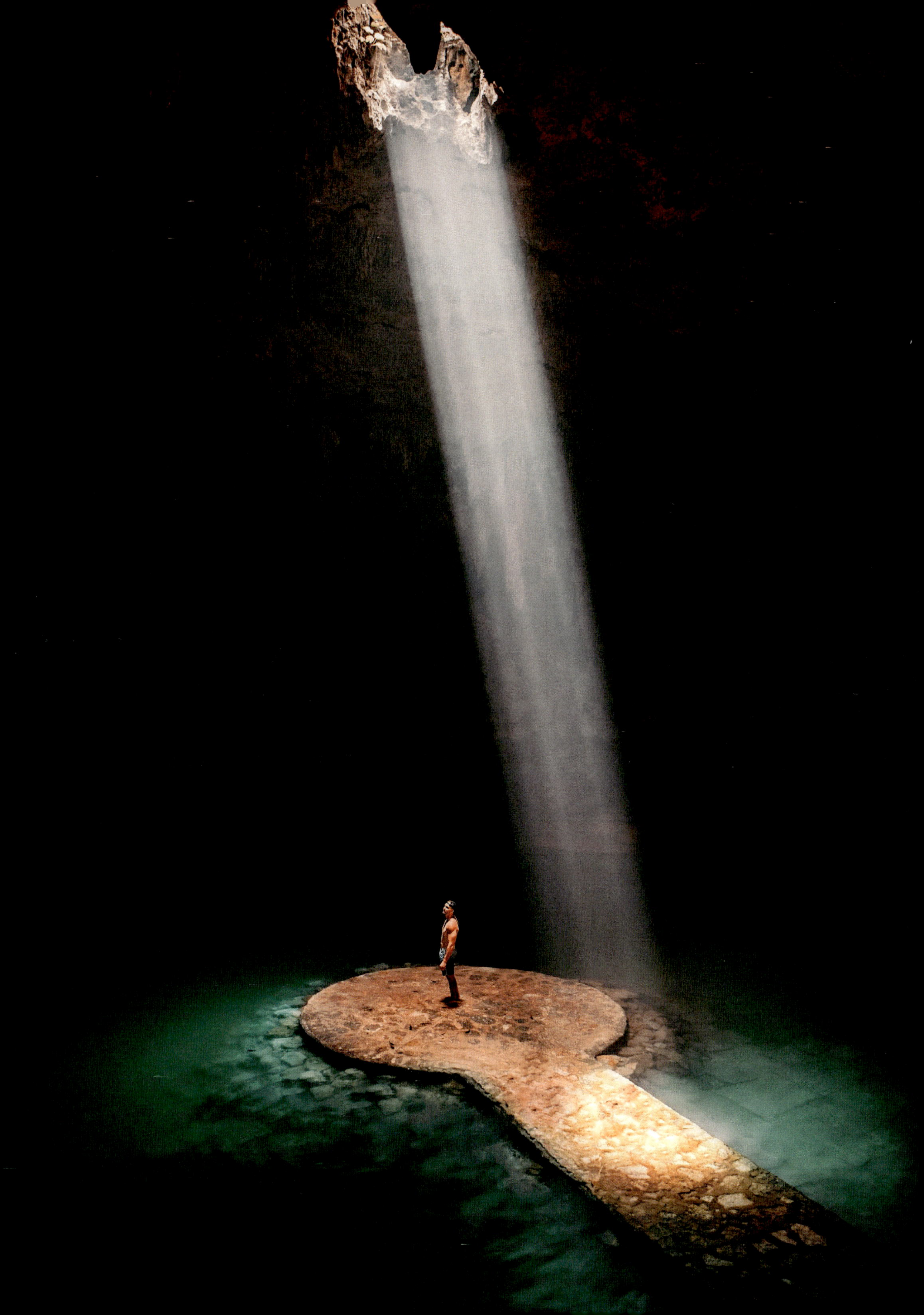

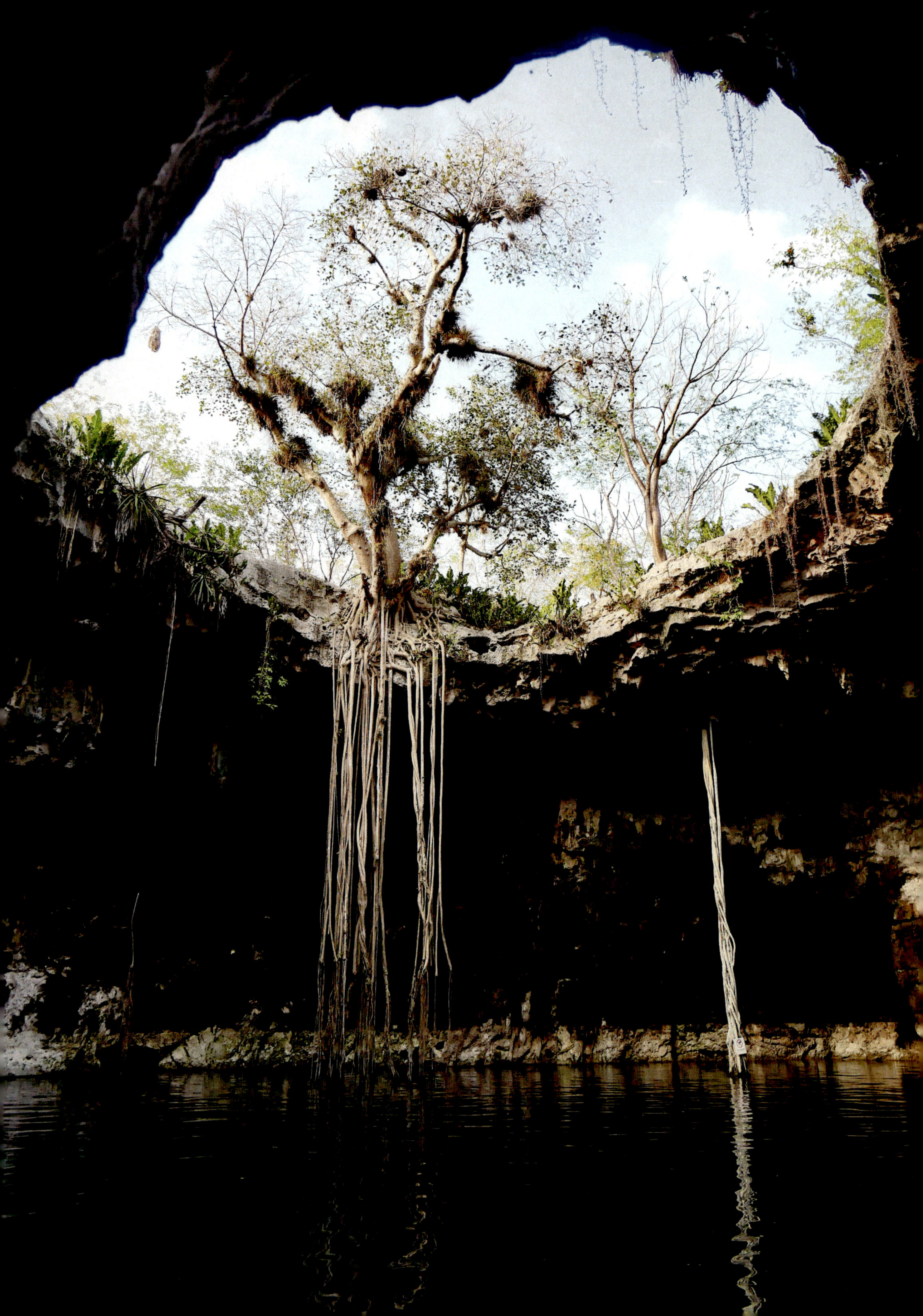

Cenote Dos Ojos, Riviera Maya; p. 44 – Opening in the ceiling of a cenote covered by plant roots
Cenote Dos Ojos, Riviera Maya; p. 44 – Apertura en el techo de un cenote cubierta por las raíces de las plantas

Unusual heart shape cenote near Tulum
Cenote con una peculiar forma de corazón en las cercanías de Tulum

Volcano of Fire

Volcán de Fuego

Colima Volcano surroundings; pp.46-47 – Volcano eruption in 2014
Alrededores del Volcán de Colima; pp.46-47 – Erupción del volcán en 2014

The Colima Volcano is the most active volcano in the country; due to its constant eruptions it is also known as the Volcano of Fire.

Located on the border between the states of Jalisco and Colima, it is approximately 12,992 feet (3960 m) above sea level, though this is only an estimate as its frequent volcanic activity prevents precise measuring.

It is as potentially dangerous as it is majestic. Uncertainty and profound respect for this imposing giant is part of everyday life of the people living and working in nearby towns.

El Volcán de Colima es considerado el volcán más activo del país; por sus erupciones constantes se le conoce también como el Volcán de Fuego.

Se ubica en los límites de los estados de Jalisco y Colima, y tiene aproximadamente 3960 metros (12,992 ft) de altitud sobre el nivel del mar, aunque su frecuente actividad volcánica impide determinarlo con exactitud.

Su majestuosidad es equivalente a su potencial peligro. Vivir en vilo y con respeto hacia este imponente coloso es parte del día a día de la población que reside y trabaja en los pueblos aledaños.

Nevertheless, its activity not only causes destruction, but also fertilizes the countryside, bringing new life. Its hillsides are covered with lush vegetation, that provides perfect environment for cultivating high-altitude organic coffee.

It is estimated that over the last 500 years, the Colima Volcano has erupted more than 40 times, on some occasions with extraordinary force. One of its most recent eruptions of greater intensity occurred in 2017, with columns of ash rising several miles into the sky and lava flows lasting over a week.

No obstante, la actividad del volcán no solo trae la destrucción, también fertiliza los campos y, a la larga, genera nueva vida. Sus laderas están cubiertas por la abundante vegetación, en cuya sombra se cultiva el café orgánico de altura.

Se estima que, en los últimos 500 años, el Volcán de Colima ha tenido más de 40 erupciones, algunas muy notorias por su gran fuerza. Una de las erupciones más recientes aconteció en el 2017, cuando el volcán produjo columnas de ceniza de varios kilómetros de altura y corrientes de lava durante una semana de intensa actividad volcanica.

Volcano of Fire remains active and sporadically emits dense smoke columns
El Volcán de Fuego mantiene su actividad emitiendo esporádicamente densas fumarolas

Oasis of Mulegé
Oasis de Mulegé

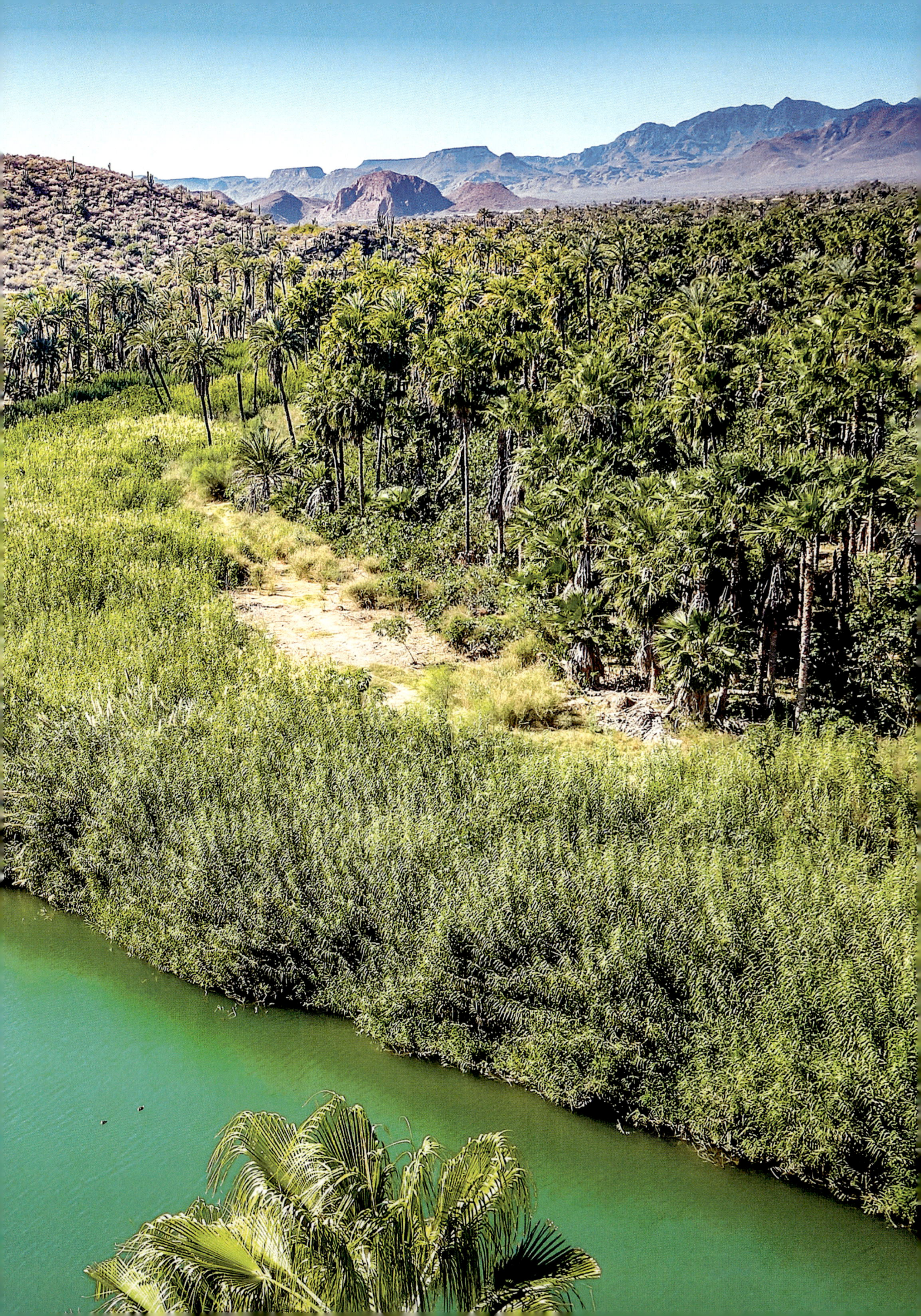

In the middle of an unhospitable and arid environment, nature sometimes surprises us with islands of exuberant life. Oases are formed around freshwater springs that nourish the plant and animal life of the area. Over time, the thriving vegetation creates a local microclimate, cooler than the surrounding desert.

This landscape, that brings to our imagination remote corners of the Sahara desert, can also be admired in Mexico. In northern Baja California Sur, facing the Sea of Cortes, there is a charming oasis named after the local town of Mulegé.

En medio de un entorno inhóspito y árido, la naturaleza a veces nos sorprende con una isla de vida floreciente. Los oasis se forman gracias a la presencia de las fuentes de agua dulce, que nutren la flora y fauna del lugar. Con el paso del tiempo, la floreciente vegetación crea un microclima más fresco en medio del desierto.

Este paisaje, que hace volar la imaginación a los rincones remotos de Sahara, también se puede admirar en México. Al norte de Baja California Sur, frente al Mar de Cortés, se encuentra el encantador oasis de Mulegé siendo parte de la población del mismo nombre.

Date palms in Mulegé; pp.50-51 - Mouth of the Mulegé river forms a lush oasis in the middle of desert
Palmeras datileras en Mulegé; pp.50-51 - La desembocadura del rio Mulegé forma un frondoso oasis en medio del desierto

This beautiful haven is filled with lush vegetation including date palms and figs, mangoes, guavas, and orange trees. The river that gives life to this idyllic paradise runs underground from the Sierra de San Francisco mountain range, emerging to the surface in a series of natural springs that form an estuary where it meets the ocean.

The date palm orchards were planted here by the Jesuit missionaries back in the 18th century. Today, local bakers use the delicious fruit to prepare the region's typical date bread.

Este hermoso enclave posee exuberante vegetación de palmas datileras, higueras, mangos, guayabos y naranjos. El río, que da vida al paradisiaco paisaje, corre de manera subterránea desde la Sierra de San Francisco, emergiendo a la superficie en una serie de ojos de agua y formando un estero en su desembocadura al mar.

Los huertos de palmeras datileras fueron sembrados por los misioneros jesuitas en el siglo XVIII. Ahora, los panaderos locales aprovechan sus deliciosos frutos para elaborar el pan de dátiles, típico de la región.

Panoramic view of the Mulegé oasis with the desert landscape in the background
Vista panorámica del oasis de Mulegé con los paisajes desérticos al fondo

Valley of the Monks
Valle de los Monjes

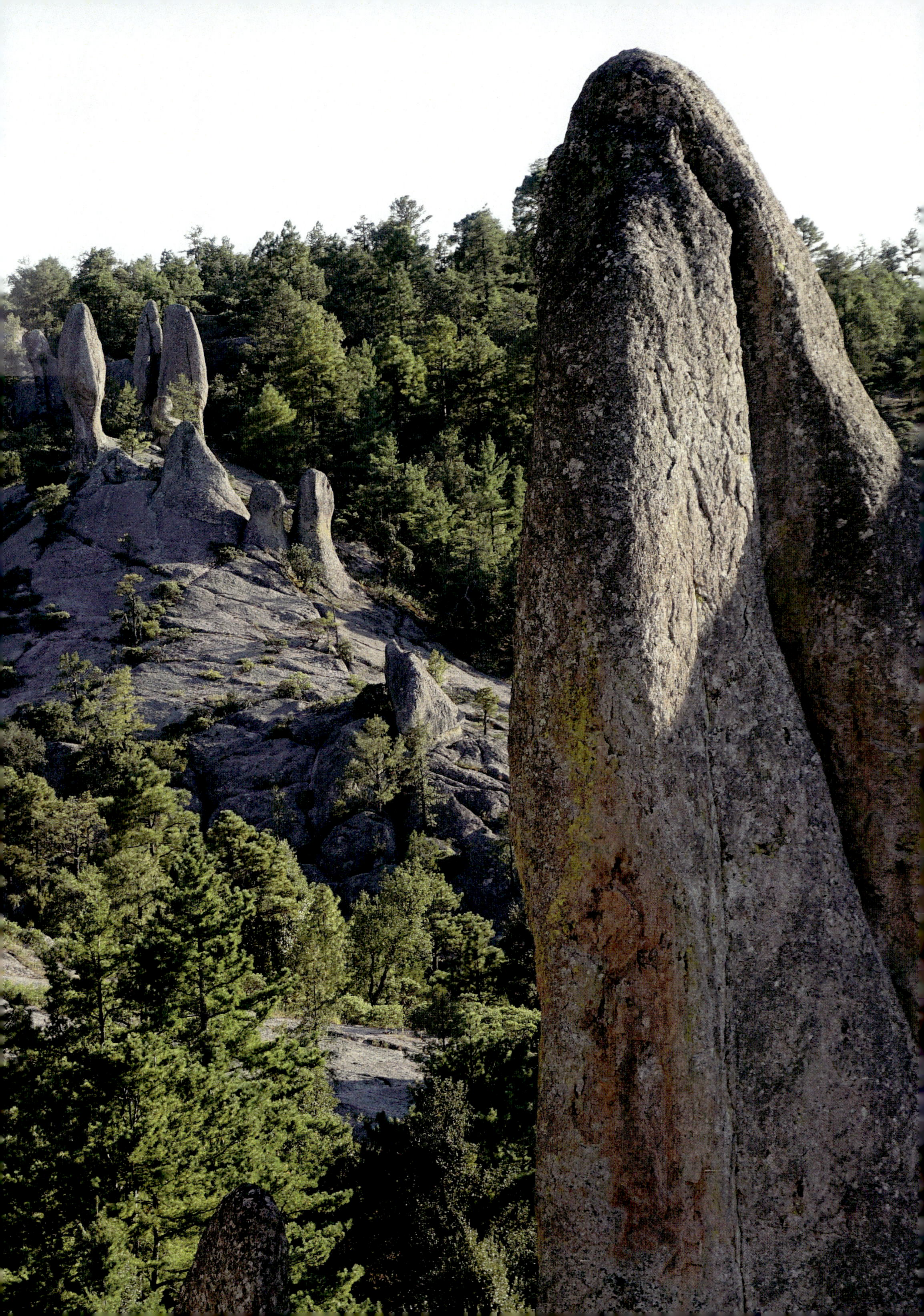

Impressive rock formations in the area; pp.54-55 – Extraordinary landscape of the Valley of the Monks
Impactantes formaciones rocosas de la región; pp.54-55 – Extraordinario paisaje del Valle de los Monjes

Deep in the Sierra Tarahumara mountains, in the state of Chihuahua, colossal rock formations rise up in rows.

Legend says they are monks who remained petrified after many hours of deep meditation. Indeed, the silhouettes of the rocks look like a group of monks with their characteristic tunics and hoods lined up in a long row. Other formations resemble frogs and mushrooms.

The Tarahumara Indians, natives of the region, believe that these imposing rocks are gods that listen and give advice.

Dentro de la Sierra Tarahumara, en el estado de Chihuahua, se alzan en filas las colosales formaciones rocosas.

La leyenda dice que se trata de monjes petrificados después de muchas horas de meditación. Las siluetas de estas rocas, en efecto, simulan a un grupo de monjes con sus características túnicas y capuchas, formados en filas de una larga procesión. También hay formaciones que asemejan ranas y hongos.

Los tarahumaras, los habitantes indígenas de la región, creen que las imponentes piedras son dioses que pueden escuchar y dar consejos.

Rocks draw attention for its diverse shapes, which in some cases resemble human bodies
Las rocas llaman la atención por sus diversas formas, en ocasiones semejantes a las figuras humanas

On the other hand, the scientific explanation for these enormous rocks measuring up to 197 feet (60 m) high is that they were created by geological movements combined with rain and wind erosion. Another version says that the rocks were carved and sculpted by the people who lived there thousands of years ago.

The Valley of the Monks is cloaked in profound silence, accentuating its enigmatic air. Sunset is one of the most beautiful times of day to contemplate the beauty of the scenery, as the last rays of the sun stretch out the shadows of the giant rocks and blanket the valley in golden light.

Por otra parte, la explicación científica clasifica estas enormes rocas de hasta 60 metros de alto (197 ft) como el producto de los movimientos geológicos combinados con la erosión del viento y la lluvia. Hay una versión más, que afirma que las piedras fueron talladas y esculpidas por los hombres que habitaron aquellas tierras hace miles de años.

El Valle de los Monjes está rodeado por un silencio profundo, lo cual acentúa todavía más su ambiente enigmático. El atardecer es una de las horas más bonitas para contemplar la belleza de este paisaje, cuando los últimos rayos del sol alargan las sombras de los gigantes pétreos y cubren el valle con la luz dorada.

Lagoon of Seven
Laguna de los Siete Colores

Colors

The Bacalar Lagoon has been named the Lagoon of Seven Colors because of the beautiful tones of its waters, ranging from bright turquoise to dark blue. Surrounded by the picturesque tropical scenery, with graceful herons moving silently through its calm and shallow waters, this multi-colored lagoon brings a sense of peace and harmony.

Located in southeast Mexico, not far from its border with Belize, this lagoon is one of the few bodies of permanent surface water on the Yucatan Peninsula, the limestone soil of which drains fast and forms an extensive network of underground rivers and cenotes.

La Laguna de Bacalar ha sido bautizada como la Laguna de los Siete Colores por las hermosas tonalidades de sus aguas que van desde el turquesa resplandeciente hasta el intenso azul oscuro. Rodeada de hermosos paisajes tropicales, con sigilosas garzas pasando por sus tranquilas y poco profundas aguas, la multicolor laguna despierta la sensación de paz y armonía.

Se ubica en el sureste de México, cerca de la frontera con Belice. Es uno de los pocos cuerpos de agua superficial permanente de la península de Yucatán, cuyo suelo calcáreo no permite la retención superficial del líquido, formando así una extensa red de corrientes subterráneas y cenotes.

Bacalar stromatolites; pp.58-59 – Bacalar Lagoon, famous for its fantastic variety of colors
Estromatolitos de Bacalar; pp.58-59 – Laguna de Bacalar, famosa por la fantástica variedad de tonos en sus aguas

Cenote Azul, another beautiful natural wonder, bordering the lagoon's edge
Cenote Azul, otro bello fenómeno de la naturaleza, a la orilla de la laguna

The Bacalar Lagoon is long and narrow, only 1,5 miles (2,5 km) wide at its broadest point. Its waters are home to a unique life form: mineral structures known as stromatolites (or stromatoliths), living fossils produced by cyanobacteria and considered to be one of the oldest life forms on the planet.

The Fort of San Felipe, dating back to the times of pirates, still stands on the lagoon's shore. Near the town's entrance, there is another not-to-be-missed attraction: the Blue Cenote (Cenote Azul), an impressive natural spring with deep blue waters contrasting with the lush vegetation surrounding it.

La forma de la laguna es estrecha y larga, alcanzando 2,5 km (1,5 mi) en la parte más ancha. En sus aguas se resguarda todavía una forma de vida muy peculiar: las estructuras minerales llamadas estromatolitos, las cuales son producidas por cianobacterias y se consideran la forma más arcaica de vida en el planeta.

En una de las orillas de la laguna se encuentra una pequeña fortaleza de la época de los piratas: el Fuerte de San Felipe. En la entrada del pueblo se localiza otro espacio imperdible: el Cenote Azul, un impresionante ojo de agua en medio de una espesa vegetación que contrasta con el azul profundo de sus aguas.

Pearls of the Sea
Perlas del Mar de Cortés

of Cortes

One of the Sea of Cortes most precious and little-known treasures is its pearls. They are not just black or white but have a variety of colors with distinctive iridescent overtones. Their delicate and translucent layers of nacre allow light to pass through to the pearl's inner parts and bounce back out, creating a spectrum of colors.

The pearls have different shapes and sizes, and each one is unique. The exceptional beauty of oyster pearls from the Sea of Cortes made them popular with European royalty during colonial times. Elizabeth I, the Queen of England, Catherine the Great of Russia, and Marie Antoinette, to name a few, wore exclusive Mexican pearls.

Mexican pearls in a variety of shades
Variedad de colores de las perlas mexicanas

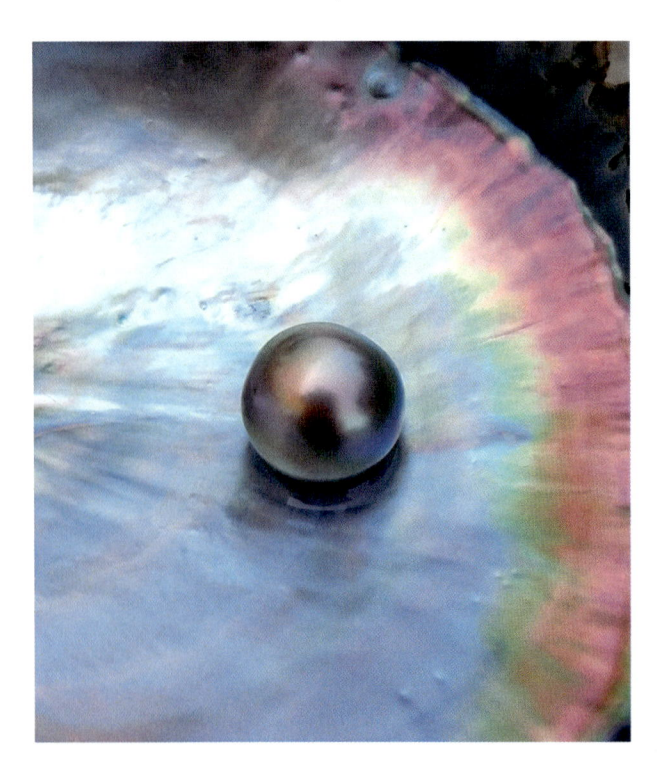

Una de las bellezas más preciadas y menos conocidas del Mar de Cortés son sus perlas. Poseen un color muy específico: no son únicamente blancas o negras, tienen una gran variedad de tonos que muestran reflejos de arcoíris. Sus capas de nácar son muy finas y translúcidas de modo que la luz entrante en parte las atraviesa y en parte rebota produciendo un juego de colores.

Las perlas tienen distintas formas y tamaños, cada una de ellas es única. Durante la época colonial, las perlas de las ostras del Mar de Cortés ganaron popularidad entre la nobleza de Europa por su belleza extravagante. La Reina Isabel I de Inglaterra, Catalina la Grande de Rusia y María Antonieta, por mencionar algunas, portaron exclusivas perlas mexicanas.

Due to the overexploitation of these oysters in past centuries, today it is difficult to find naturally formed pearls. Mexican pearl production is currently very limited. There is only one farm located in Guaymas, a town on the Sonoran coast. This charming place offers unparalleled views of the sea, the desert, and the mountains.

It takes up to four years to grow a pearl for harvesting, which is done in a socially responsible and environmentally friendly way. The production is limited to only approximately 4000 pieces a year, making these natural gems the most rare of all the cultivated pearls in the world, and therefore, even more valuable.

Debido a la sobreexplotación de estas ostras siglos atrás, hoy es difícil de encontrarlas en su estado natural. Actualmente la producción de las perlas mexicanas es muy limitada, la única granja se ubica en la localidad de Guaymas, en la costa de Sonora. Este encantador lugar ofrece vistas incomparables del mar, del desierto y las montañas.

El proceso para obtener una cosecha de perlas lleva hasta cuatro años, y se realiza de manera socialmente responsable y respetuosa del medio ambiente. La producción no es masiva, se limita aproximadamente a 4000 piezas al año, lo que convierte a estas joyas naturales en las perlas cultivadas más raras del mundo y las hace todavía más preciadas.

Characteristic iridescent reflections of the Sea of Cortes pearls; pp.62-63 - Pearl farm in Guaymas, Sonora
Característicos reflejos irisados de las perlas del Mar de Cortés; pp.62-63 - Granja de perlas en Guaymas, Sonora

Cuatro Ciénegas

Cuatro Ciénegas

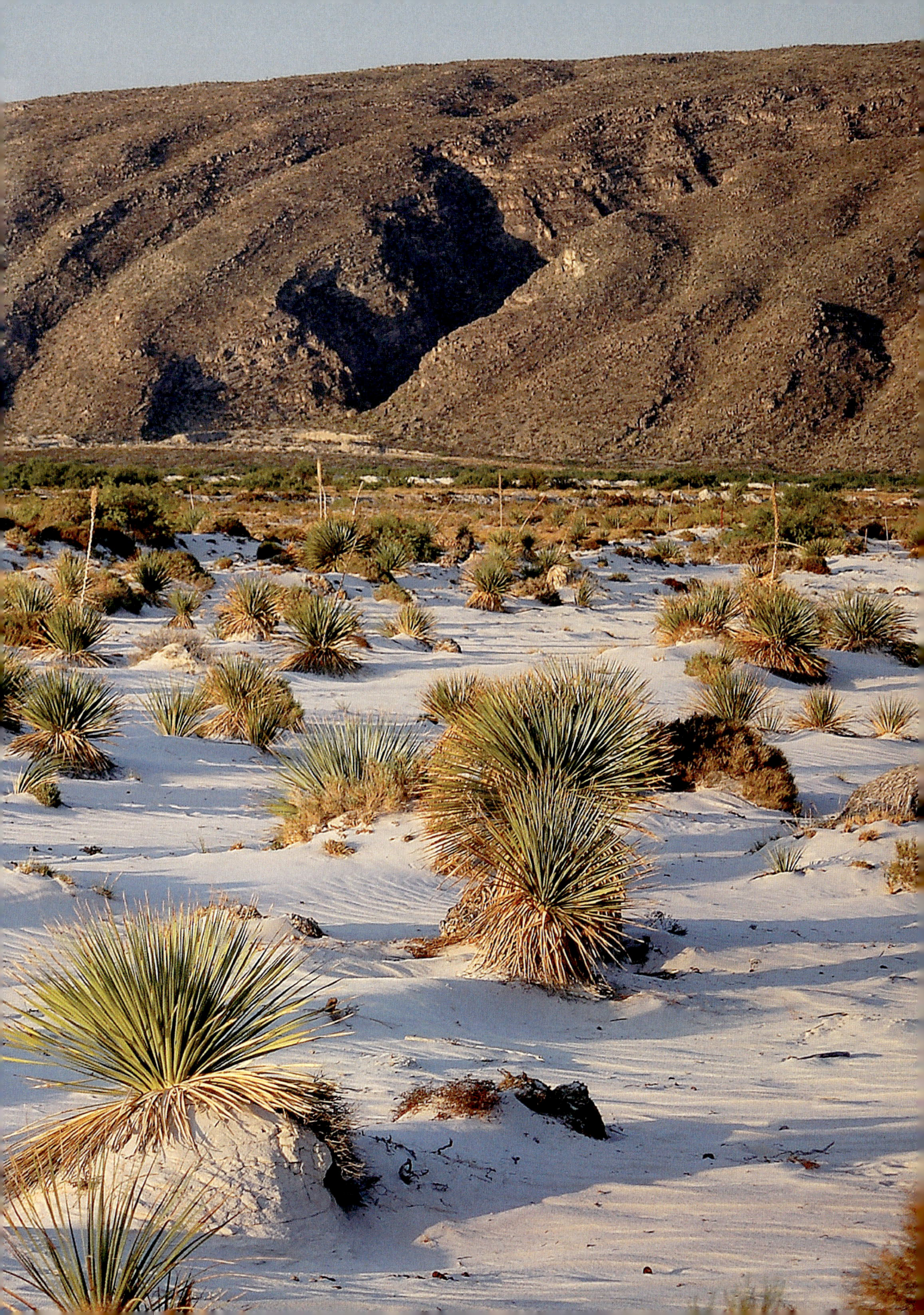

Several unique sites are associated with this place in the state of Coahuila. Each one with its distinctive beauty.

The most notable attraction of the area is a group of springs and lagoons in the middle of a desert. Their waters contain high levels of minerals and a diversity of unique microorganisms that emerged back when our planet was formed. Some pools remain unaltered, with the same water composition as it was millions of years ago. Scientists from all over the world consider Cuatro Ciénegas an important area for understanding the origins of life on Earth.

Varios parajes muy singulares se asocian con esta localidad del estado de Coahuila. Cada uno es asombroso a su manera.

Lo primero que llama la atención es un grupo de manantiales y lagunas en medio de una zona desértica. Sus aguas tienen alto contenido de minerales y conservan diversos microorganismos únicos, que aparecieron en los tiempos de la formación del nuestro planeta. Algunas pozas permanecen sin alteraciones, con la composición de agua similar a la de hace millones de años. Los científicos de todo el mundo consideran Cuatro Ciénegas como un espacio importante para entender el origen de la vida en la Tierra.

Aerial view of Poza Azul, one of the local water bodies; pp.66-67 – Sunset in the Cuatro Ciénegas valley
Vista aérea de la Poza Azul, uno de los acuíferos de la región; pp.66-67 – Atardecer en el valle de Cuatro Ciénegas

Another of the region's natural wonders is the fascinating white desert, with its gypsum dunes molded into peculiar shapes. Carved by erosion, they cover nearly 2000 acres (800 ha), creating a breathtaking and unforgettable view between the white gypsum and the blue sky.

The desert is in constant motion and transformation; strong and incessant winds shift and sculpt the whimsical shapes of the dunes. Even the plants have had to adapt to living in the constantly moving sand by growing long stems that keep them from being buried and anchoring themselves into the dunes with their roots.

Otro espectáculo natural de la región es el fascinante desierto blanco. Abarca más de 800 hectáreas (2000 acres) donde se levantan dunas de yeso de formas extrañas, moldeadas por la erosión. El contraste del blanco yeso con el cielo azul crea un paisaje alucinante e inolvidable.

El desierto está en constante movimiento y transformación; los fuertes vientos sin parar moldean y cambian las caprichosas formas de las dunas. Incluso las plantas aquí se adaptaron para sobrevivir en la arena movediza, alargando sus tallos para evitar ser enterrados y anclándose fuertemente a las dunas con sus raíces.

White sand desert, part of the Cuatro Ciénegas reserve
Desierto de arena blanca que forma parte de la reserva de Cuatro Ciénegas

Paricutin Volcano
Volcán Paricutín

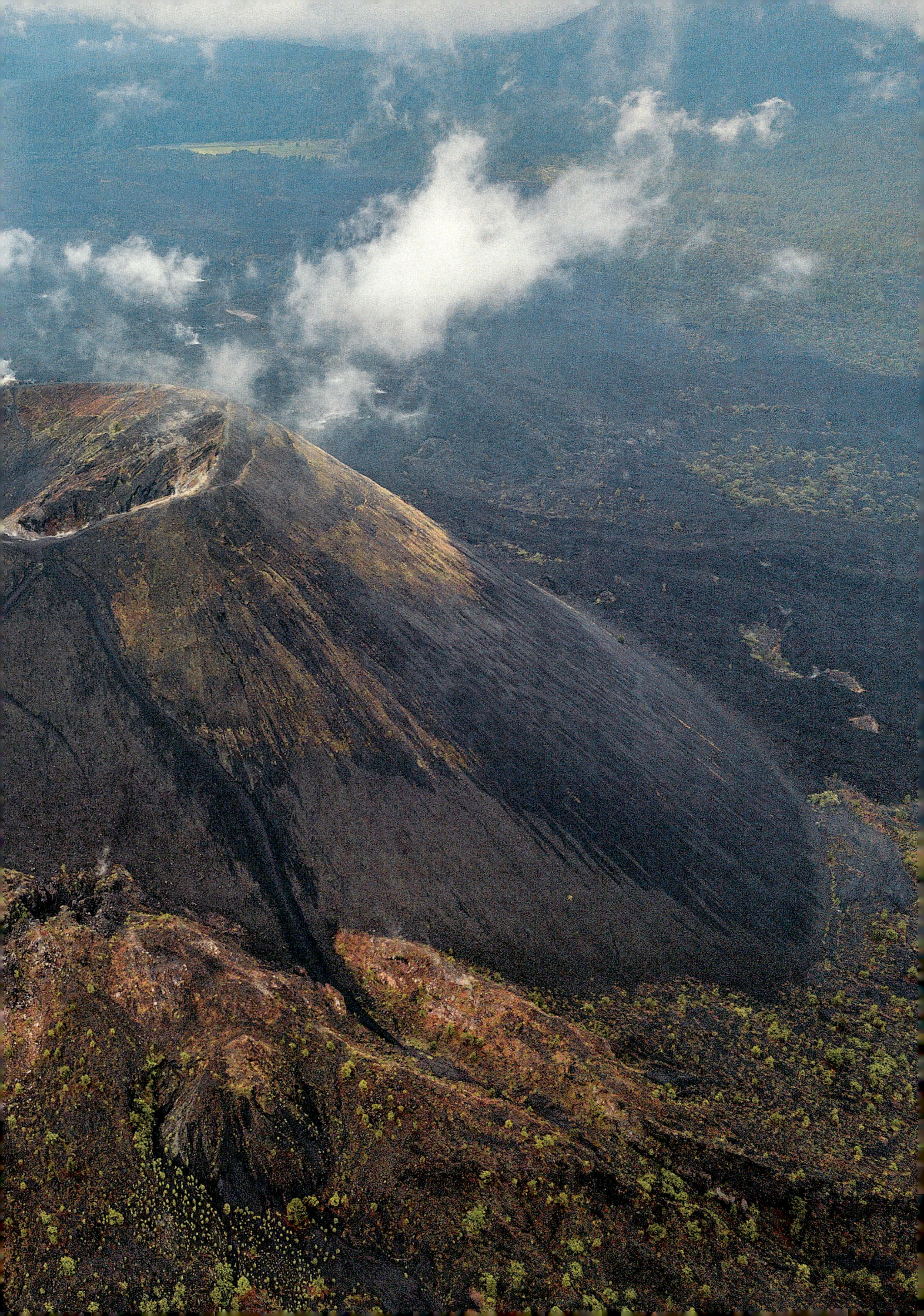

Considered the youngest volcano on the American continent, Paricutin emerged on the Earth's surface in 1943 in the state of Michoacan in the middle of a cornfield. A local farmer witnessed the event and was caught by surprise when a crack opened in the ground in front of him, accompanied by a loud noise and earthquake.

Upon its appearance, the volcano buried two towns and filled the sky with ash for several days. It grew 23 feet (7 m) in the first 24 hours and a week later had reached a height of 492 feet (150 m).

It was active for nine years, with constant eruptions of rocks and lava, transforming the surrounding landscape. Local inhabitants were forced to abandon their homes with their few possessions. However, in contrast to other eruptions, the lava moved slowly, allowing them to make it out alive. This extraordinary natural event allowed scientists to study a volcano's birth and development.

Today Paricutin is considered inactive, and although it still emits gases, visitors can even walk up to its crater. The volcano currently measures 1391 feet (424 m) and is approximately 9186 feet (2800 m) above sea level.

Considerado el volcán más joven del continente americano, el Paricutín surgió en la superficie de la Tierra en el año 1943. Sucedió en el estado de Michoacán, en medio de un campo de maíz, donde un campesino local fue un testigo de su nacimiento, sorprendido por una grieta que se abrió frente de él con un trueno y temblor de la tierra.

Con su aparición, el volcán sepulto a dos poblados y cubrió el cielo con cenizas por muchos días. Creció siete metros (23 ft) en las primeras 24 horas, y a una semana de su nacimiento alcanzó más de 150 metros de altura (492 ft).

Su actividad duró nueve años, con continuas erupciones de rocas y lava que transformaban el paisaje a su alrededor. Los pobladores locales tuvieron que abandonar sus casas con lo poco que tenían. Aunque, a diferencia de otras erupciones, la lava avanzó lentamente, lo que les permitió salir vivos. Este evento natural extraordinario dio oportunidad a los científicos de investigar el nacimiento y el desarrollo de un volcán.

Ahora el volcán Paricutín se considera inactivo, incluso se puede subir al cráter caminando, aunque todavía se presenta emisión de gases. El volcán mide actualmente 424 metros (1391 ft) y se encuentra a unos 2800 metros sobre el nivel del mar (9186 ft).

pp.70-71 – Aerial view of the Paricutin volcano's crater
pp.70-71 – Vista aerea del crater del volcán Paricutín

Church buried in lava after eruption; below – Paricutin volcano still emits gases and steam
Iglesia sepultada bajo la lava tras la erupción; abajo – El volcán Paricutín todavía emite gases y vapor

El Cielo

El Cielo

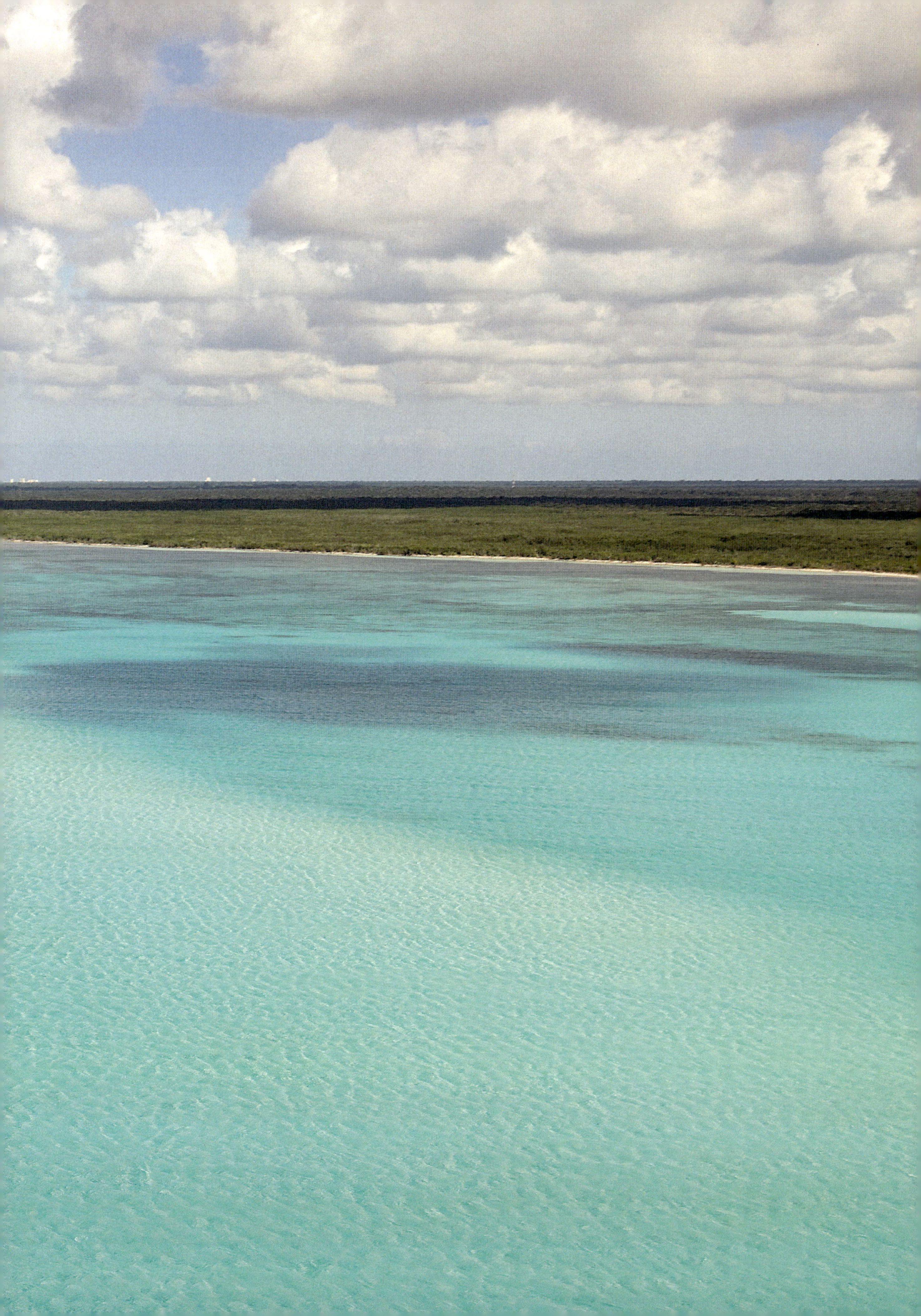

A sea star in Cozumel; pp.74-75 - El Cielo boasts crystal clear turquoise waters
Una estrella de mar en Cozumel; pp.74-75 - El Cielo presume de cristalinas aguas color turquesa

El Cielo is the name given to the sand bank with shallow and crystalline water and stunning views that lies facing the coast of Cozumel Island. The sea bottom here, filled with big starfish colony, is the reason why this place gets its name ("El Cielo" means "Sky" in Spanish). The island's tourism office even adopted the slogan "Heaven on Earth" to highlight the stunning beauty of this natural wonder.

It is known as one of the best places for snorkeling in the Mexican Caribbean. In addition to the abundant bright sea stars, El Cielo is also visited by rays, turtles and a variety of tropical fish.

Se conoce con este nombre a un banco de arena con aguas poco profundas y cristalinas y paisajes asombrosos frente a la costa de la isla de Cozumel. El fondo del mar aquí está lleno de grandes estrellas marinas, razón por la cual el lugar recibe este nombre. La oficina de turismo de la isla incluso lanzó la promoción "El cielo en la tierra" destacando la asombrosa belleza de esta maravilla natural.

Está catalogado como uno de los mejores destinos para hacer snorkel en el Caribe Mexicano. Además de abundantes estrellas marinas, El Cielo es visitado por rayas, tortugas, varios peces tropicales.

Close-up photo of the bottom of the red cushion starfish
Foto de cerca de la parte inferior de una estrella cojín

Most starfish in Cozumel's waters are *Oreaster reticulatus*, commonly known as red cushion sea stars. These invertebrates have a hard outer shell with a rough surface covered by blunt spines; their colors vary from orange to yellow and brown. Starfish have a very unusual circulatory system known as the water vascular system. They use seawater as a constant source of oxygen for breathing. Because of this, they cannot breathe out of the water, suffocating and dying when exposed to air.

Starfish are also relatively delicate creatures, especially their miniature tube "feet" that enable them to move around and extract oxygen from the water.

La mayoría de las estrellas de mar en las aguas de Cozumel son las estrellas cojín, o como se les conoce en latín *Oreaster reticulatus*. Estos invertebrados tienen una superficie dura con espinas desafiladas y su color varía de naranja y amarillo a marrón. Las estrellas de mar tienen un sistema circulatorio muy inusual llamado sistema vascular acuífero. Utilizan el agua de mar como fuente constante de oxígeno para respirar. Debido a esto, no pueden respirar fuera del agua, se asfixian y mueren si se exponen al aire libre.

Las estrellas de mar también son relativamente delicadas, especialmente sus diminutos "pies" ventosas que no solo se utilizan para moverse, sino también para extraer oxígeno del agua.

Sima de las Cotorras
Sima de las Cotorras

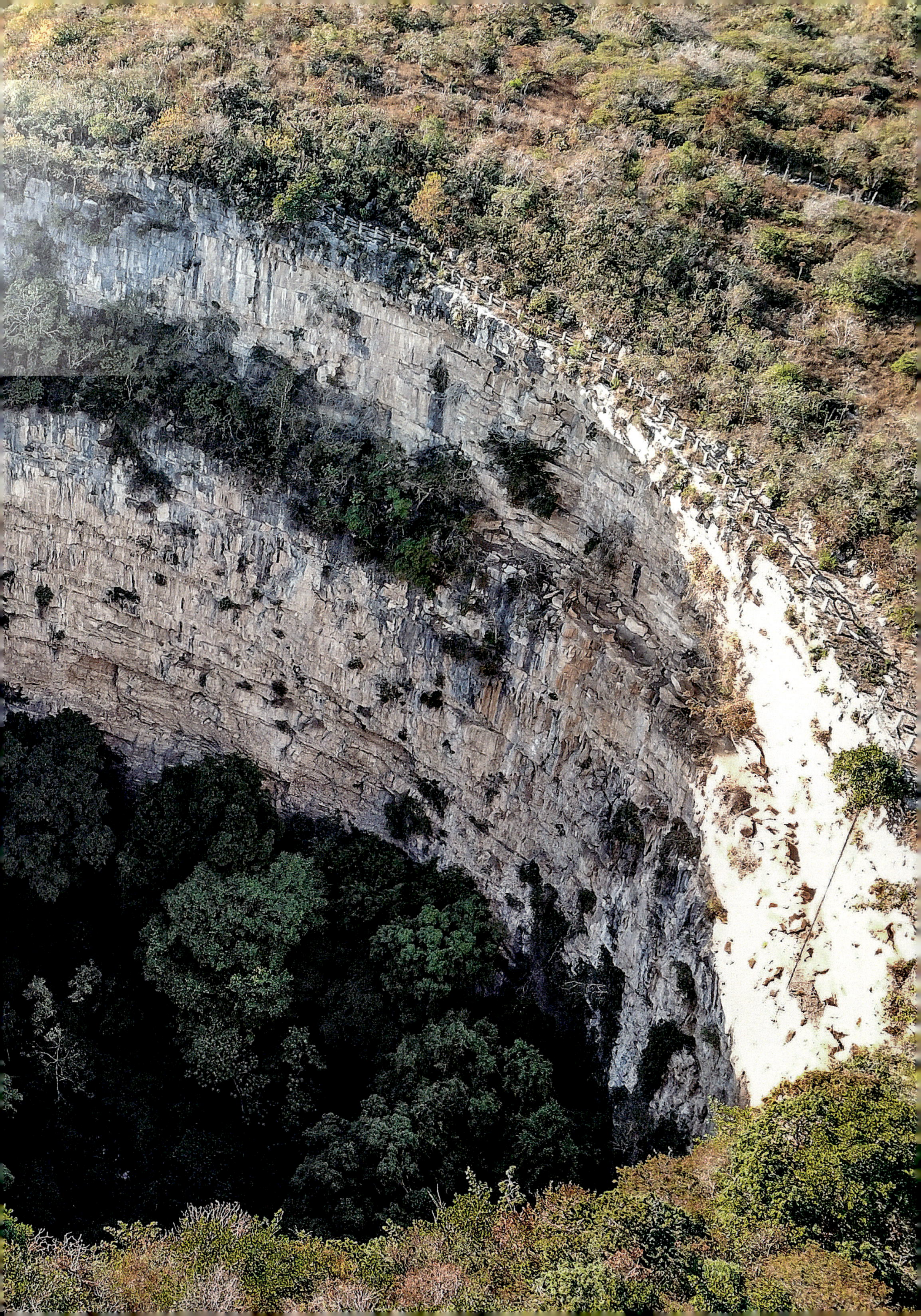

Green parakeet (Psittacara holochlorus); pp.78-79 – The walls of this huge cavity provide a home for thousands of birds
Perico verde (Psittacara holochlorus); pp.78-79 – Las paredes de esta enorme oquedad sirven de hogar para miles de aves

The Sima de las Cotorras (Sinkhole of the Parakeets) in Chiapas is one of the most popular attractions of this state. This giant sinkhole is 525 feet (160 m) wide and 460 feet (140 m) deep. It is named after green parakeets ("cotorras") that build their nests on its vertical walls.

Every morning, with the first rays of sunlight, a spiral of hundreds of birds rises from the abyss offering a majestic spectacle. Likewise, they fly back to their nests in the evenings to rest for the night. It is estimated that the place is home to around 3000 parakeets that live there during most of the year, except the winter months (from December to February) when they migrate to warmer climates.

La Sima de las Cotorras en Chiapas es uno de los atractivos naturales más visitados del estado. Este enorme hueco tiene una anchura de 160 metros (525 ft) y 140 metros (460 ft) de profundidad. Recibe su nombre debido a que es el refugio de pericos verdes o "cotorras" que anidan en las paredes verticales.

Cada madrugada se puede observar un espectáculo majestuoso de cientos de aves saliendo en espiral del abismo. De igual forma, al atardecer vuelan de regreso a sus nidos, para resguardarse durante la noche. Se estima que hay unas 3000 cotorras en total, y se pueden encontrar ahí la mayor parte del año, con la excepción del invierno (de diciembre a febrero), cuando migran hacia los lugares más cálidos.

There are also numerous cave paintings inside this curious natural formation, possibly belonging to the Zoque culture. Most of them are colored red and black and depict anthropomorphic, zoomorphic, and geometric shapes, including circles, spirals, human silhouettes, and animal figures.

The inside of the Sima de las Cotorras keeps higher humidity levels, creating the perfect environment for a lush tropical forest, with trees reaching up to 98 feet (30 m) tall and plants that are not found on the outside. This massive sinkhole is believed to have formed by tectonic and erosive processes on the limestone.

Además, en el interior de esta curiosa formación se encuentran pinturas rupestres, posiblemente de la cultura zoque. En su mayoría, son de colores rojo y negro y representan figuras antropomorfas, zoomorfas y geométricas; se pueden apreciar dibujos circulares, espirales, siluetas humanas y figuras de animales.

El interior de la sima conserva más humedad, lo que permite el desarrollo del microclima del bosque tropical con árboles que alcanzan 30 metros (98 ft) de altitud y especies de plantas que no se encuentran fuera de la fosa. Se cree que esta gran cavidad se formó mediante procesos tectónicos y la erosión del suelo calcáreo.

Sima de las Cotorras seen from above
Sima de las Cotorras vista desde el aire

Camecuaro Lake

Lago de Camécuaro

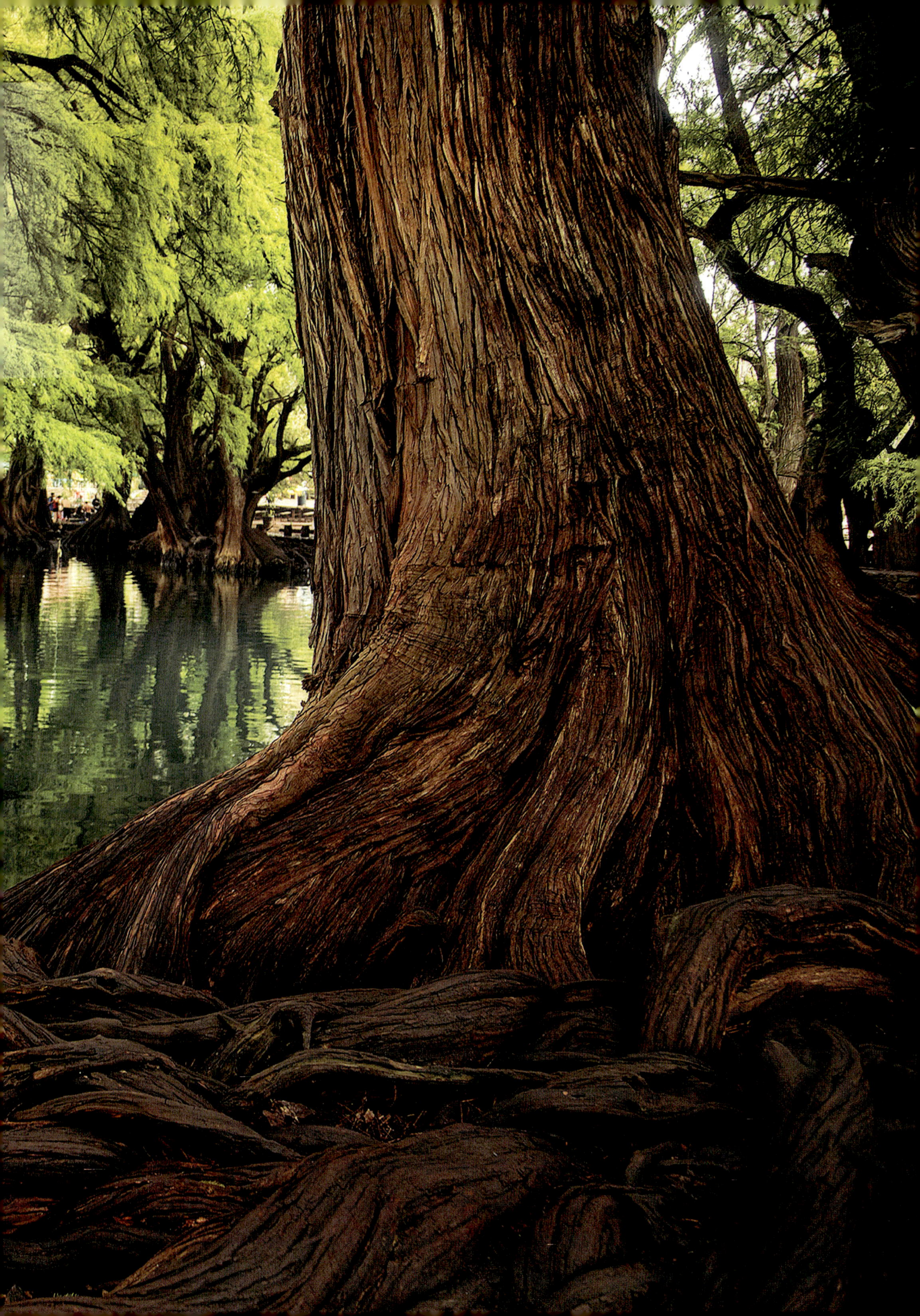

The lake's calm waters reflect the landscape like a mirror; pp.82-83 - The enigmatic lake of Camecuaro
Las tranquilas aguas del lago reflejan el paisaje como un espejo; pp.82-83 - El enigmático lago de Camecuaro

This natural wonder in the state of Michoacan looks like a scene from a fairy tale. The lake is surrounded by hundred-year-old imposing Montezuma cypresses (ahuehuetes), whose twisted roots emerge from the water, creating an air of mystery. In Nahuatl language, ahuehuete means "old man of the water" because this tree commonly grows in swamp lands and its leaves turn whitish, resembling grey hair.

The lake, fed by a series of natural springs, is home to a variety of fish, crabs, frogs, turtles, and ducks. It is said that in ancient times otters and swans also lived here.

Esta maravilla natural del estado de Michoacán parece un lugar de cuento de hadas. Todo el lago está rodeado de centenarios ahuehuetes, imponentes cipreses de pantano, cuyas raíces torcidas emergen de las aguas creando un aspecto misterioso. Ahuehuete en náhuatl significa "viejo del agua", pues suele crecer en zonas pantanosas y su follaje se reviste de heno blanco como si el árbol tuviera canas.

El lago se abastece por una serie de manantiales naturales. Lo pueblan diversas especies de peces, cangrejos, ranas, tortugas y patos. Dicen que en tiempos ancestrales había nutrias y cisnes.

It ranges between 16 to 20 feet (5-6 m) deep, and the water is so clear that you can see through to the bottom of the lake.

The play of light and shadows accentuates the area's extravagant natural forms, giving it the feel of an enchanted forest and making it popular with photographers looking to capture its beauty through their lenses.

This magical forest is a place of legends, including one that tells the story of a princess kidnapped and hidden by a sorcerer. The beautiful maiden cried so much over her misfortune that her tears are said to have formed the Camecuaro Lake, which means "place of hidden sorrow."

La profundidad del lago oscila entre cinco y seis metros (16-20 ft), sus aguas están tan limpias que permiten ver el fondo.

El juego de luces y sombras, junto con las extravagantes formas de la naturaleza, crean un ambiente del bosque encantado atrayendo fotógrafos que quieren captar su belleza a través de la lente.

Este lugar mágico tiene sus leyendas, una de las cuales cuenta la historia de una princesa secuestrada por un hechicero, quien la mantuvo escondida. La hermosa doncella lloró tanto por su desgracia, que con sus lágrimas formó el Lago de Camécuaro cuyo nombre significa "lugar de la amargura oculta".

Cypresses´ tangled roots give a ghostly look to the place
Las entrelazadas raíces de cipreses dan un aspecto fantasmagórico al lugar

Los Cabos Arch

El Arco de Los Cabos

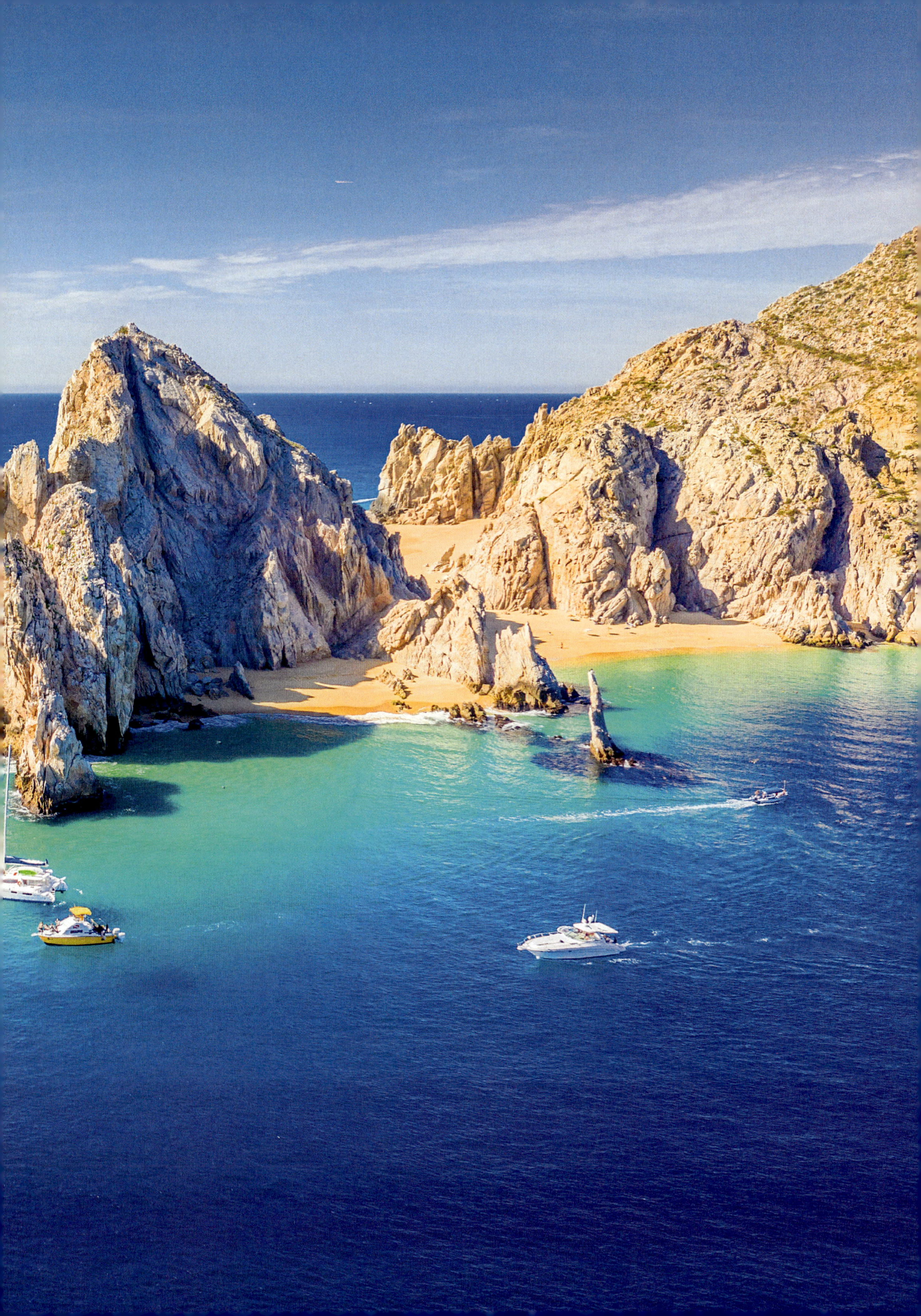

None of Cabo San Lucas attractions is as emblematic as The Arch (El Arco). Formed by erosion over thousands of years, its iconic shape marks the point where the Pacific Ocean and the Sea of Cortes meet. Approximately every four years, the tide recedes enough to make the sandy bottom visible, allowing visitors to walk underneath the Arch.

Right nearby this natural wonder are Lover's Beach (Playa del Amor), famous for its idyllic beauty, and Divorce Beach (Playa del Divorcio), with its strong currents and crashing waves. It is common to see sea lions, dolphins, turtles, and whales in the area.

The Arch is also known as the "Land's End". If we draw a line through this point to the south, the nearest mainland is Antarctica, located over approximately 7400 miles (12,000 km) from here.

In the 16th century, Cabo San Lucas was an essential landmark for Spanish galleons following the Manila Trade Route. The Arch became a natural hiding place and lookout point for the pirates waiting for merchant ships loaded with gold and spices to pass.

De todas las atracciones de Cabo San Lucas, ninguna es más emblemática que El Arco. Durante miles de años, la erosión natural dio su forma icónica a las rocas, que marcan el punto de unión del Océano Pacífico con el Mar de Cortés. Aproximadamente cada 4 años, la marea baja al punto de que se ve el piso de arena y es posible caminar por debajo del Arco.

Cerca de esta maravilla natural se ubican la Playa del Amor, notable por su belleza idílica, y la Playa del Divorcio, con sus fuertes corrientes y olas agitadas. En la zona frecuentemente se encuentran leones marinos, delfines, tortugas y ballenas.

El Arco también es conocido como "El fin de la Tierra". Si de este punto trazamos una línea hacia el sur, encontramos la siguiente porción de tierra firme a unos 12 mil kilómetros (más de 7400 mi): es la Antártida.

En el siglo XVI, Cabo San Lucas fue un importante punto para los galeones españoles que seguían la Ruta de Manila, por lo cual, El Arco se convirtió en un escondite natural y torre de vigía para los piratas que esperaban aquí el paso de los buques mercantes cargados de oro y especias.

pp.86-87 – Beautiful panorama of the sea, beaches and cliffs surrounding the Arch of Los Cabos
pp.86-87 – Hermoso panorama del mar, playas y rocas alrededor del Arco de Los Cabos

Lover´s Beach; below – El Arco (the Arch) under the sunset light
Playa del Amor; abajo - Vista del Arco con la luz del atardecer

Wirikuta

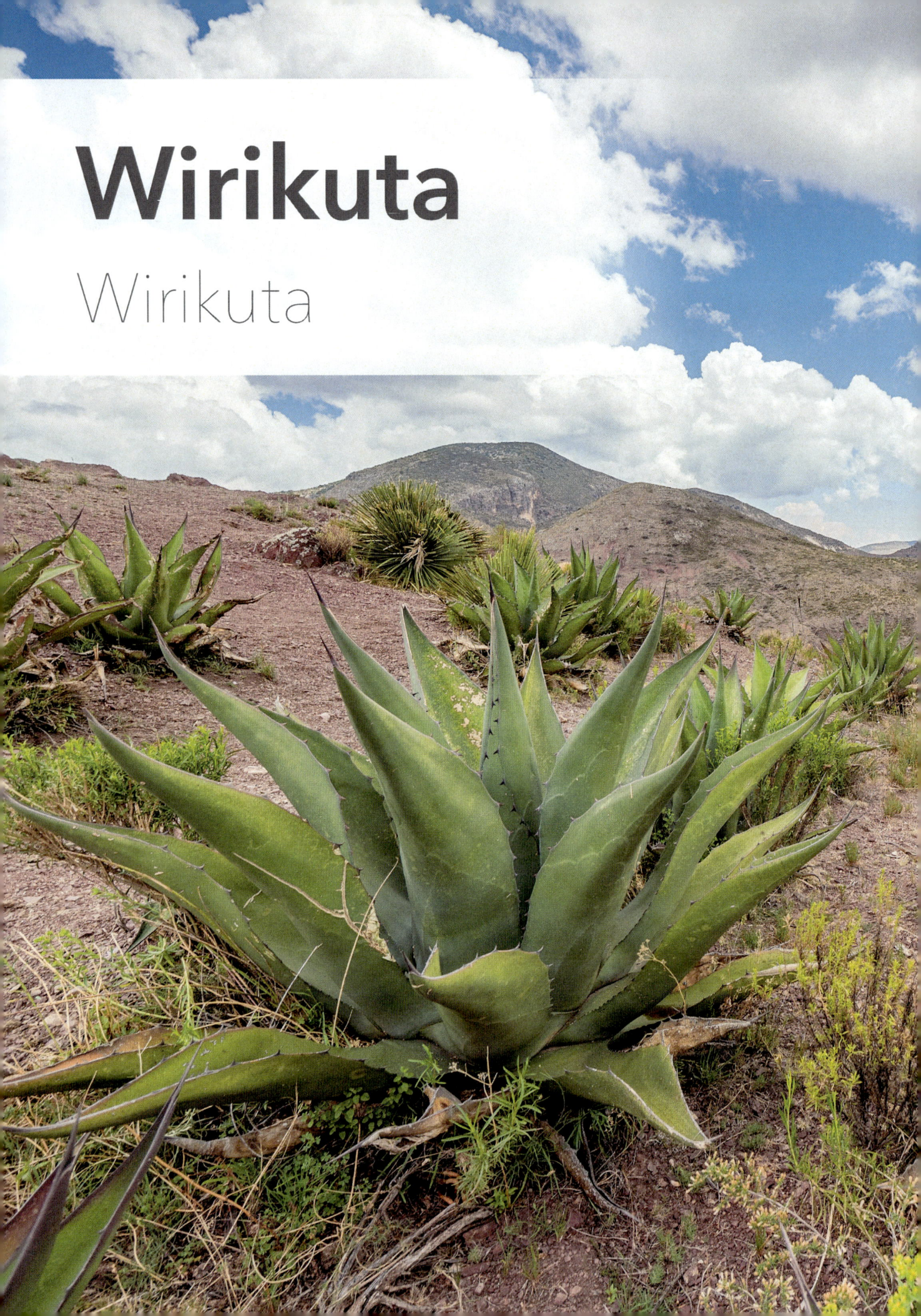

Wirikuta

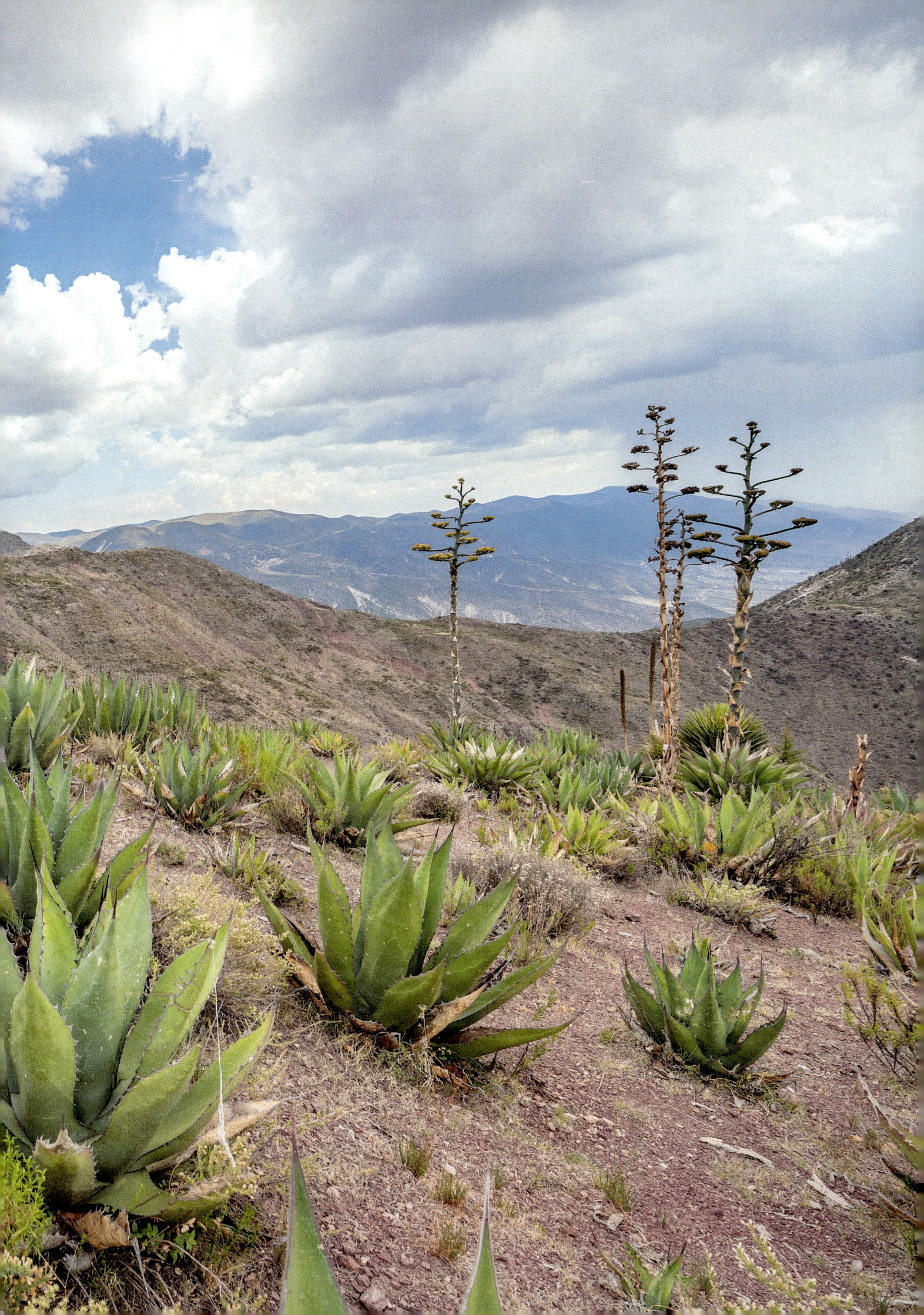

Peyote (Lophophora williamsii); pp. 90-91 – Wirikuta´s natural landscapes
Peyote (Lophophora williamsii); pp. 90-91 – Paisajes naturales de Wirikuta

This semi-desert region covering almost 540 square miles (140,000 ha) in the state of San Luis Potosi is called Wirikuta. It is a natural protected area with landscapes of solitary beauty and night skies filled with stars.

It contains the most extensive biodiversity of cacti in the world, including the famous peyote, a small, spineless hallucinogenic cactus used by the local indigenous people in their rituals. One of the area´s main features is the high proportion of endemic species, not found anywhere else in the world, among its flora and fauna. It is common to see golden eagles, national symbol of the country, along the reserve's cliffs. They build their nests on hard-to-reach ledges, where they lay eggs between January and February.

Así se llama la zona semidesértica que abarca más de 140 mil hectáreas (540 sq mi) en el estado de San Luis Potosí. Es un área natural protegida con paisajes de belleza solitaria y un cielo nocturno plagado de estrellas.

El area concentra la biodiversidad de cactáceas más importante en el mundo, incluido el famoso peyote, un pequeño cactus alucinógeno sin espinas que los indígenas locales utilizan en sus rituales. Una gran proporción de su flora y fauna es endémica, es decir, solamente se encuentra en esta parte del mundo. En los acantilados de la reserva es común encontrar el águila real, el símbolo del país. Las águilas colocan sus nidos en las rocas de difícil acceso, donde ponen sus huevos entre enero y febrero.

Wirikuta is a sacred site for the Huichol Indians. According to their mythology, this is where the world was created, and it is also home to their deities and ancestral spirits.

Between October and March, the Huichols pilgrimage to their sacred land each year. Along the route, which extends over 342 miles (550 km), shamans recreate and pass on to the young the tribe's legacy through songs, stories, and ceremonies.

In 1998, Wirikuta was incorporated by UNESCO into the Global Network of Sacred Natural Sites.

Wirikuta representa un sitio sagrado para el pueblo huichol. Según sus creencias, es el lugar donde nació el mundo y donde habitan sus deidades y espíritus ancestrales.

Cada año entre octubre y marzo, los huicholes realizan una peregrinación hacia esta zona. A lo largo de la ruta que se extiende por 550 km (342 mi), los chamanes recrean y transmiten a los jóvenes el legado tribal mediante cantos, relatos y ceremonias.

Desde 1998, Wirikuta forma parte de la Red Mundial de Sitios Sagrados Naturales de la UNESCO.

Wirikuta's desert hills
Las colinas desérticas de Wirikuta

Kaan Luum

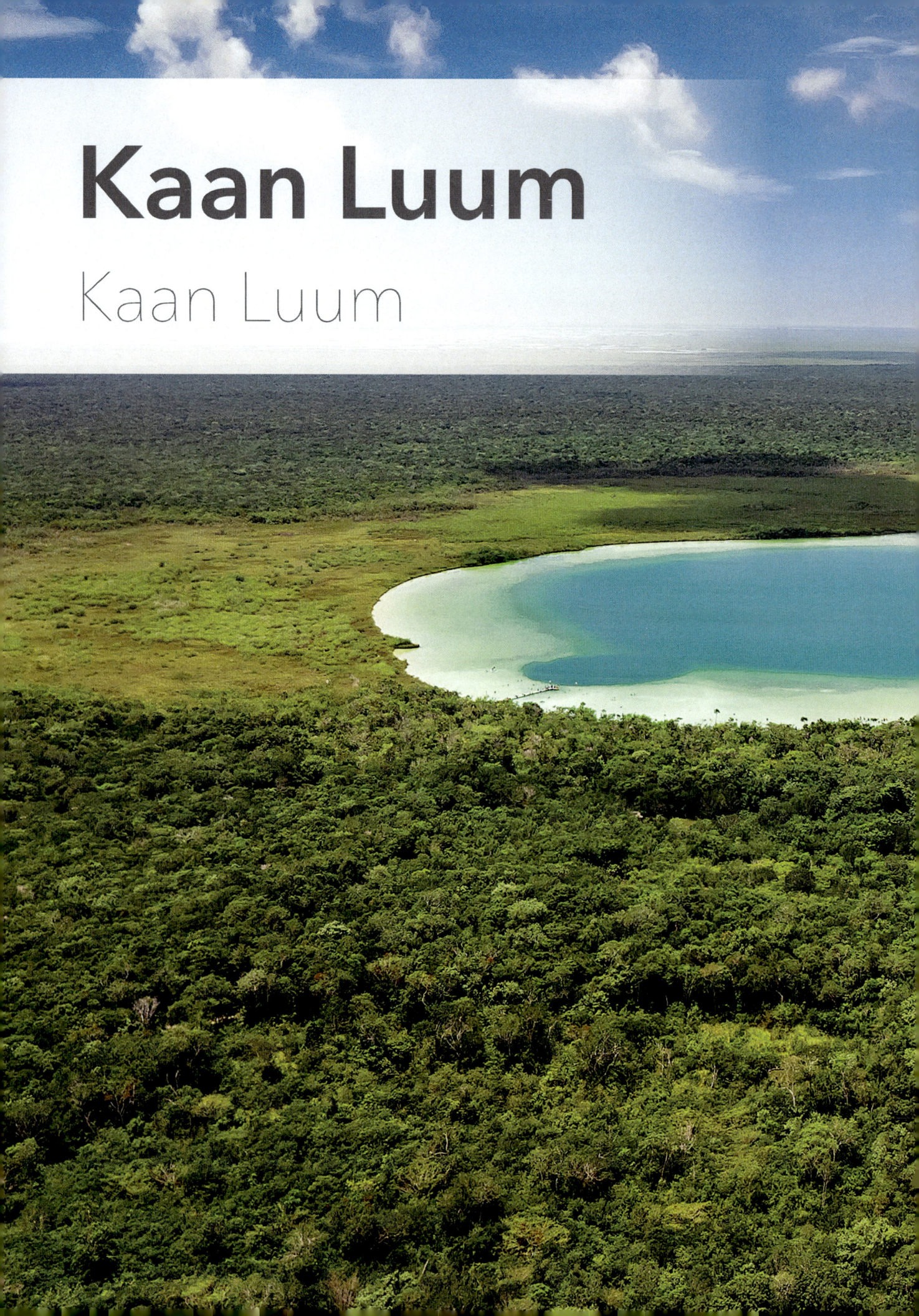

Kaan Luum

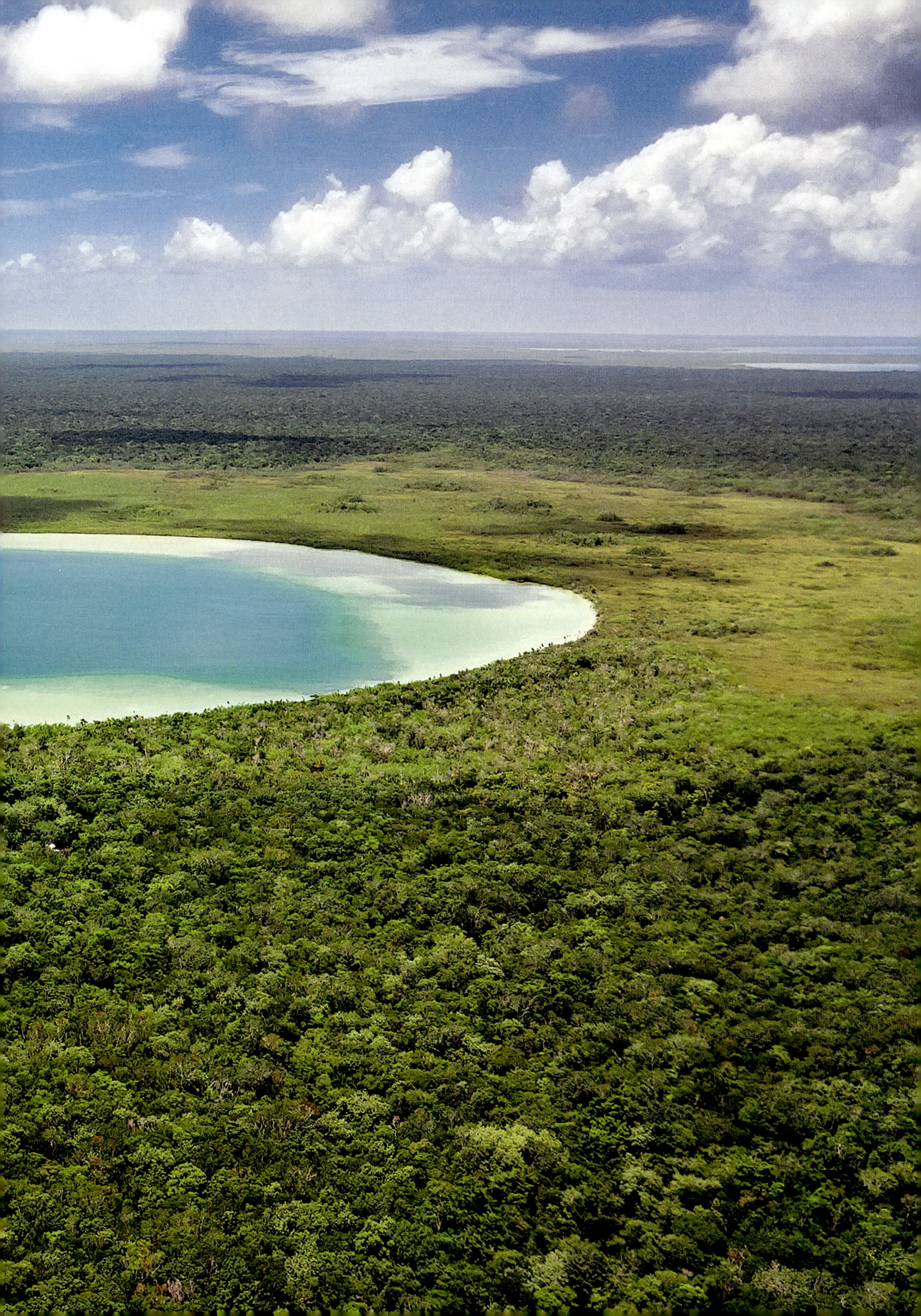

On the list of Mexico's extraordinary natural wonders, a cenote in the middle of a lagoon is one not to be missed. This is Kaan Luum, located 6 miles (10 km) from downtown Tulum, a famous tourist destination in the Riviera Maya, and part of the Sian Ka'an Biosphere Reserve. The lagoon has shallow clear waters that contrast with the dark blue circle of the cenote whose depth is over 262 feet (80 m). The cenote is fenced along its perimeter to prevent accidents. A picturesque wooden pier leads directly to the edge of the abyss, creating a perfect setting for amateur photographers.

The lagoon is surrounded by a lush jungle and mangroves that are home to the area's many bird species. The best time to observe them is early morning when they are most active and fill the air with their songs.

The name Kaan Luum means "yellow earth" in the Mayan language due to the color of the clay mud on the bottom of the lagoon that is used as a natural skin exfoliant.

En la lista de los lugares inimaginables de México no puede faltar un cenote en medio de una laguna. Se llama Kaan Luum y se encuentra a 10 km (6 mi) del centro de Tulum, famoso destino turístico en la Riviera Maya, siendo parte de la Reserva de la Biósfera de Sian Ka'an. Esta laguna posee aguas claras poco profundas que contrastan con el círculo azul intenso del cenote, cuya profundidad sobrepasa 80 metros (262 ft). Los bordes del cenote están delimitados y señalizados para evitar accidentes. Un pintoresco muelle de madera lleva directamente al borde del abismo, creando un escenario perfecto para fotógrafos aficionados.

La laguna está rodeada de una frondosa selva y manglares que albergan distintas especies de aves de la zona. El mejor horario para observarlas es a primera hora de la mañana, cuando son más activas y se empiezan a escuchar sus cantos.

El nombre de Kaan Luum significa en lengua maya "tierra amarilla" por la coloración del barro arcilloso del fondo de la laguna. Este barro se utiliza como un exfoliante natural de la piel.

Kaan Luum wooden pier; pp. 94-95 – The lagoon is framed by the tropical forest
Muelle de madera de Kaan Luum; pp. 94-95 – La laguna se encuentra rodeada por la selva tropical

Stunning aerial view of cenote in the middle of the Kaan Luum lagoon; below – The edge of the cenote
Impresionante vista aérea del cenote en medio de la laguna Kaan Luum; abajo – El borde del cenote

Monarch butterfly
Mariposa monarca

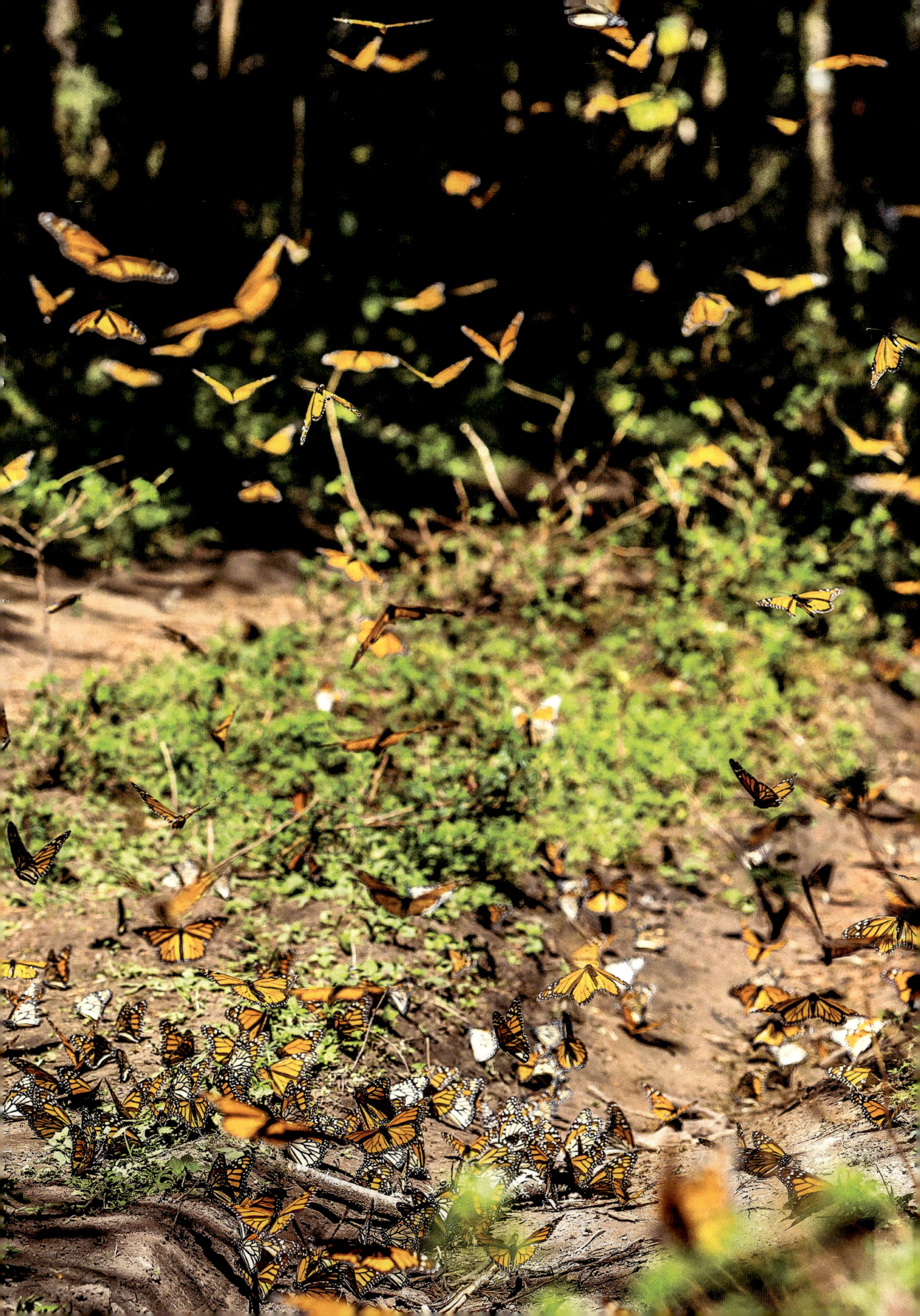

Butterflies turn tree branches into orange blossoms; below – Monarch butterfly's chrysalid
Las mariposas cubren las ramas de los árboles de color naranja; abajo – Crisálida de una mariposa monarca

Monarch butterfly (Danaus plexippus); pp.98-99 – Monarch butterflies flying in the forest
Mariposa monarca (Danaus plexippus); pp.98-99 – Mariposas monarca volando en un bosque

Each year, monarch butterflies flood the forests of Michoacan and the State of Mexico with their beauty. These delicate creatures travel over 2500 miles (4000 km) from Canada and the United States to spend the winter in the warmth and reproduce. Monarch butterflies that undertake this extraordinary migration have a longer life span – that is up to 9 months. Other generations only live between 2 to 6 weeks.

The first butterflies start to arrive in Mexico towards the end of October. Because of it, there is a common belief in the country that these beautiful creatures are actually the souls of those who have passed away and come visit their families for the Day of the Dead.

Cada año, las mariposas monarca inundan con su belleza los bosques de Michoacán y el Estado de México. Estas delicadas criaturas viajan por más de 4000 kilómetros (2500 mi) desde Canadá y Estados Unidos para pasar el invierno en una zona más cálida y reproducirse. Las mariposas monarca que emprenden esta extraordinaria migración tienen la esperanza de vida más larga – hasta 9 meses. Otras generaciones viven de 2 a 6 semanas.

Las primeras mariposas empiezan a llegar a los bosques de México a finales de octubre. Por esta razón, existe una creencia en el país de que estas hermosas criaturas son en realidad las almas de los difuntos que vienen de visita para el Día de Muertos.

Once they arrive at their destination, thousands of monarch butterflies gather in enormous clusters, hanging from the branches of the Oyamel fir trees and pines that create proper microclimate for their hibernation. As the days grow warmer in anticipation of spring, these fragile insects awake from their slumber, slowly open their beautiful wings and take flight, filling the sky with their distinctive orange color. They flutter about all over the forest searching for flowers´ nectar, feeding, courting, mating, and resting on the tree trunks. It is a truly magical sight.

In March, the monarch butterflies born in Mexico begin their long journey back north. How they know their ancestors' route and visit the same mountains each year still remains a mystery.

Al llegar a su destino, miles de mariposas se reúnen agrupadas en grandes racimos que cuelgan de las ramas del pino y el oyamel, los árboles con el microclima adecuado para sus colonias de hibernación. Cuando los días se vuelven más cálidos, anticipando la primavera, estos frágiles insectos se despiertan del letargo, abren lentamente sus hermosas alas y empiezan a volar llenando el cielo con su distintivo color naranja. Las mariposas revolotean por todos lados, buscan el néctar de las flores, se cortejan, se aparean y posan en troncos de los árboles. Es un espectáculo verdaderamente mágico.

En marzo, las mariposas monarca nacidas en México inician su viaje de regreso al norte. Cómo reconocen la ruta de sus antepasados y visitan cada año a las mismas montañas, todavía sigue siendo un misterio.

Monarch Butterfly Biosphere Reserve in Michoacan; p.103 – Butterflies hanging from a tree
Reserva de la Biosfera de la Mariposa Monarca en Michoacán; p.103 – Mariposas colgadas de un árbol

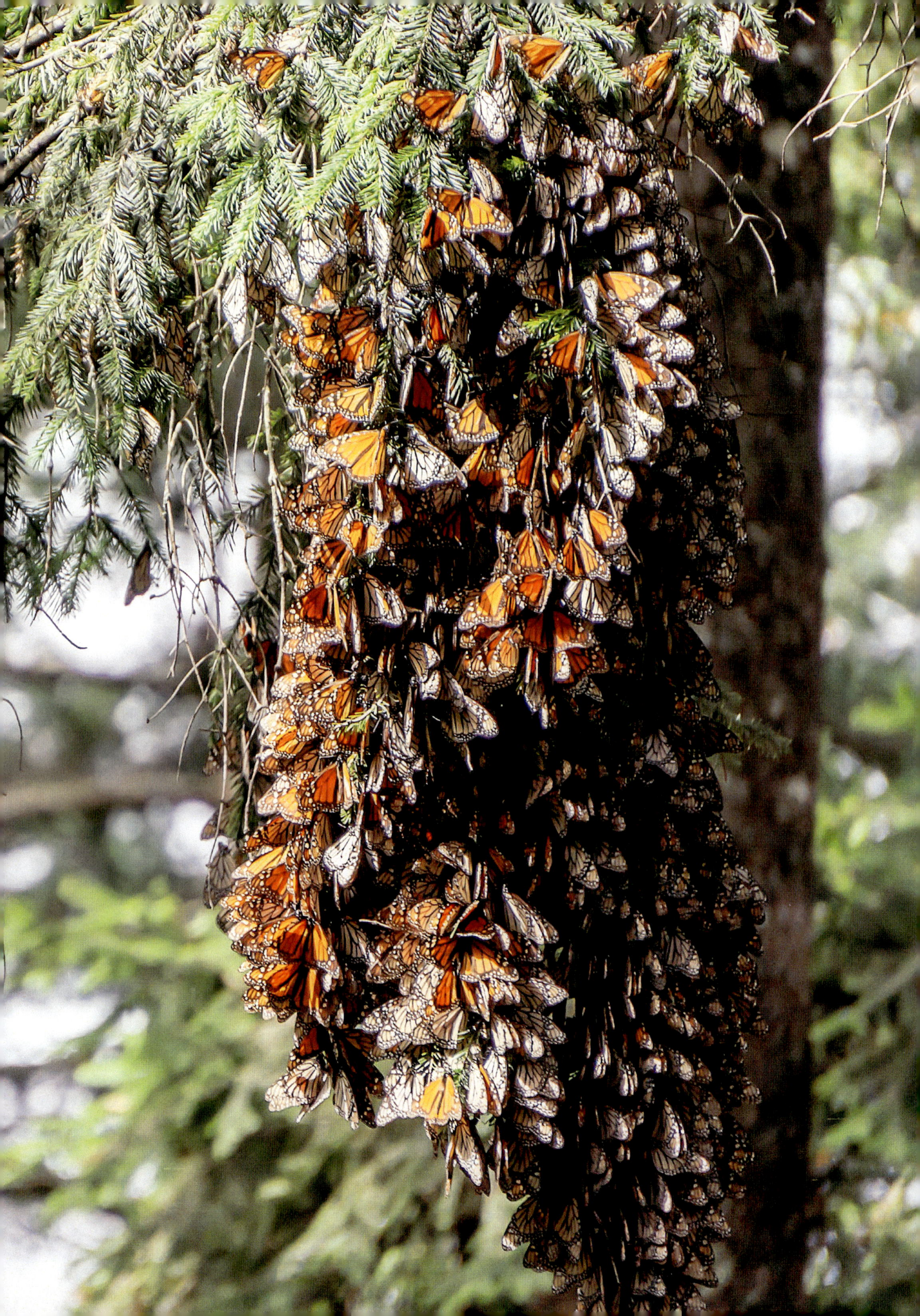

Sierra Gorda

Sierra Gorda

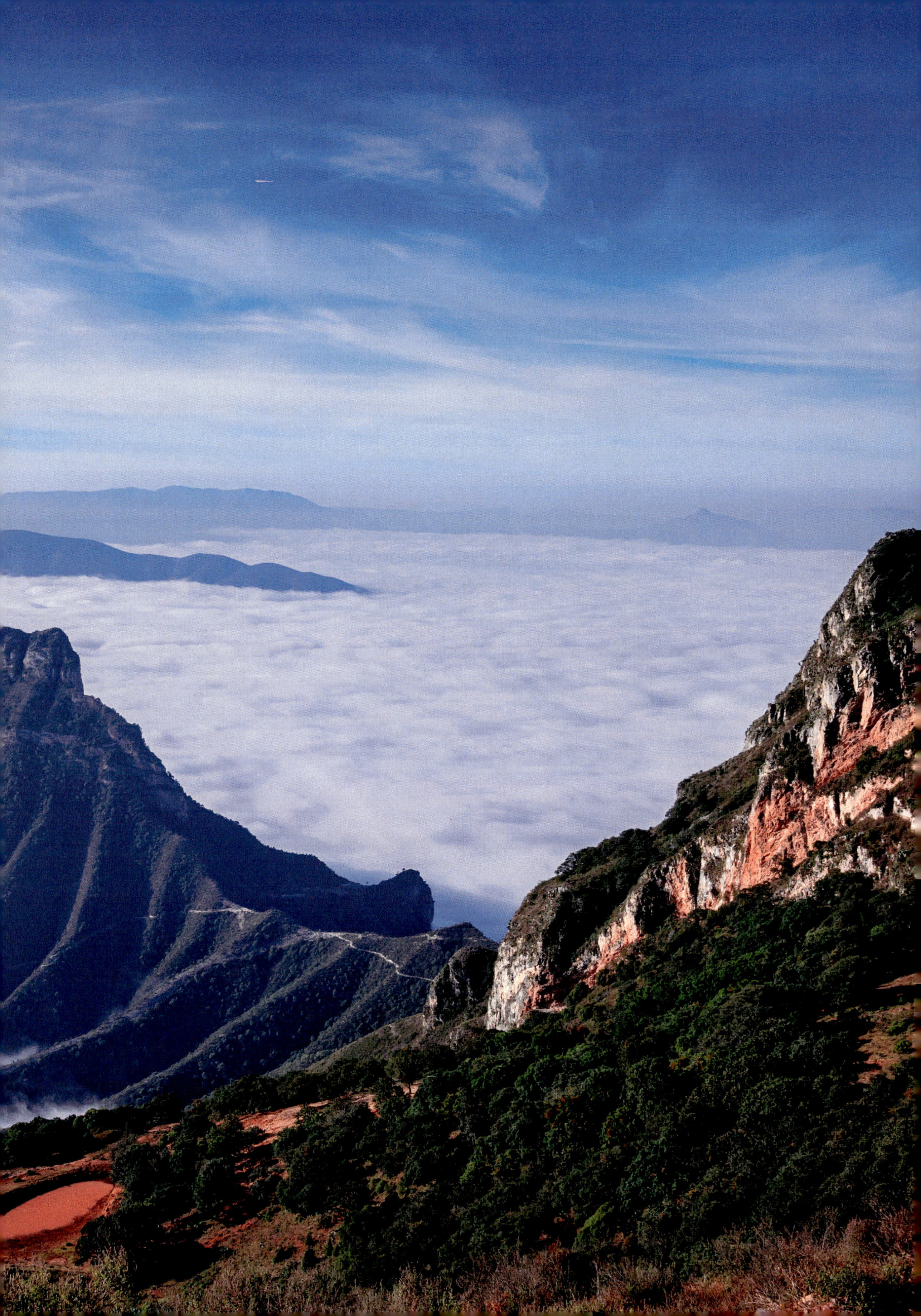

One of Mexico's most impressive natural regions is located in the state of Queretaro. The Sierra Gorda Biosphere Reserve is one of the largest green lungs of the country, this mountain range is covered by shrubland, conifer forests, tropical forests, and at its highest points, cloud forests. The variety of ecosystems here offers a multitude of landscapes, including mountains, caves, canyons, valleys, rivers, and waterfalls.

Some of its highest peaks include the Cerro de La Calentura and La Pingüica, reaching 10,040 feet and 10,170 feet (3060 m and 3100 m) high, respectively.

The Cuatro Palos viewing point offers one of the best panoramas of Sierra Gorda, especially during the first hours of the day in winter when the morning fog creates a phenomenon known as "sea of clouds." Little by little, the dense fog vanishes before your eyes, revealing the majestic Half Moon Hill (Cerro de la Media Luna).

Another iconic spot in the Sierra Gorda is the Puente de Dios (Bridge of God), an area with beautiful waterfalls and freshwater pools surrounded by unique rock formations.

National Geographic magazine recognized the Sierra Gorda as one of the leading sustainable tourism destinations in the world.

Una de las regiones naturales más impresionantes de México se extiende en el estado de Querétaro. La Reserva de la Biósfera de la Sierra Gorda es uno de los grandes pulmones verdes del país, a lo largo de su macizo montañoso se encuentran matorrales, bosques de coníferas, selva tropical y bosque de niebla en las partes más altas. La diversidad de ecosistemas da origen a la infinidad de paisajes: sierras, grutas, cañones, valles, ríos y cascadas.

Entre los cerros más elevados se pueden mencionar el Cerro de La Calentura y La Pingüica, con alturas de 3060 msnm y 3100 msnm respectivamente (10,040 ft y 10,170 ft).

El mirador Cuatro Palos ofrece una de las mejores vistas de Sierra Gorda, sobre todo a primeras horas del día en invierno, cuando la niebla matutina crea el fenómeno conocido como "mar de nubes". Poco a poco, la densa niebla se desvanece ante la vista y emerge de entre la nubosidad el majestuoso Cerro de la Media Luna.

Otro lugar icónico de la Sierra Gorda es el Puente de Dios: un conjunto de hermosas cascadas y pozas de agua pura rodeadas de peculiares formaciones rocosas.

La Sierra Gorda fue reconocida por la revista National Geographic como uno de los sitios con mayor sustentabilidad turística del mundo.

pp.104-105 – Cerro de la Media Luna (Half Moon Hill) from the Cuatro Palos viewpoint
pp.104-105 – Cerro de la Media Luna desde el mirador Cuatro Palos

Beautiful nature scenery at Puente de Dios
Bellas escenas de la naturaleza del Puente de Dios

Dunes of Solitude
Dunas de la Soledad

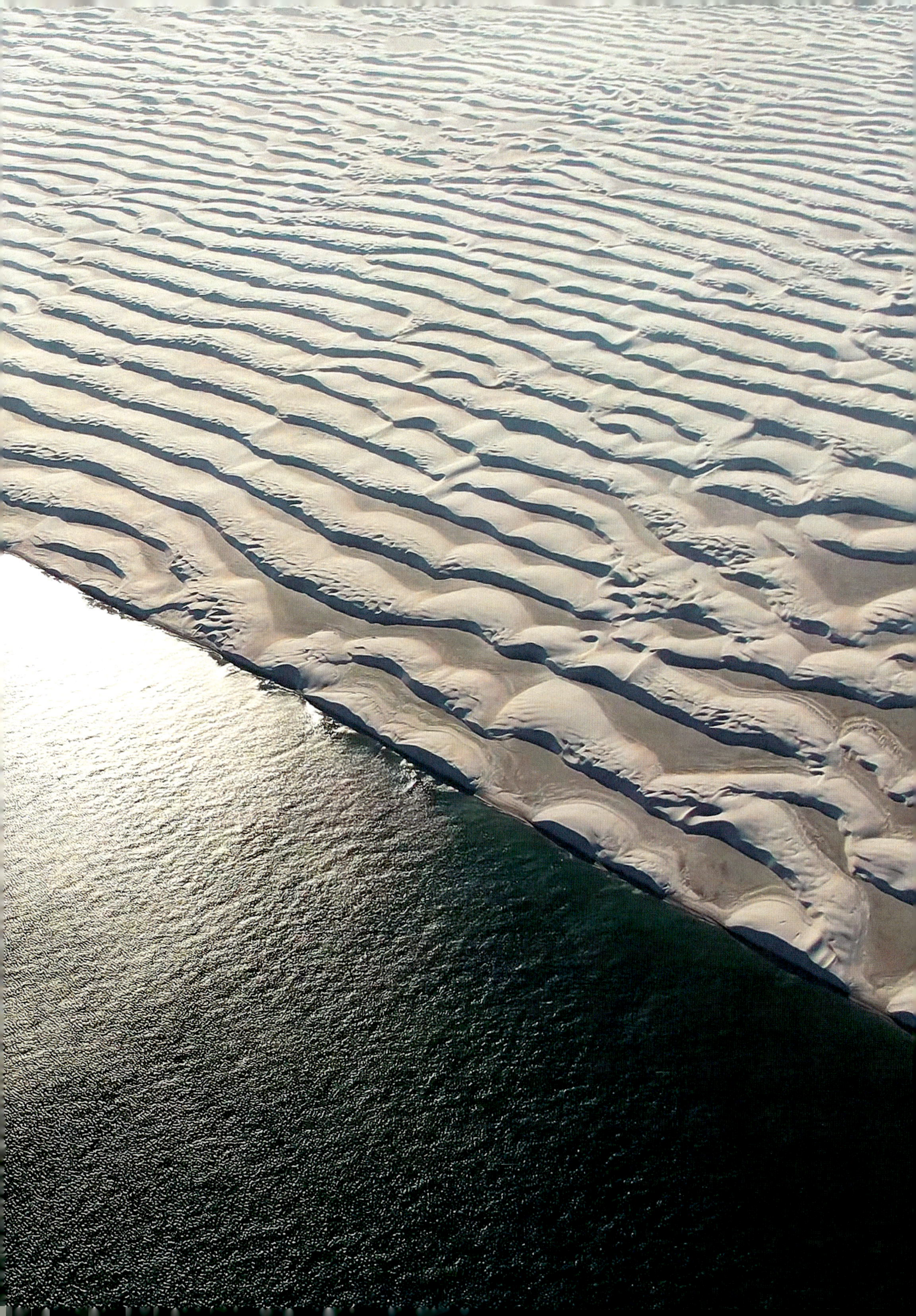

Sand dunes in Guerrero Negro; pp.108-109 – Fascinating symmetrical patterns of the Dunes of Solitude
Campos de dunas de arena en Guerrero Negro; pp.108-109 - El fascinante patrón simétrico de las Dunas de la Soledad

The peninsula of Baja California is home to many fascinating places, one of them is a coastal dune system in constant motion due to the action of the wind. It is located east of Guerrero Negro, a town along the coast of the Pacific Ocean near the border between the states of Baja California and Baja California Sur. The dunes form part of the El Vizcaíno Biosphere Reserve, an immense biological corridor made up of lagoons, coasts, plains, and mountains.

It is a solitary and magical landscape that highlights the contrast between the ocean and the dunes. From a distance, symmetrical ripples in the sand resemble endless waves.

La península de Baja California cuenta con muchos parajes fascinantes, uno de los cuales comprende un sistema de dunas costeras en constante movimiento por la acción del viento. Se ubican al este de Guerrero Negro, una localidad en la costa del Océano Pacífico, junto a la frontera entre los estados de Baja California y Baja California Sur. Las dunas son parte de la Reserva de la Biosfera El Vizcaíno, un gran corredor biológico compuesto por lagunas, costas, planicies y sierras.

Es un paisaje solitario y mágico, donde el contraste del mar y las dunas resalta los colores. Desde la distancia, las simétricas ondas en la arena parecen olas interminables.

Guerrero Negro salt lagoons under the sunset light
Lagunas de sal de Guerrero Negro bajo la luz del atardecer

The dunes play an essential role in the local ecosystem, acting as a natural barrier that protects the coast from strong waves and storms. In addition, it is home to species of flora and fauna of great ecological value.

Guerrero Negro is also famous for its salt production, concentrated mainly around the Ojo de Liebre lagoon. The area provides ideal evaporation conditions for extracting salt: proximity to the ocean, a desert environment with little rain, intense solar radiation, and strong winds. The whitish salt mirrors that form during the process blend into the clouds, creating a beautiful panorama.

Las dunas juegan un papel importante en el ecosistema local, siendo una barrera natural que protege la costa de fuerte oleaje y tormentas. Además, constituyen el hábitat de especies de fauna y flora de gran valor ecológico.

La localidad de Guerrero Negro también es famosa por su producción de sal, concentrada en torno a la laguna Ojo de Liebre. La zona posee las condiciones de evaporación ideales para la extracción de sal: proximidad del mar, ambiente desértico con escasas lluvias, intensa radiación solar y fuertes vientos. Los blanquecinos espejos del agua que se forman durante el proceso parecen unirse con las nubes en un hermoso panorama.

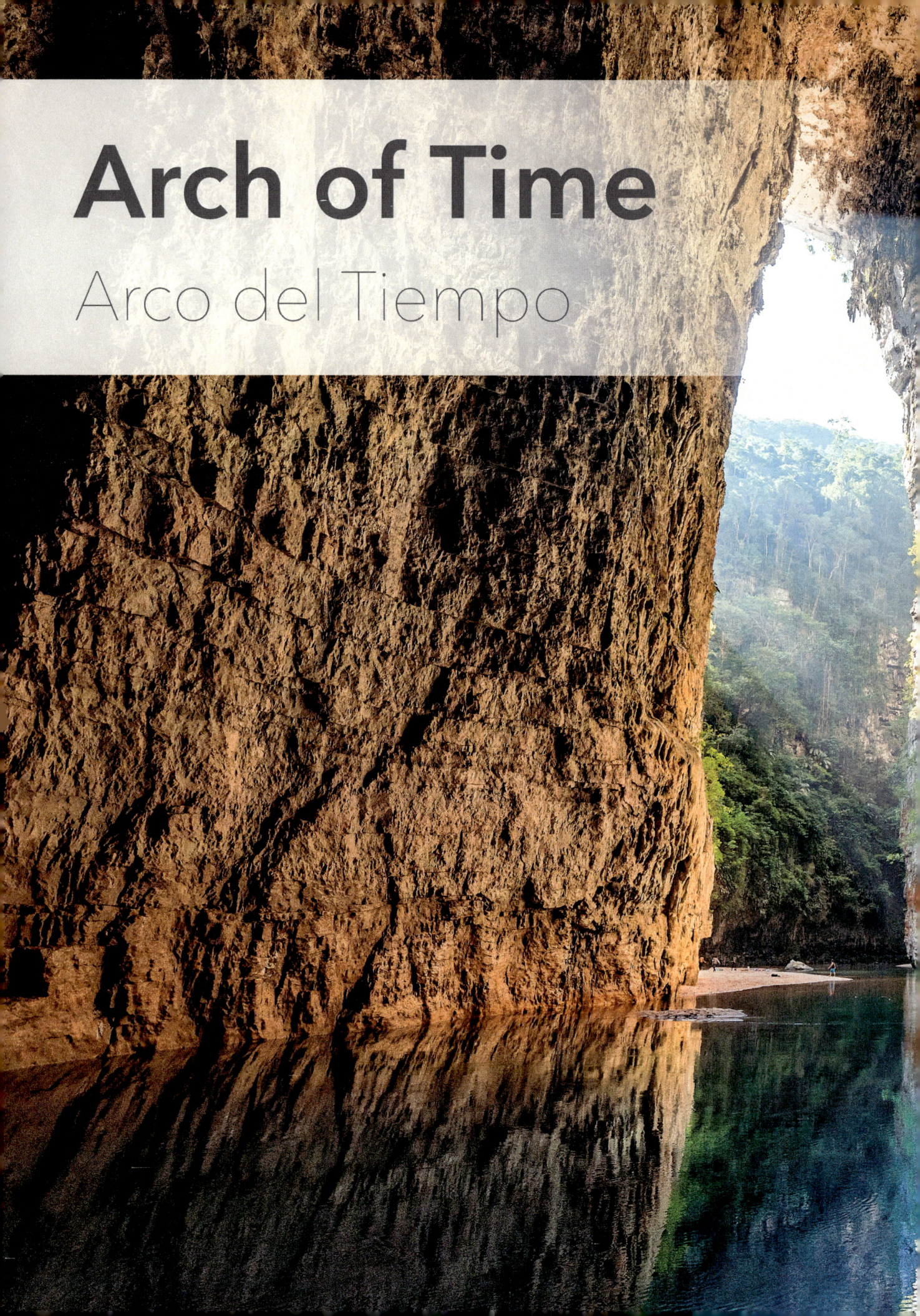

Arch of Time
Arco del Tiempo

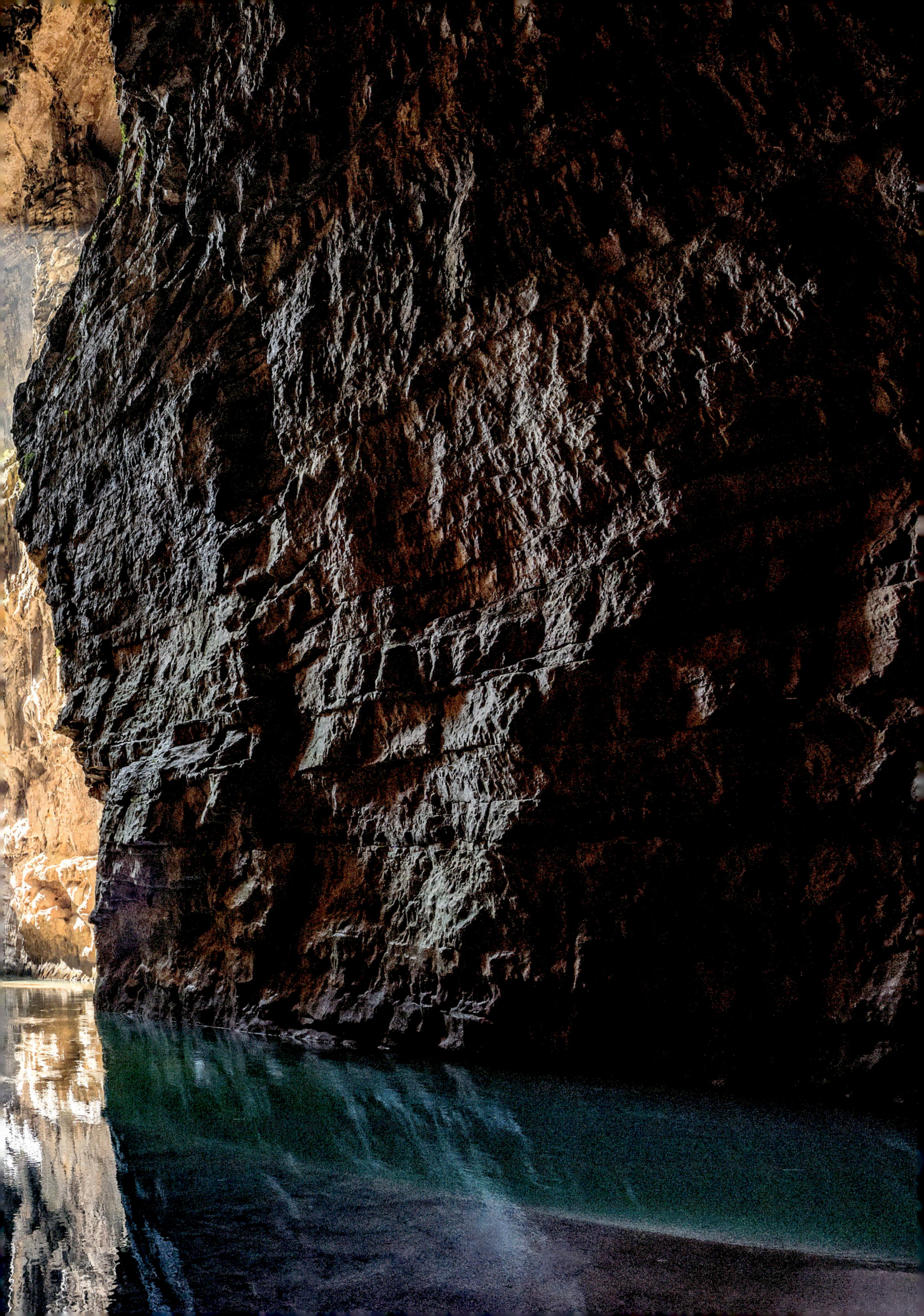

Its name perfectly transmits the mystic and almost other-worldly sensation surrounding this place. It feels as if time is standing still in the middle of this formidable stone arch while the play of light shines through the rock formations and reflects on the water's surface.

The Arch of Time is 590 feet (180 m) high and is considered to be one of the largest natural arches in the world. It is located in the La Venta river canyon in the state of Chiapas, in the middle of a lush tropical forest. The place is relatively little-known and challenging to get to, especially during the rainy season when the river flow increases significantly.

Su nombre refleja a la perfección la sensación mística, casi del otro mundo, que envuelve el lugar. Parece que el tiempo se detiene en medio de este formidable arco de piedra, con el juego de la luz que pasa entre las formaciones rocosas y se refleja en la superficie del agua.

El Arco del Tiempo alcanza la altura de 180 metros (590 ft), y se considera uno de los arcos naturales más grandes del mundo. Se encuentra en el cañón del río La Venta, en medio de la exuberante selva tropical de Chiapas. Es un lugar poco conocido y de difícil acceso, sobre todo en la época de lluvias, cuando el caudal del río crece bastante.

Incoming light highlights the beauty of the place creating a magical atmosphere
La luz entrante resalta la belleza del lugar creando un ambiente mágico

One of the cascades in the La Venta river canyon; pp.112-113 – The majestic Arch of Time (Arco del Tiempo)
Una de las cascadas en el cañón del río La Venta; pp.112-113 – El majestuoso Arco del Tiempo

There are waterfalls, rivers, caves, and whimsical rock formations along the path to this enigmatic arch. The large crevice of the La Venta river canyon winds through the jungle for approximately 50 miles (80 km). In some sections, it is very wide; in others, the canyon walls are only separated by a few meters.

Over the centuries, people have been using the numerous caves formed inside the canyon walls for shelter and other purposes. Many of these caves still remain hidden and unexplored, like yet another very well-kept secret of this fascinating region.

A lo largo del camino a este enigmático paraje se pueden encontrar cascadas, ríos, cuevas y caprichosas formaciones rocosas. La gigantesca grieta del cañón del río La Venta serpentea por la selva a lo largo de aproximadamente 80 kilómetros (50 mi). En algunos tramos es muy ancho, en otros, los muros solo están separados por unos metros.

En el cañón se han formado de manera natural una gran cantidad de cuevas que han sido utilizadas por el hombre a lo largo de los siglos. Muchas de las cuevas permanecen ocultas e inexplorados, como un secreto bien guardado de esta fascinante región.

Xel-Ha

Xel-Ha

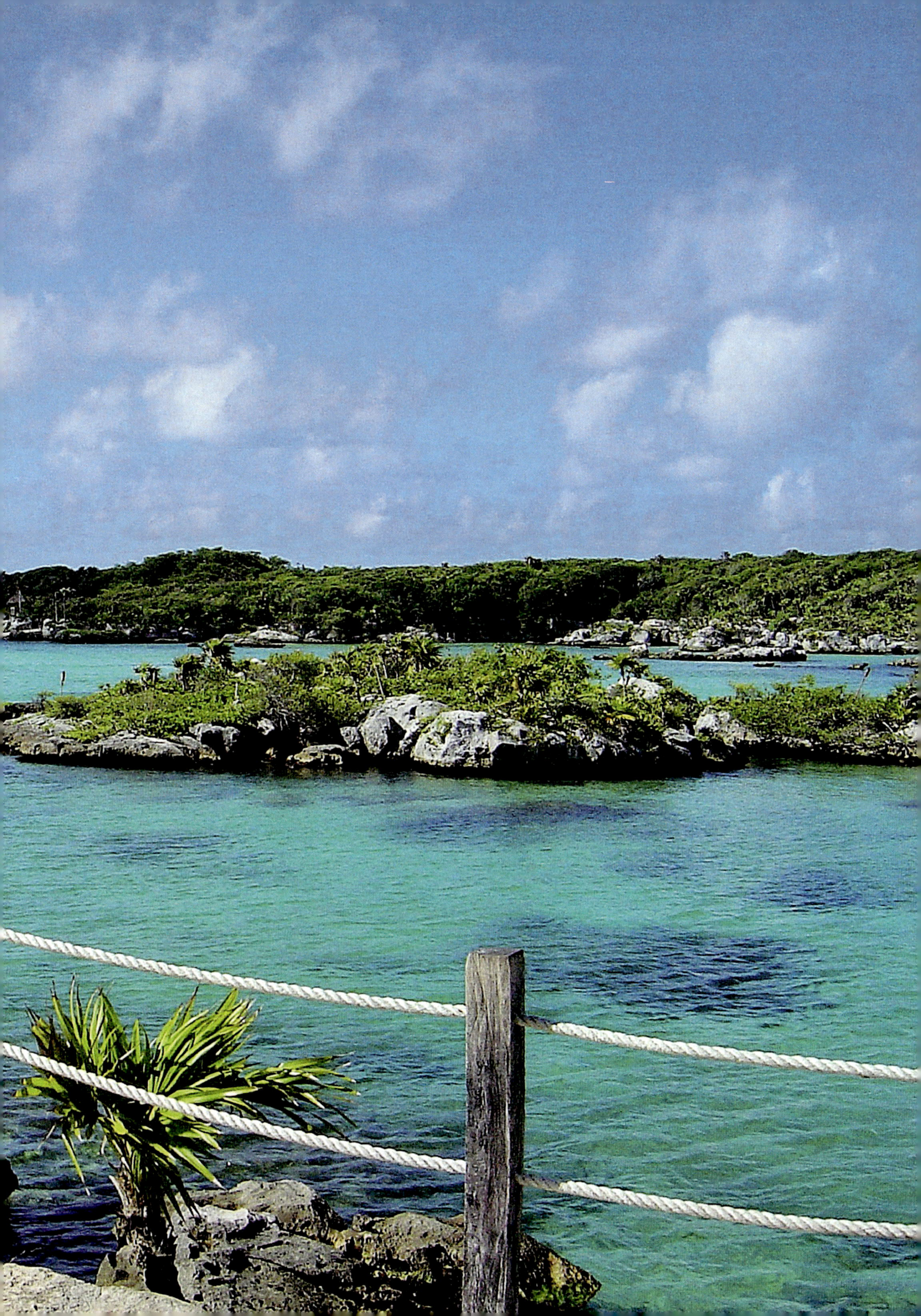

There is a picturesque place on the Caribbean coast of Mexico where the underground waters meet the sea in a stunning cove surrounded by dense tropical vegetation. It was named Xel-Ha, which means "water entrance" or "place where the water is born" in Mayan (the X in Yucatec Maya is pronounced as "sh").

Due to the diversity of fish that live here, it is also known as "natural aquarium." As home to nearly 20% of the fish biodiversity of the whole Mexican Caribbean, Xel-Ha is an important area for their feeding, breeding, refuge, and protection from predators. Stingrays, sea turtles, and manatees also count among its inhabitants.

En la costa caribeña de México hay un pintoresco lugar donde las aguas subterráneas se unen con el mar en una preciosa caleta rodeada de una extensa vegetación tropical. Este sitio lleva el nombre de Xel-Ha lo que significa "entrada de agua" o "lugar donde nacen las aguas" en la lengua maya.

Por la gran diversidad de peces que lo habitan también se le llama "el acuario natural". Xel-Ha alberga cerca del 20% de la biodiversidad de peces de todo el Caribe mexicano, siendo una importante zona de su alimentación, crianza, refugio y protección contra depredadores. También es hogar de las rayas, tortugas marinas y manatíes.

Crystal clear waters of the inlet; pp.116-117 – Idyllic landscape of Xel-Ha
Cristalinas aguas de la caleta; pp.116-117 – Idílico paisaje de Xel-Ha

A curious phenomenon can be observed in the Xel-Ha inlet: fresh underground waters meet the salt waters of the sea. Since they have different densities and temperatures, they don't immediately mix, producing a visual effect similar to a mirage where the less dense freshwater floats on the surface, forming a layer over salt water and distorting visibility. This phenomenon called halocline is also observed in various other sites on the coast of the Yucatán Peninsula.

Nowadays, Xel-Ha is an ecotourism park that receives thousands of visitors each year. The park supports various programs focused on the protection of nature.

En la caleta de Xel-Ha se puede observar un curioso fenómeno: el agua dulce de los ríos subterráneos y el agua del mar tienen diferente densidad y temperatura, por lo que no pueden mezclarse inmediatamente y producen un efecto visual parecido a un espejismo. El agua dulce, al ser menos densa, flota y se sitúa en la zona más superficial distorsionando la visibilidad. Este fenómeno se denomina haloclina y se presenta en muchos otros sitios de la Península de Yucatán cercanos a la costa.

Actualmente, Xel-Ha es un parque ecoturístico que recibe miles de visitantes cada año. El parque apoya varios programas enfocados en la protección de la naturaleza.

The Xel-Ha inlet is part of an ecological park focused on sustainable tourism
La caleta de Xel-Ha forma parte de un parque ecológico enfocado en el turismo sustentable

Quetzal
Quetzal

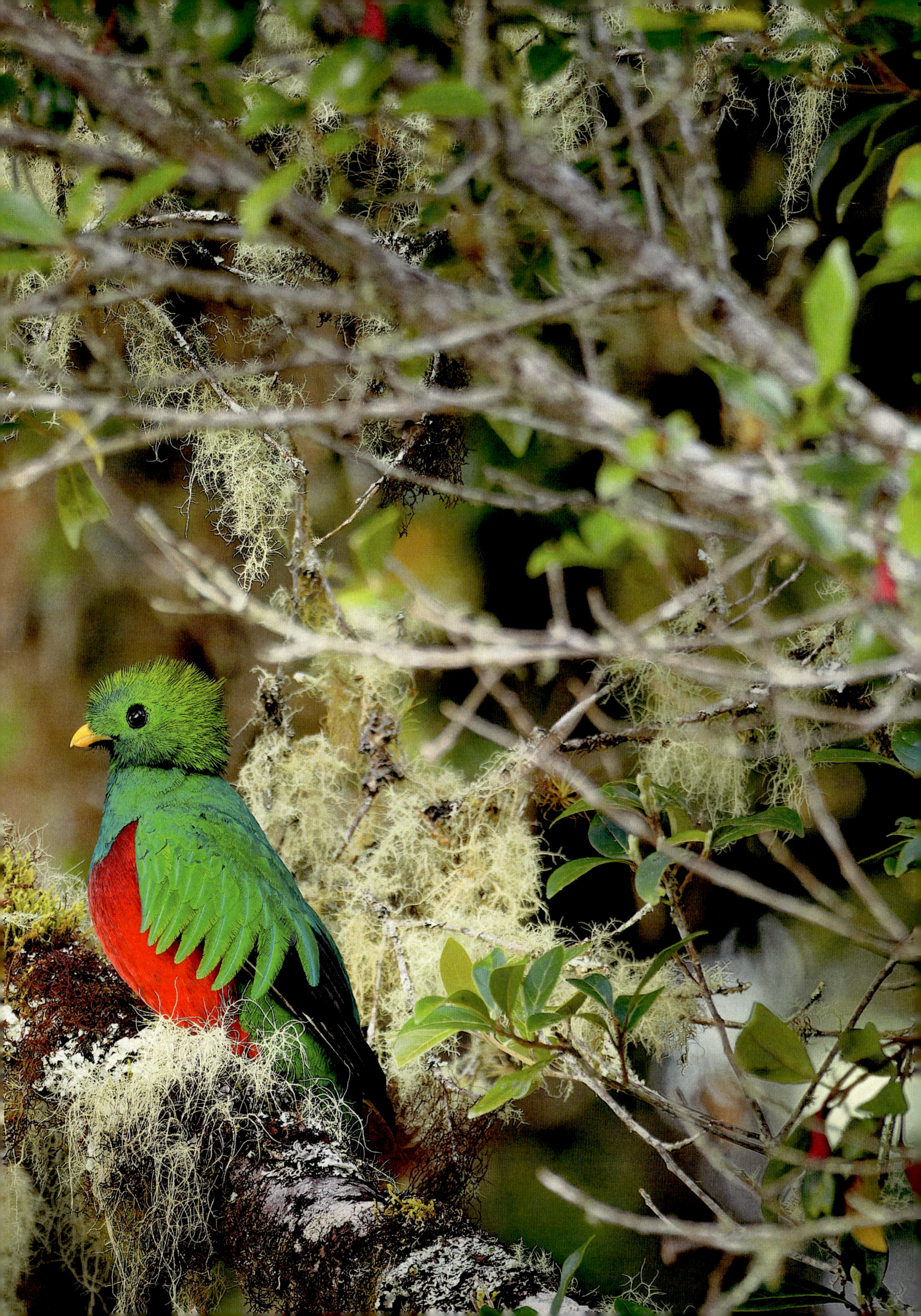

Quetzal's nest in a tree trunk
Nido de quetzal en un tronco del árbol

Male quetzals have long tail feathers that can reach up to 3 ft (90 cm)
Los quetzales machos poseen plumas largas en su cola que llegan a medir hasta 90 cm (3 ft)

Quetzal, the most exotic and mythical bird in Mexico, can be found here only in the highlands of Chiapas. This bird gets its name from the Nahuatl word "quetzalli", which means beautiful or sacred.

Its dazzling feathers were very valuable for the Mayan people, who used them to decorate the vestments of their royalty and clergy. Moctezuma's headdress is one of the most representative pieces made of these precious feathers.

Despite its importance, the Quetzal was never hunted, and killing one was considered a crime punishable by death. They could only obtain the feathers from a living bird by collecting ones that had fallen on the ground or pulling them out of their tails.

The courtship flight of the Quetzal is one of nature's most beautiful spectacles. During mating season in February and March, male quetzals attract the females by engaging in numerous pirouettes and tracing fantastic figures in the air with their long tail feathers. Pairs build their nests in the hollows of tree trunks.

Quetzals do not easily adapt to life in captivity, which is why these birds have always been considered a symbol of freedom. Due to poaching and the destruction of their natural habitat, their population has declined, entering the endangered species category.

Quetzal, la mítica ave sagrada, en México habita exclusivamente en los Altos de Chiapas. Su nombre proviene del náhuatl "quetzalli", que quiere decir hermoso, bello o sagrado.

Su plumaje resplandeciente tenía un alto valor para los mayas, quienes lo utilizaban para decorar la indumentaria imperial y sacerdotal. Uno de los ejemplos más representativos es el famoso penacho de Moctezuma.

Sin embargo, el quetzal nunca era cazado, matar un quetzal era visto como un crimen y ameritaba la pena de muerte. Solamente era posible conseguir las plumas de un ave viva, ya sea recogiendo las que estaban tiradas en el suelo, o desprendiéndolas de su cola.

El vuelo de cortejo del quetzal es uno de los espectáculos más bellos de la naturaleza. Durante febrero y marzo, época de apareamiento, los machos atraen a las hembras realizando un sinfín de piruetas y dibujando en el aire fantásticas figuras con sus largas colas. Las parejas anidan en los huecos de los troncos de los árboles.

El quetzal difícilmente se adapta a la vida en los criaderos, por esto el ave siempre ha sido considerada un símbolo de la libertad. Debido a la caza ilegal y la destrucción de su hábitat natural, la población de esta especie se ha visto reducida, entrando en la categoría de especies en peligro de extinción.

pp. 120-121 – Colorful plumage of the quetzal brightens the misty cloud forests
pp. 120-121 – El quetzal embellece con su plumaje colorido los bosques nublados

Copper Canyon

Barrancas del Cobre

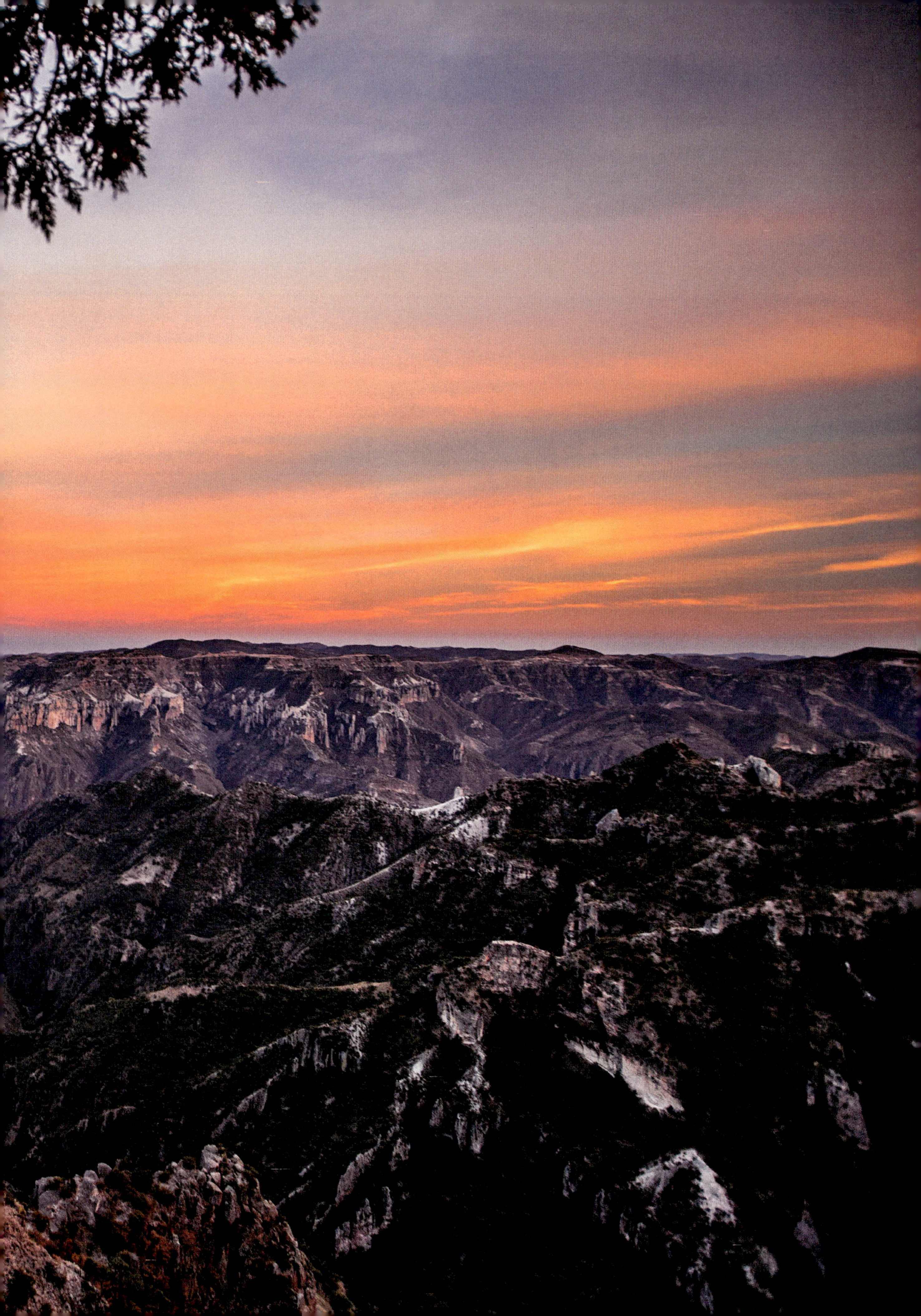

The majestic heights known as the Copper Canyon are located in the heart of the Tarahumara Mountains. This impressive series of canyons is four times larger - over 23,000 square miles (60,000 sq km) - and almost twice as deep as the Grand Canyon in Arizona, United States. Its name comes from the copper mines distributed across the region.

One of the best ways to see the Copper Canyon is by taking the train known as El Chepe, which runs between the city of Chihuahua and Los Mochis, Sinaloa. The train crosses mountains, canyons, rivers, waterfalls, 86 old tunnels, and 37 bridges along its route.

En el corazón de la Sierra Tarahumara se encuentran las majestuosas Barrancas del Cobre. Este impresionante sistema de cañones es cuatro veces más extenso - 60,000 kilómetros cuadrados (más de 23,000 sq mi) - y casi dos veces más profundo que el Gran Cañón de Colorado en Arizona, Estados Unidos. Debe su nombre a varias minas de cobre ubicadas en esta región.

Una de las mejores formas de conocer a Barrancas del Cobre es saliendo de la ciudad de Chihuahua o de Los Mochis, Sinaloa, a bordo del tren conocido popularmente como El Chepe. A lo largo de su ruta el tren cruza paisajes montañosos, cañones, ríos, cascadas, 86 túneles antiguos y 37 puentes.

Mist covering the canyon mountains; pp.124-125 – Magnificent canyon system known as Barrancas del Cobre
Neblina cubriendo las montañas del cañón; pp.124-125 – Sistema de cañones conocido como las Barrancas del Cobre

Basaseachi waterfall, a 807 ft (246 m) free fall
Cascada de Basaseachi, con una altura de 246 m (807 ft) de caída libre

The altitude in the area varies greatly: from the Barranca de Urique, which descends to 6165 feet (1879 m), to the town of Creel, situated at 7677 ft (2340 m) above sea level. The climate at this altitude is alpine: warm and humid in the summer and cold in the winter. Indeed, it is one of the few places in Mexico where snow might fall during cold season. Nevertheless, at the bottom of the canyon the climate is subtropical, without marked seasonal variations.

The Copper Canyon is one of those wonderfully wild places where adventures await, and nature reveals all its splendor.

Las alturas aquí varían mucho: desde la Barranca de Urique, que desciende a una profundidad de 1879 metros (6165 ft), hasta el pueblo de Creel, ubicado a la altura de 2340 metros (7677 ft). En esta altitud el clima es alpino: tibio y húmedo en el verano, frío en el invierno. Incluso es uno de los pocos destinos en el país donde puede caer nieve. Mientras tanto, en el fondo del cañón el clima es subtropical, no suele variar mucho con los cambios de estación.

Barrancas de Cobre es uno de estos lugares maravillosamente salvajes, donde la aventura espera y la naturaleza se revela en todo su esplendor.

Casa Cenote

Casa Cenote

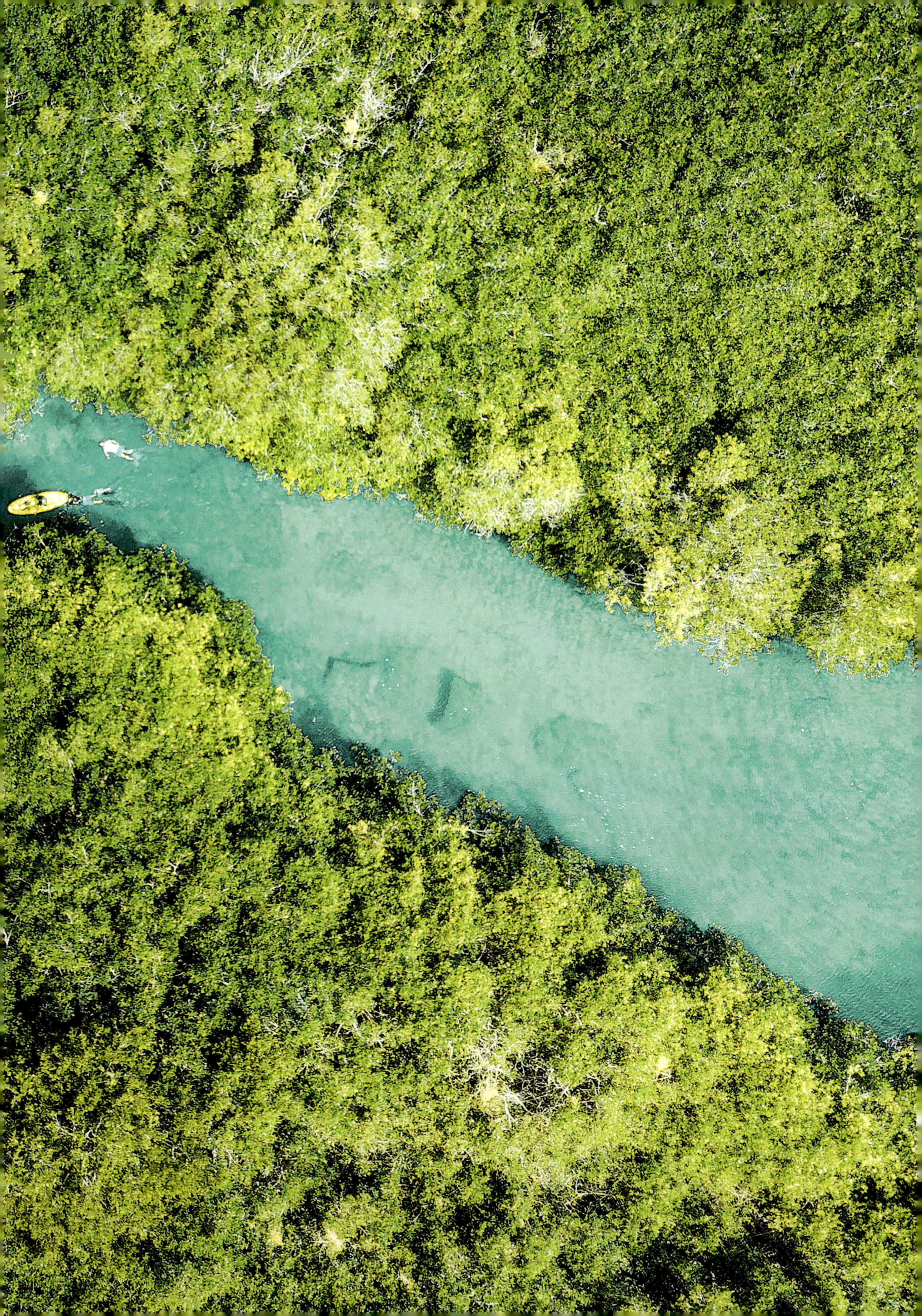

Vibrant color of the Casa Cenote waters; pp.128-129 – Aerial view of the Casa Cenote amidst the tropical jungle
Llamativo color del agua de Casa Cenote; pp.128-129 – Vista aérea de Casa Cenote entre la selva tropical

Casa Cenote is also known as Cenote Manatee, after the animals that used to live there. This open cenote, which looks more like a long freshwater canal, is located 10 minutes north of Tulum on the coast of the Mexican Caribbean and runs directly into the sea through an underwater cave.

The combination of fresh and salt waters in the same area creates the optical illusion of visual distortion known as halocline. Casa Cenote is easily accessible and is an average of 6,5-20 feet (2-6 m) deep. It is notorious because of its clear water and bright color that stands out in contrast with the dense tropical vegetation.

Casa Cenote también tiene el nombre del Cenote Manatí por ser un hogar de manatíes en el pasado. Se localiza a 10 minutos al norte de Tulum, en la costa caribeña de México. Es un cenote abierto que tiene la peculiar apariencia de un largo canal de agua dulce. Se desemboca en el mar a través de una cueva.

La combinación de agua dulce y salada en un mismo lugar permite apreciar el fenómeno de la haloclina, un efecto óptico de la visibilidad distorsionada. El cenote es de fácil acceso, cuenta con una profundidad promedio de 2 a 6 metros (6,5-20 ft). Sus aguas son notorias por su transparencia y llamativo color que se distingue en medio de la frondosa vegetación tropical.

Casa Cenote, surrounded by mangroves, provides essential habitat for a great variety of marine and freshwater fish. The mangroves also purify the water and air and protect the coast from high tides, damaging storm and hurricane winds. Their upper branches provide excellent breeding and nesting areas for many coastal birds.

The mangrove roots create the feeling of a phantasmagorical world straight from a fairy tale, where nature becomes art. This unique and breathtaking sight along with the underwater tunnels have long made Casa Cenote a favorite spot for divers.

Casa Cenote está rodeada de manglares que sirven de refugio para gran cantidad de peces, tanto especies marinas, como de agua dulce. Los manglares también funcionan como filtros purificadores del agua y el aire, y protegen la costa contra las mareas y huracanes. Muchas aves construyen sus nidos entre las ramas altas de los árboles.

Las raíces del manglar crean un verdadero mundo fantasmagórico; un escenario de ensueño donde la naturaleza se convierte en arte. Este espectáculo único, junto con los túneles submarinos, desde hace tiempo convirtió a Casa Cenote en uno de los sitios predilectos para el buceo.

Magic underwater world of the Casa Cenote
Mágico mundo submarino de Casa Cenote

Chinchorro Banks

Banco Chinchorro

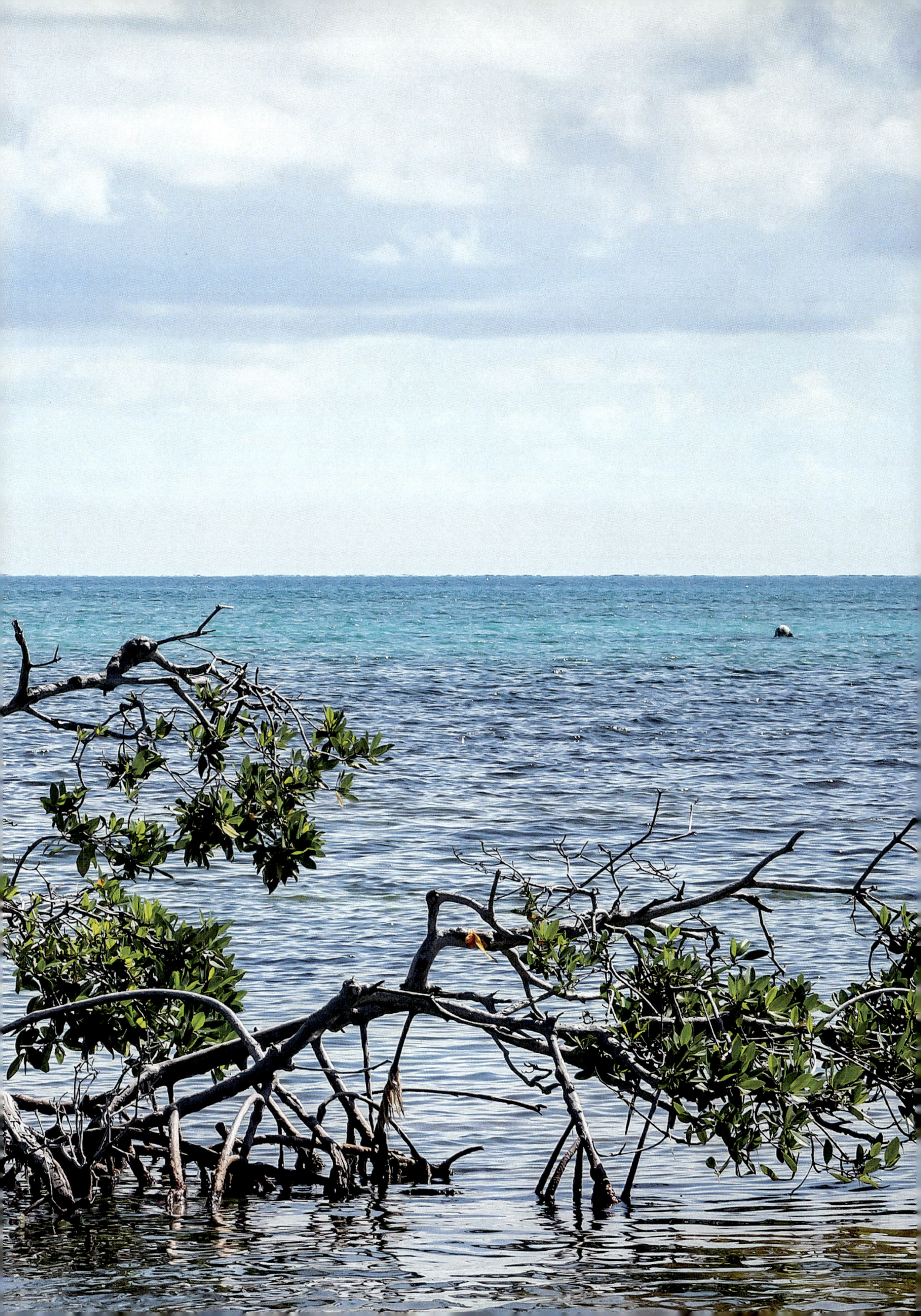

Chinchorro Banks (Banco Chinchorro) contains the most extensive coral reefs in Mexico and is also known as one of the largest atolls in the world. It is located in the open sea near the small fishing villages of Mahahual and Xcalak on the southern coast of Quintana Roo.

An atoll is defined as a ring-shaped coral island or group of several small coral islands encircling a lagoon. Chinchorro Banks have a surface area of almost 310 square miles (800 sq km), and is 29 miles (46 km) long and 9 miles (15 km) wide. In addition to the coral reefs, the area comprises a shallow inner lagoon and four small cays. Since its remote location makes it difficult to reach, the reefs here are well conserved.

Banco Chinchorro es la zona de arrecifes más extensa de México y uno de los atolones más grandes del mundo. Se encuentra en mar abierto, frente a los pequeños pueblos pesqueros de Mahahual y Xcalak, en las costas del sur de Quintana Roo.

Un atolón se define como una isla de coral con forma de círculo irregular o un conjunto de varias islas coralinas pequeñas que rodean una laguna. Banco Chinchorro posee una superficie de 800 km² (casi 310 sq mi), tiene 46 km (29 mi) de largo y 15 km (9 mi) de ancho. Está integrado, además de arrecifes, de una laguna y cuatro pequeños cayos. Debido a la remota ubicación y difícil acceso, los arrecifes aquí están bien conservados.

Reef diving in Chinchorro Banks; pp.132-133 – Banco Chinchorro Biosphere Reserve
Buceo en los arrecifes del Banco Chinchorro; pp.132-133 – Reserva de la Biosfera Banco Chinchorro

The depth of the sea can reach several hundred meters in the areas around this impressive coral barrier, while the maximum depth of the interior lagoon is only 30 feet (9 m).

The seabed of the Chinchorro Banks (Banco Chinchorro) is a true ship graveyard, with over 69 shipwreck sites dating from the 16th to the 20th centuries. Coral gradually covered their remains, creating a very unique underwater seascape. It is said that in centuries past, pirates would cover the lighthouse on one of the cays and start a fire elsewhere to disorient passing ships, directing them towards the reef, and sack them.

Alrededor de esta impresionante barrera de coral, la profundidad del mar puede alcanzar varios cientos de metros, mientras que en la laguna interior la máxima llega apenas a los 9 metros (30 ft).

El fondo marino de Banco Chinchorro es un verdadero cementerio de barcos, ya que hay más de 69 sitios en donde yacen restos de buques hundidos que datan del siglo XVI al XX. Los corales paulatinamente cubrieron sus restos formando un paisaje marino muy peculiar. Se dice que en los tiempos antiguos los piratas cubrían el faro ubicado en uno de los cayos y encendían el fuego en otro lugar para desorientar las embarcaciones y saquearlas.

A large population of American crocodiles inhabits the atoll's shallow waters
Una gran población de cocodrilos americanos habita las aguas poco profundas del atolón

Tehuacán-Cuicatlán
Valle de Tehuacán-Cuicatlán

Valley

Elephant's Foot (Beaucarnea gracilis)
Pata de elefante (Beaucarnea gracilis)

Barrel cactus (Echinocactus platyacanthus); Nopal flowers
Biznaga (Echinocactus platyacanthus); Flores de nopal

A natural cactus forest is the main attraction of the Tehuacán-Cuicatlán Biosphere Reserve that extends throughout the territory of Oaxaca and Puebla. This area has one of the world's highest concentrations of column cacti. More than 80 species of cacti grow in the valley, several of which are endemic.

The so-called "elephant's foot" cactus is known for its peculiar shape and large size, growing between 20-40 feet (6-12 m) tall. They are also the longest-living plants in the region, with some being 800 years old.

Un verdadero bosque de cactus se encuentra en la Reserva de la Biósfera de Tehuacán-Cuicatlán, que se extiende por el territorio de los estados de Oaxaca y Puebla. Es una de las zonas de mayor concentración de cactáceas columnares del mundo. En el valle crecen más de 80 especies de cactáceas, de las cuales varias son endémicas.

Las llamadas "patas de elefante" se distinguen por su forma peculiar y gran tamaño entre 6 y 12 metros de altura (20-40 ft). Son también las plantas más longevas de la región, algunos ejemplares tienen 800 años.

Another species representative of the region is barrel cactus ("biznaga"), which can grow to gigantic proportions. Column cacti, or "tetechos," fill the landscape as far as the eye can see, with some of the largest specimens reaching a height of up to 66 feet (20 meters). Different species of agave, yucca, magueys, trees and thorny shrubs also grow in the valley.

The Tehuacán-Cuicatlán Reserve is where the country's largest population of military macaws´ lives. These colorful birds were almost extinct due to unregulated poaching. However, various protective measures implemented in the area have allowed these birds to reproduce and prosper.

Otra especie representativa del valle son las biznagas o cactus globosos, que también pueden alcanzar proporciones gigantes. Los cactus columnares o "tetechos" llenan el paisaje por todos lados, sus ejemplares más notorios llegan a medir hasta 20 metros (66 ft) de altura. El valle también alberga una variedad de agaves, yucas, magueyes, árboles y arbustos espinosos.

La Reserva de Tehuacán-Cuicatlán es hogar a la población de guacamaya verde más grande de todo el país. En el pasado, estas hermosas aves del colorido plumaje enfrentaban la extinción, luego de años de caza furtiva no regulada. Sin embargo, las medidas de protección de la zona han permitido a estas aves reproducirse y prosperar.

Military macaw (Ara militaris); pp.136-137 – Reserve´s hills covered by columnar cactus
Guacamaya verde (Ara militaris); pp.136-137 – Colinas de la reserva cubiertas de cactus columnares

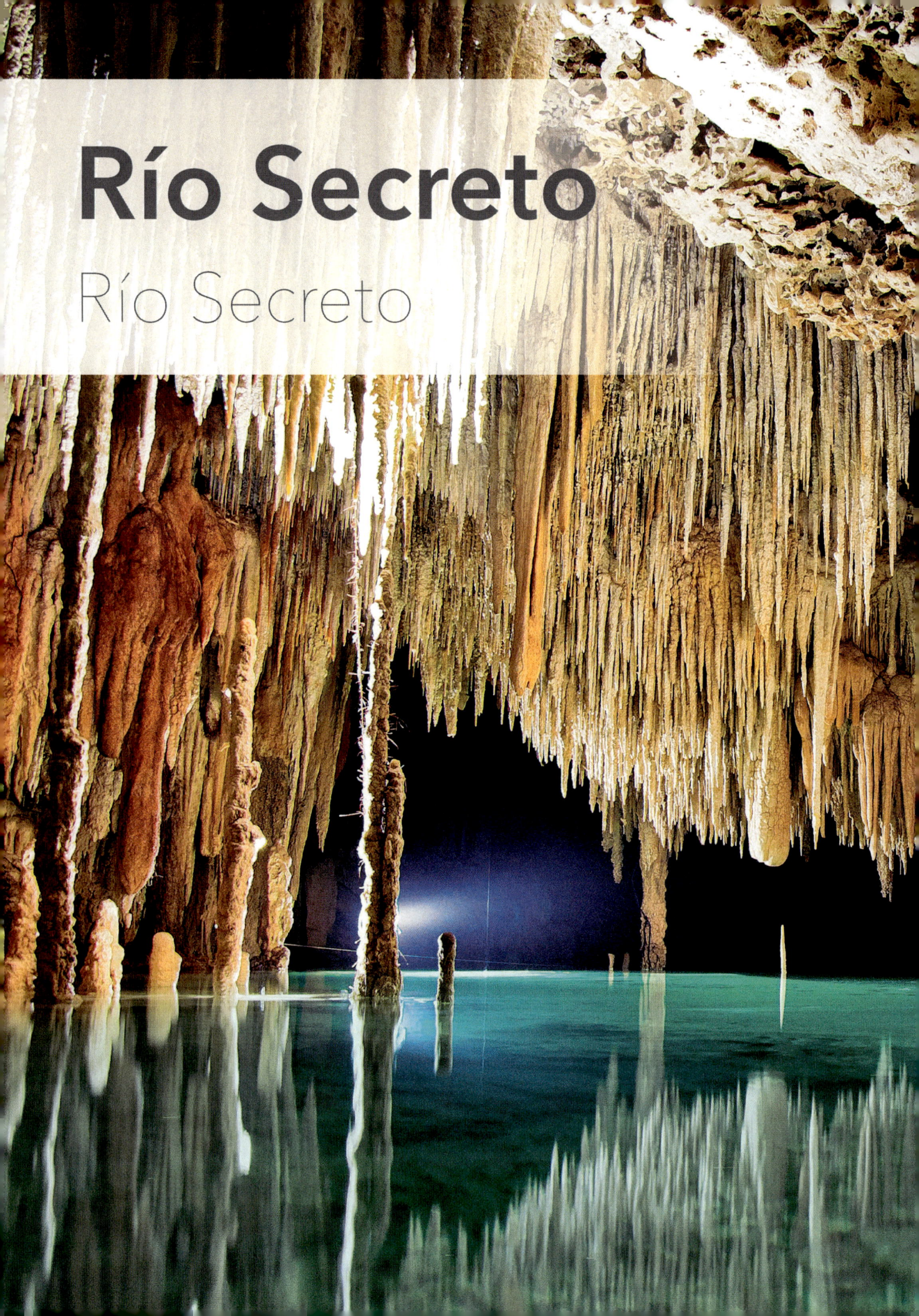

Río Secreto

Río Secreto

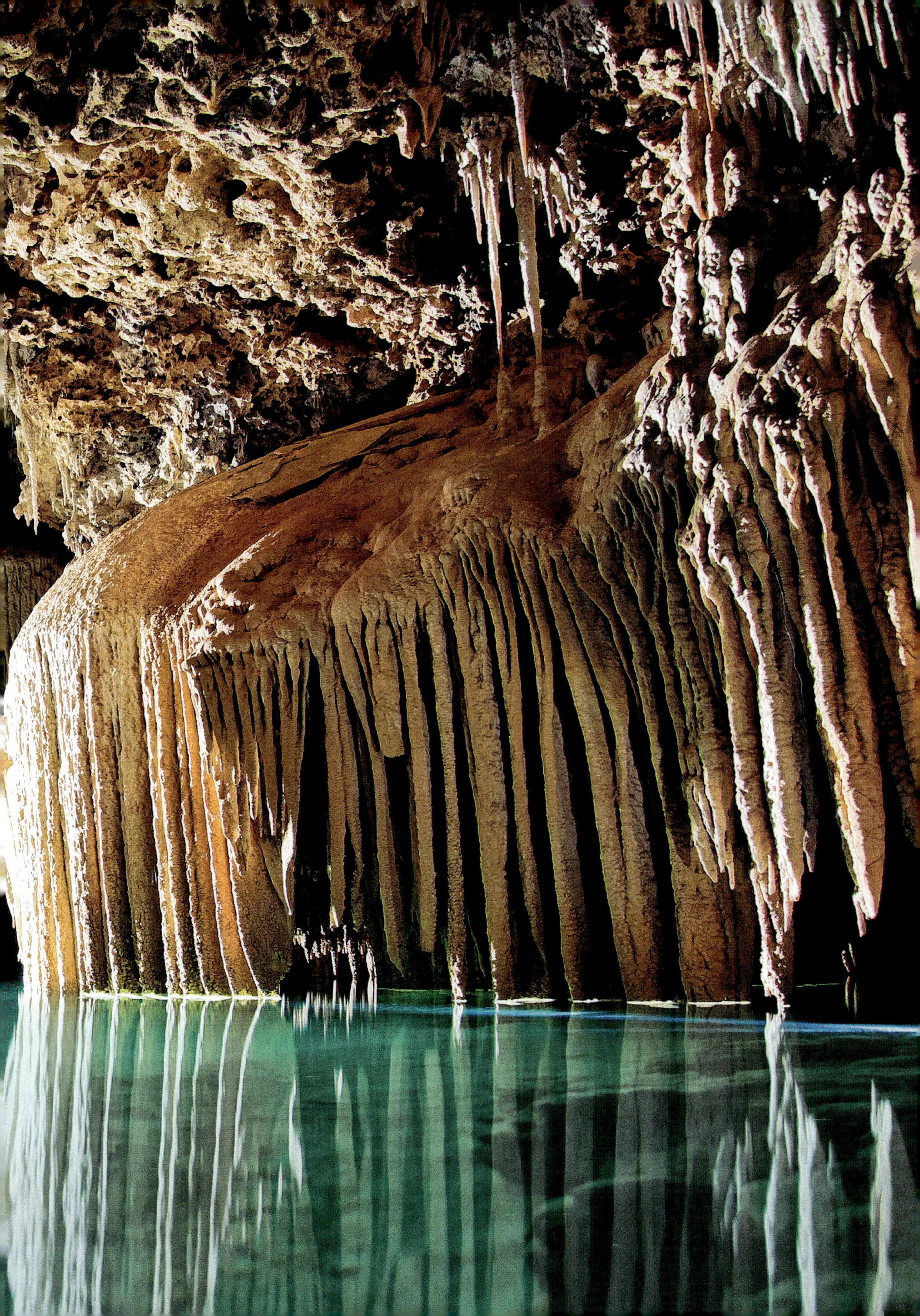

This is the story of a lucky farmer who stumbled into a magical world of caves and underground rivers. After lifting some rocks while trying to catch an iguana, he discovered enormous chambers filled with thousand-year-old rock formations, crystal clear water, and sceneries of unparallel beauty... a true secret worth finding. Soon after, a group of speleologists explored the caves, mapping them and defining the safest routes. In 2008, this hidden wonder of nature named Río Secreto was opened to public.

A journey through the underground galleries adorned by stalactites and stalagmites uncovers several tunnels that form a 25-mile (40 km) network of enigmatic passages. Only 10% of the area is open to the public.

These secluded caves are not as solitary as it seems, they are filled with wildlife. Its inhabitants are bats, insects, small snakes, and other animals. One of the most curious creatures living here is the blindfish, which has adapted to live in complete darkness.

Cuenta la historia que un campesino perseguía a una iguana y al levantar unas piedras para atraparla se encontró accidentalmente con el acceso a un mundo mágico de cuevas con un río subterráneo. Grandes salones llenos de formaciones calcáreas milenarias, aguas cristalinas, escenarios únicos… un verdadero secreto por descubrir.

Poco después, un grupo de espeleólogos exploró las cuevas, trazando los mapas y definiendo las rutas más seguras. En 2008, esta oculta maravilla natural fue abierta al público con el nombre de Río Secreto.

Avanzando a través de las galerías decoradas con estalactitas y estalagmitas, aparecen numerosos túneles que forman una red de 40 kilómetros (25 mi) de enigmáticos paisajes. Solo el 10% de este territorio está abierto al público.

Lejos de ser lugares solitarios, las cuevas están llenas de habitantes. Hay murciélagos, insectos, pequeñas serpientes, y otros animales. Como un pez ciego, que se ha adaptado a la vida en completa oscuridad. En algunas zonas hay aberturas en el techo a través de las cuales entra la luz del sol y se aprecia la exuberante naturaleza del exterior. Río Secreto es la cueva semi inundada más larga de la península de Yucatán. Constantemente atrae la atención de la comunidad científica internacional, incluyendo a National Geographic, que la eligió como sitio de filmación e investigación para su serie "Misterios del Inframundo".

In some areas, cracks in the ceiling allow sunlight to enter, revealing the lush vegetation above.

Río Secreto is the largest semi-flooded cave on the Yucatan Peninsula. It is constantly attracting the attention of the international scientific community, including National Geographic that chose this place to film its series, "Mysteries of the Underworld."

Subterranean galleries of Río Secreto; pp.140-141 – Impressive rock formations that resemble a cascade
Galerías subterráneas del Río Secreto; pp.140-141 – Impresionantes formaciones rocosas que asemejan una cascada

Tolantongo

Tolantongo

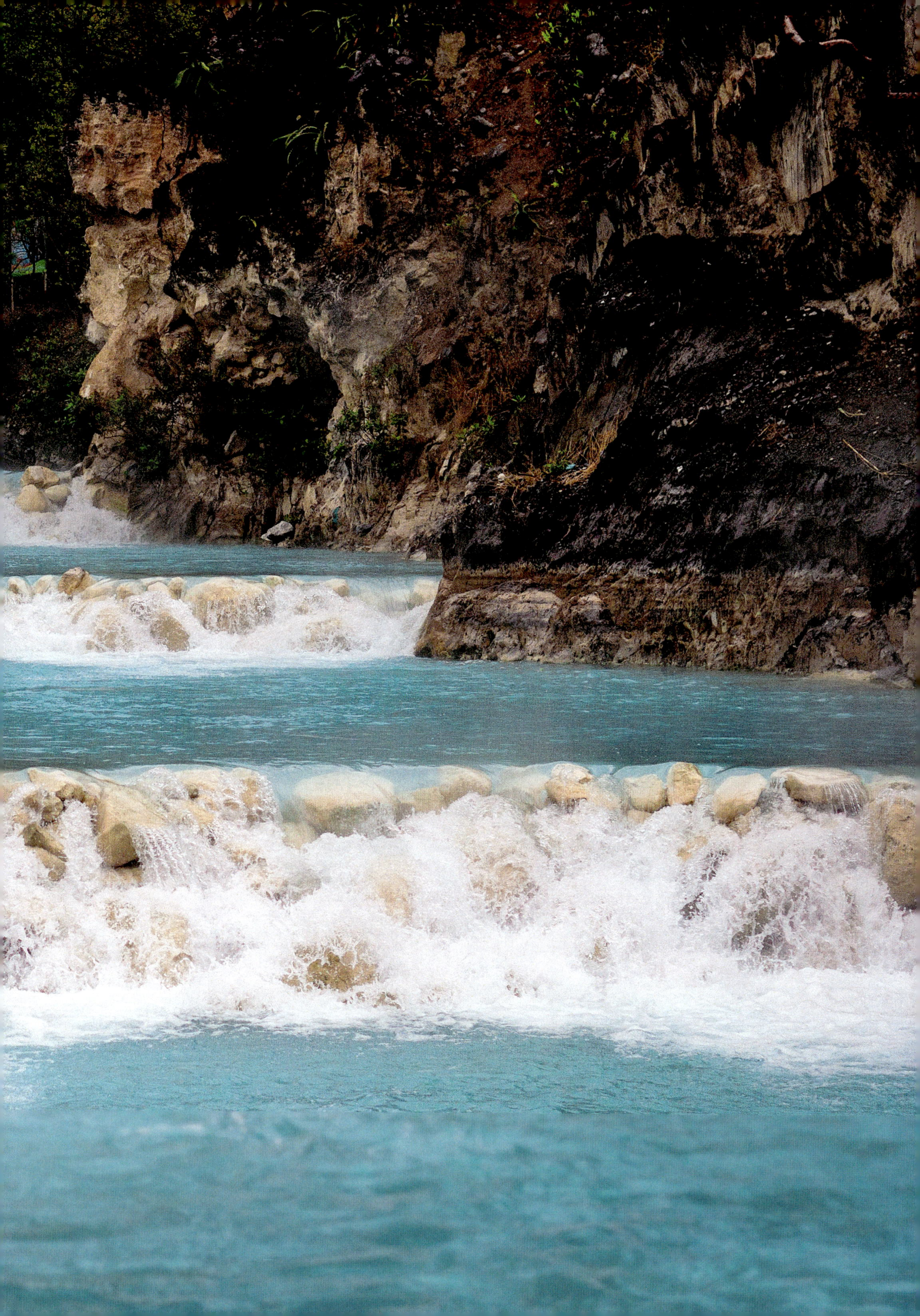

The state of Hidalgo hides a beautiful oasis of turquoise hot springs that flow through steep canyons in a series of tiered pools. The thermal spring emerges inside the main cave, surrounded by fanciful stalactite and stalagmite formations. The water temperature ranges between 97-100°F (36-38°C). Waterfalls hide the entrance to a tunnel that connects to a smaller cave situated on the same canyon wall. The temperature inside the cave is similar to a steam room. There are also artificial pools high on the mountainside, allowing visitors to soak in the warm spring waters while enjoying the stunning views.

The caves of Tolantongo are located in an arid region. The vegetation here is scarce, typical for a semi-desertic climate. One of the most common plants of the area is maguey, used by local people for centuries to make pulque, an alcoholic beverage highly valued in the Aztec empire. In contrast, down the canyon, the desert landscape amazingly transforms into lush vegetation due to the abundance of water and heat.

El estado de Hidalgo esconde un oasis de aguas termales color turquesa que fluyen entre las barrancas y alimentan las pozas escalonadas. El manantial termal nace en el interior de la gruta principal, rodeado por caprichosas formaciones rocosas de estalactitas y estalagmitas. La temperatura de agua oscila entre 36° y 38°C (97-100°F). Cascadas ocultan la entrada al túnel de la segunda gruta, más pequeña, situada en la misma pared del cañón. La temperatura en el interior es similar a la de un baño de vapor. En las laderas de la montaña también hay pozos artificiales, que permiten a los turistas bañarse en aguas cálidas disfrutando de las hermosas vistas.

Las grutas de Tolantongo se encuentran en una región árida, con vegetación propia de las zonas semidesérticas. Entre las especies de plantas que se pueden encontrar aquí están los magueyes, que se han utilizado durante siglos para hacer pulque, una bebida alcohólica muy apreciada en el imperio azteca. Pero, conforme se desciende al cañón, el paisaje desértico va cambiando a la profusa vegetación, debido a la abundancia de agua y el calor.

Tolantongo river; pp.144-145 – Naturally formed thermal river pools
Río Tolantongo; pp.144-145 – Pozas naturales de aguas termales del río

Artificial thermal pools distributed at different heights along the mountain slope; below – Tolantongo canyon
Pozas de aguas termales artificiales distribuidas a diferentes alturas en el acantilado; abajo – Barranca de Tolantongo

Hidden Beach

Playa Escondida

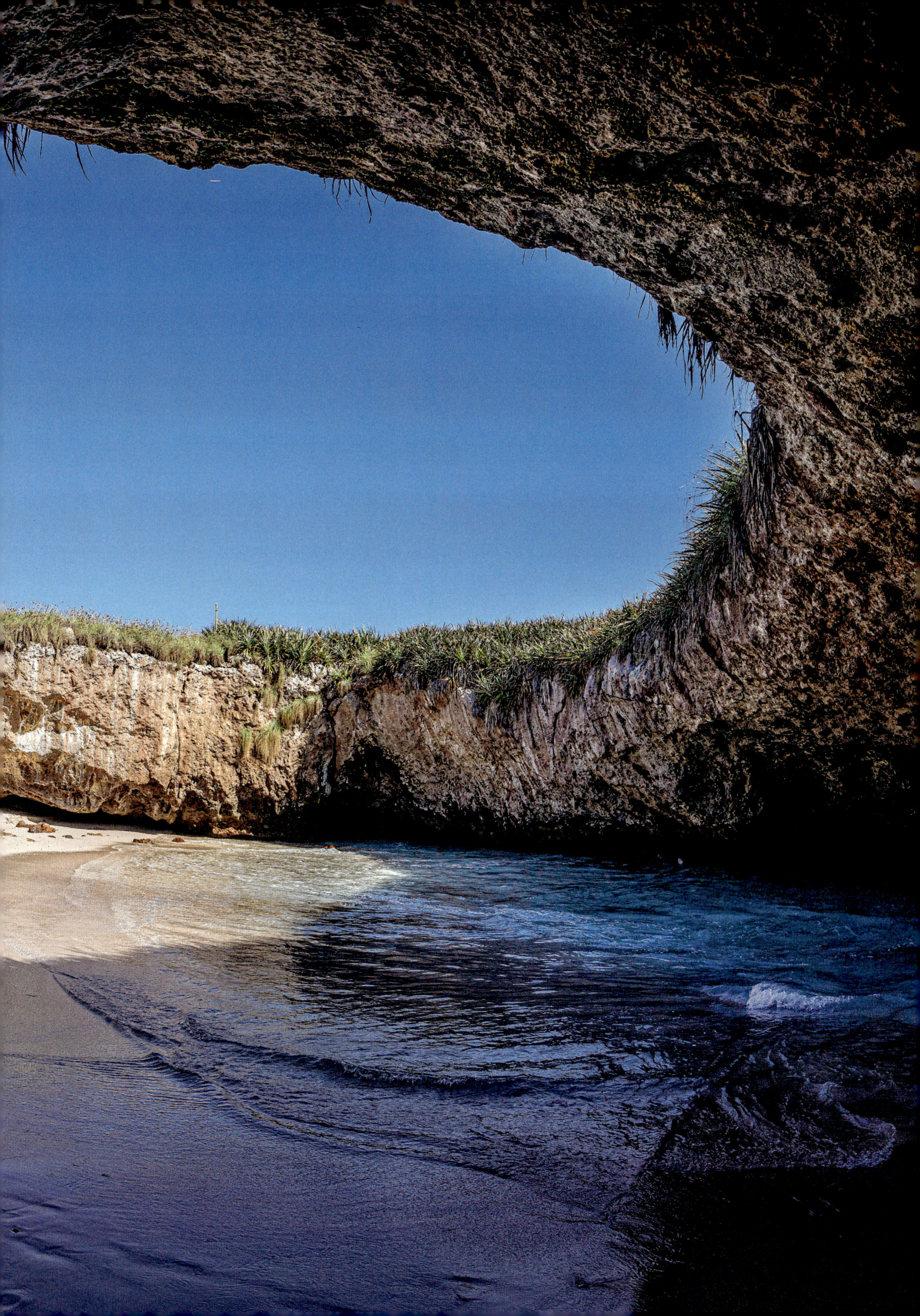

Aerial view of the Hidden Beach; pp.148-149 – Large hole opens to the sky, showing hidden cave-beach
Vista aérea de la Playa Escondida; pp.148-149 – Enorme agujero que abre al cielo la playa oculta en la cueva

Hidden Beach, also known as Love Beach, forms part of the Marietas Islands National Park. Located along Mexico's Pacific coast, this oasis of pristine waters and white sand is 5 miles (8 km) away from Punta de Mita, Nayarit. With its peculiar rock formation resembling a crater in the middle of the sea, this beach is hidden on an isolated island. It is only accessible at low tide, by swimming under a stone arch.

The archipelago is a group of uninhabited islands formed thousands of years ago by volcanic activity. Some theories claim that the unusual massive hole of the Hidden Beach appeared due to military testing on the islands in the middle of the XX century; while others say that this amazing site was formed naturally due to wind and water erosion.

Playa Escondida, también llamada Playa del Amor, forma parte del Parque Nacional de las Islas Marietas. Este oasis de aguas cristalinas y arena blanca se ubica en el Pacífico mexicano, a 8 kilómetros (5 mi) de Punta de Mita, en la costa de Nayarit. Única por su peculiar forma de cráter en medio del mar, oculta entre las rocas en una de las apartadas islas, la playa es accesible solo con marea baja a través de un arco de piedra.

El archipiélago es un grupo de islas deshabitadas, que surgieron por la actividad volcánica. Existen teorías que dicen que la apertura de la Playa Escondida se originó por el efecto de pruebas militares en el siglo XX; otra hipótesis indica que este paisaje se creó de forma natural, debido a la erosión de las rocas causada por el agua y el viento.

The Marietas Islands were made famous by the French oceanographer Jacques Cousteau, who began studying the area in the 1960s and was fascinated by its beauty and biodiversity. This marine sanctuary is visited by dolphins, orcas, sea turtles, various species of sharks, giant manta rays, and humpback whales that come here between November and March during their yearly migration.

Since 2005, the Mexican government began taking steps to preserve the local ecosystem and prevent it from being destroyed and polluted. These conservation measures led to access restrictions, limiting the number of visitors per day.

Las Islas Marietas se hicieron famosas en gran medida gracias al activismo del oceanógrafo francés Jacques Cousteau, quien comenzó a investigar el área en la década de 1960 y quedó fascinado por su belleza y biodiversidad. Este santuario marino es visitado por delfines, orcas, tortugas, varias especies de tiburones, mantas gigantes, y ballenas jorobadas durante su migración anual entre noviembre y marzo.

Desde el año 2005 el gobierno mexicano se ha encargado de tomar acciones para preservar el ecosistema de la zona, evitar su destrucción y contaminación, razón por la que solo se permite el acceso a un número limitado de visitantes al día.

Hidden Beach (Love Beach) at the Marietas Islands, one of the most unusual places in the country and the world
Playa Escondida (Playa del Amor) de Islas Marietas es uno de los lugares mas inusuales del país y del mundo

Flamingos
Flamencos

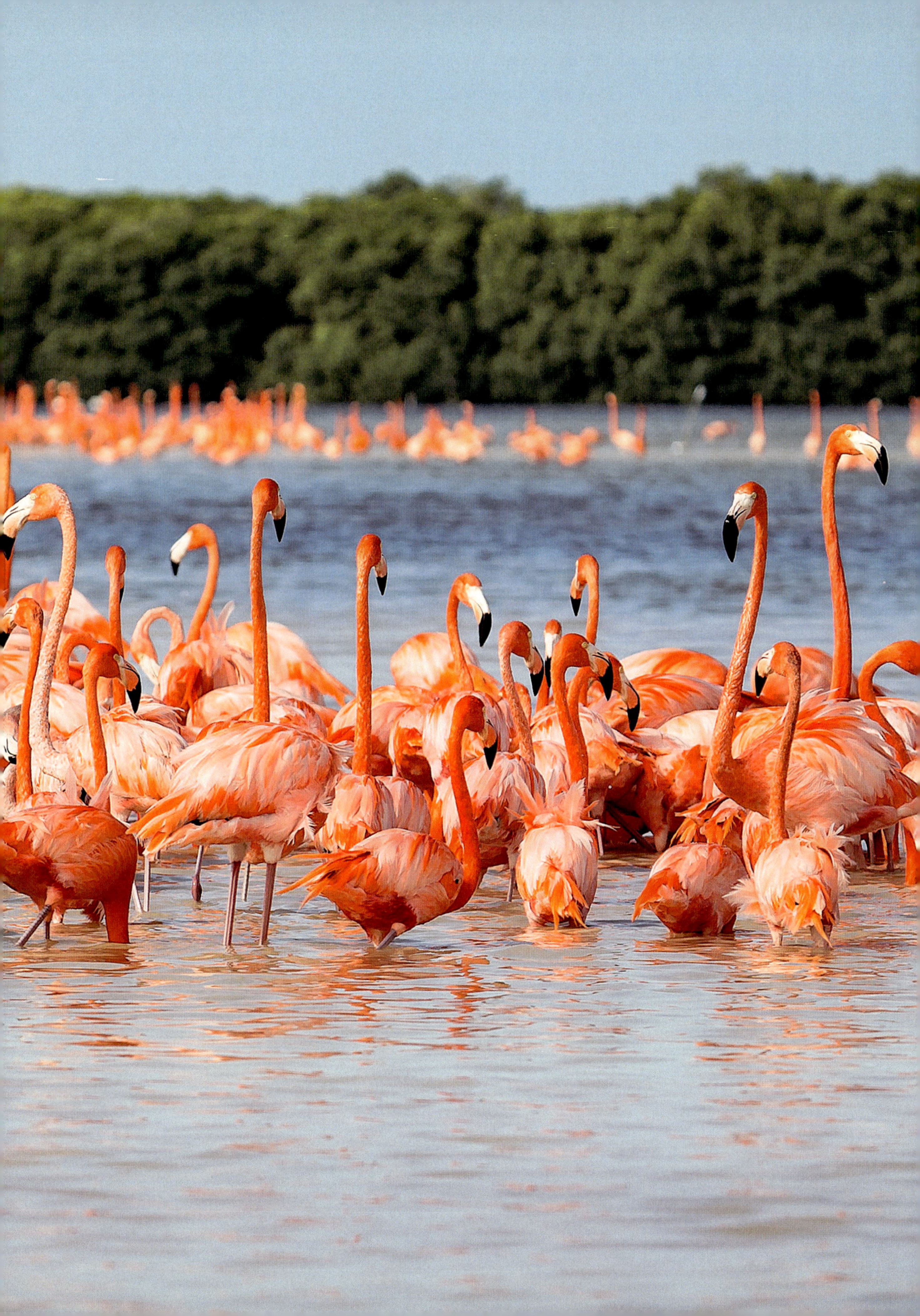

Pink Caribbean flamingos (Phoenicopterus ruber); below – Flying flamingos
Flamencos rosas del Caribe (Phoenicopterus ruber); abajo – Vuelo de los flamencos

The Caribbean flamingos (Phoenicopterus ruber), remarkably colorful and elegant birds, live in several areas across the Yucatan Peninsula. Their preferred habitat are coastal wetlands with shallow nutrient-rich saltwater lagoons, estuaries, mudflats and lakes. They gather in large colonies of up to several thousands of birds, frequently migrating along the coast in search of new sources of food.

The Caribbean flamingo is the most brightly colored among all flamingo species. The distinctive color of the plumage comes from its diet based on small crustaceans containing pink pigments (carotenoids).

Varios lugares en la península de Yucatán cuentan con la presencia de estas hermosas aves de colorido plumaje y elegante apariencia. Los flamencos prefieren como hábitats humedales costeros, con lagunas saladas de baja profundidad y aguas ricas en nutrientes. Viven en grandes colonias que pueden contar con miles de individuos y migran con frecuencia a lo largo del litoral para buscar nuevas fuentes de alimento.

El flamenco del Caribe posee el plumaje más colorido entre todas las especies de flamingos. Su distintivo color se debe a la alimentación a base de pequeños crustáceos que tienen pigmentos de color rosa (carotenoides).

Caribbean flamingo feathers; pp.152-153 – Large colonies of flamingos in the Celestun lagoon
Plumas del flamenco rosa del Caribe; pp.152-153 – Grandes colonias de flamencos en la laguna de Celestun

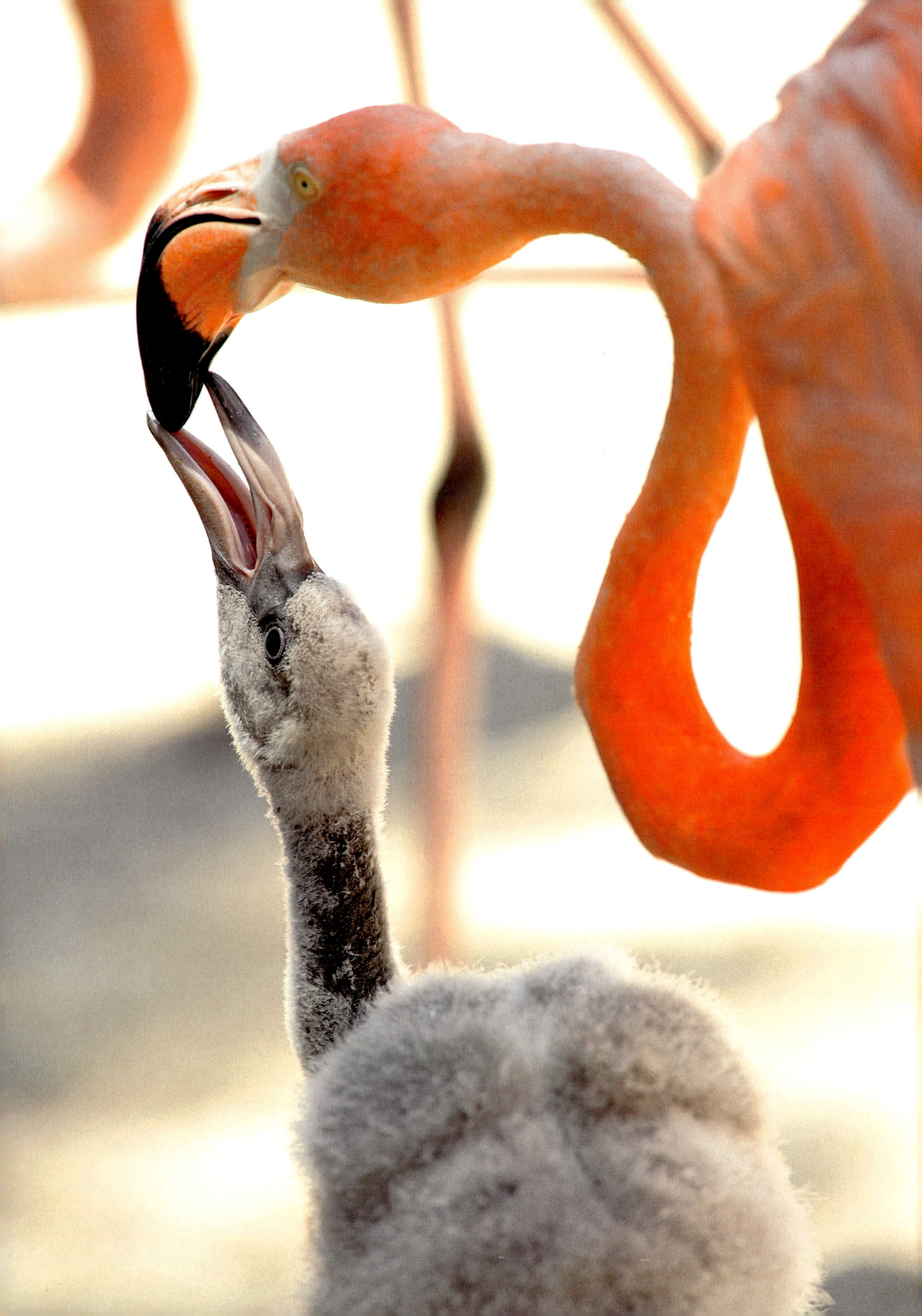

One of the best places to admire their delicate beauty are the natural reserves of Ría Lagartos and Ría Celestún in northern Yucatan. The term "ría" describes an estuary with shallow water swamp areas where saltwater and river freshwater mix. It is the ideal ecosystem for the Caribbean flamingo, among other species.

In nesting season, from November to April in Celestún, and March to June in Ría Lagartos, up to 10,000 flamingos can be observed in the same spot. Watching and photographing these birds, along with many other species that live in the area, is an enthralling activity.

Entre los mejores lugares para admirar su delicada belleza se encuentran las reservas naturales Ría Lagartos y Ría Celestún, al norte de Yucatán. Se llama la ría a un estero con zonas pantanosas de aguas poco profundas, donde se une el agua salada de mar y el agua dulce de un río. Es el ecosistema ideal para el flamenco rosa.

En temporada de anidamiento, desde noviembre hasta abril en Celestún y de marzo a junio en la Ría Lagartos, se pueden ver hasta 10,000 flamencos en un solo lugar. Observar y fotografiar estos pájaros, junto con otras especies de aves que abundan en la zona, es una actividad apasionante.

Pink flamingos at the Ría Lagartos reserve; p.156 - A flamingo feeding its baby
Flamencos rosados en la reserva de Ría Lagartos; p.156 - Un flamenco alimenta a su cría

Sumidero Canyon
Cañón del Sumidero

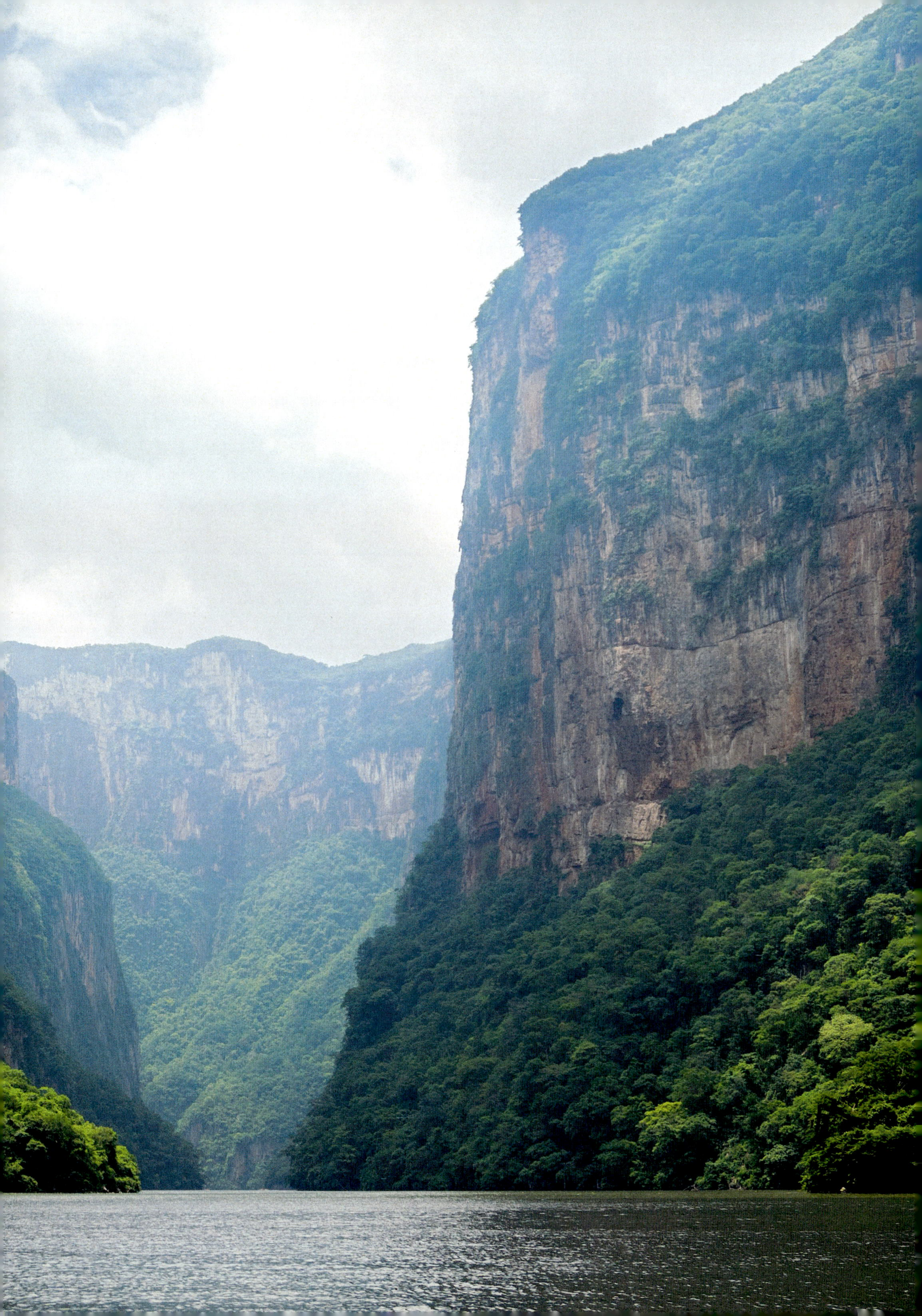

This majestic geological fault along the course of the Grijalva river is so symbolic for the state of Chiapas that it is represented on its coat of arms. The canyon walls reach up to 3280 feet (1000 m) in height, and the gorge is less than 700 feet (200 m) wide in some places.

It has several caves and waterfalls along its steep walls, including the one named the Christmas Tree, where the river runs over a peculiar rock formation "decorated" with plants and moss. The imposing canyon runs into the artificial reservoir of the hydroelectric dam known by the name Chicoasen.

Esta majestuosa falla geológica por la que corre el río Grijalva es tan simbólica para Chiapas, que forma parte del escudo del estado. Tiene paredes de más de mil metros de altura (más de 3000 ft) y una garganta que se estrecha en algunos tramos hasta 200 metros (656 ft).

A lo largo de las laderas del cañón se encuentran varias cuevas y cascadas, como la llamada Árbol de Navidad, donde el agua se escurre por una peculiar formación rocosa "adornada" con plantas y musgo. El imponente cañón se desemboca en el embalse artificial de la presa hidroeléctrica conocida popularmente como Presa Chicoasén.

Christmas Tree waterfall; pp.158-159 – Towering walls of the Sumidero Canyon, symbol of the state of Chiapas
Cascada Árbol de Navidad; pp.158-159 – Imponentes paredes del Cañón del Sumidero, símbolo del estado de Chiapas

Legend tells how the local inhabitants fought bravely against the Spanish conquistadors. In the last battle, overpowered by the invaders, entire families preferred to jump into the canyon's abyss rather than surrender. It is said that this scene moved the Spanish troops so much that they stopped shooting and rescued the few remaining survivors.

These rescued people founded a town on the bank of the river - Chiapa de los Indios, today Chiapa de Corzo. Nowadays, the boat tours of the canyon start at this picturesque town. Another way to discover the majestic beauty of the Sumidero Canyon is visiting several viewpoints (miradores) high on its cliffs.

La leyenda dice que los pobladores locales lucharon valientemente contra los conquistadores españoles. En la batalla final, antes de ser sometidos por los invasores, las familias enteras prefirieron arrojarse al vacío desde los acantilados del cañón. Se dice que los españoles se conmovieron al ver esta escena, pararon el fuego y rescataron a los pocos sobrevivientes.

Estos chiapanecos fundaron un pueblo a la orilla del río - Chiapa de los Indios, el actual Chiapa de Corzo. En nuestros días, de este pintoresco pueblo salen los recorridos en barco por el cañón. Otra manera de descubrir la majestousa belleza del cañón es visitando los miradores en lo alto de sus acantilados.

Aerial view of the Sumidero Canyon
Vista desde arriba del Cañón del Sumidero

Zone of Silence
Zona del Silencio

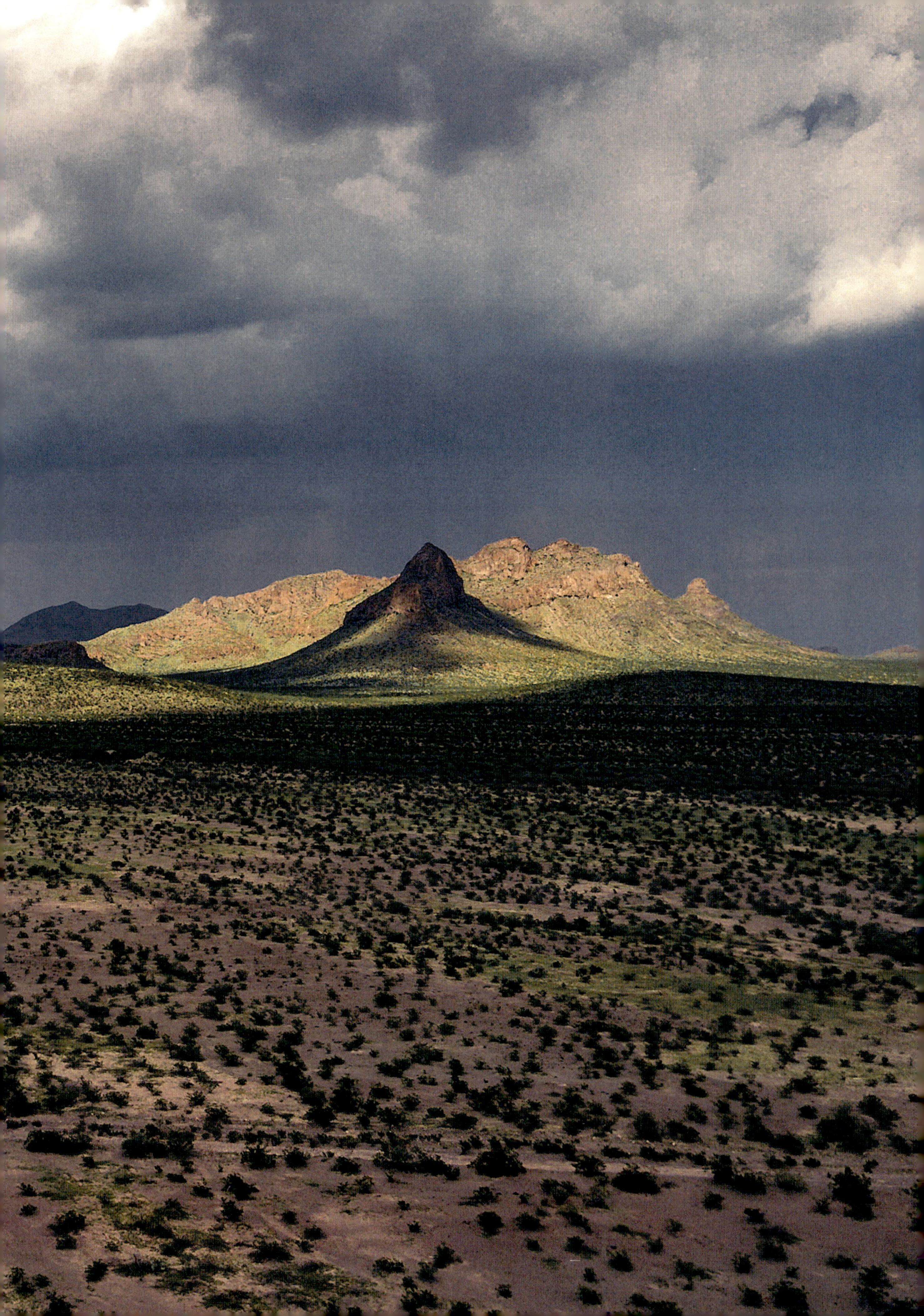

Entrance sign to the Silence Zone; pp.162-163 – Landscapes of the Bolson de Mapimi, Durango
Señal de entrada a la denominada Zona del Silencio; pp.162-163 – Paisajes del Bolsón de Mapimí en Durango

The Zone of Silence, a mysterious place in the heart of the Chihuahua desert, is steeped in legends. Here, radio signals are lost, and compasses no longer work due to strange magnetic anomalies.

It is located in Bolson de Mapimi, between Durango, Coahuila, and Chihuahua. Millions of years ago, this land was under the waters of the sea, as revealed by the marine fossils found in the area. There are also places with high concentrations of meteorite fragments (pieces of rock that have fallen from outer space).

Myths about this place date back to the 1970s. In that time, a NASA rocket named Athena lost control inexplicably and fell in the middle of this region.

Muchas leyendas rodean a la Zona del Silencio, un misterioso lugar en medio del desierto chihuahuense. La zona donde las señales de radio se pierden y la brújula deja de funcionar por las extrañas anomalías magnéticas.

Se ubica en el Bolsón de Mapimí, entre los estados de Durango, Coahuila y Chihuahua. Hace millones de años, esta tierra estuvo bajo las aguas del mar, lo demuestra la existencia de fósiles marinos en la zona. También existen áreas con gran concentración de fragmentos de aerolitos (objetos minerales provenientes del espacio exterior).

El mito comenzó durante la década de 1970. En esa época, los pedazos de Athena, un cohete que pertenecía a la NASA, cayeron sobre la región sin una explicación aparente.

A group of specialists from the US arrived to collect pieces of the rocket and eliminate any radioactive waste. However, the secret nature of this mission raised suspicions, and rumors began to spread among the locals. People told stories of mystical and space events, including the presence of aliens. From there, its fame spread, and the number of visitors grew.

The Zone of Silence received its name because of strange magnetic anomalies that prevent radio transmission or any other type of telecommunication in specific points. In addition to this unexplained phenomenon, the area is currently of particular interest to scientists due to the diversity of species found here, including desert turtles and purple prickly pear cactus.

Un grupo de especialistas estadounidenses llegó a la zona para recoger los detalles del artefacto y eliminar los restos radioactivos. Sin embargo, el secretismo de esta misión aumentó la curiosidad y los rumores entre la población local. La gente hablaba de sucesos místicos y espaciales, incluyendo presencias extraterrestres. Así creció su fama y el número de visitantes.

La Zona del Silencio recibió su nombre debido a extrañas anomalías magneticas que impiden la transmisión por radio o cualquier otro tipo de telecomunicación en varios lugares. Aparte de los fenómenos inexplicables, actualmente es un lugar de singular interés científico debido a la biodiversidad de especies, entre ellas, la tortuga del desierto y nopales color violeta.

Sunrise in the Mapimi reserve with the San Ignacio hill in the background
Amanecer en la reserva de Mapimí con el cerro de San Ignacio al fondo

Whale Sanctuary of
Santuario de ballenas de

El Vizcaíno

El Vizcaíno

This national wildlife refuge, the largest natural protected area in Mexico, is located in the middle of the Baja California peninsula between the Pacific Ocean and the Sea of Cortes.

It is home to various ecosystems, including lagoons, wetlands, mangroves, deserts, coastal dunes, bays, beaches, and coral reefs. Each year thousands of blue and grey whales migrate to this area to spend the winter and reproduce.

Whales start their journey in organized groups departing from the Arctic seas and traveling south along the coast of the United States to Baja California, where they winter from December through April. The route is around 7400 miles (12,000 km) and it takes them about three months to finish it.

When they arrive to their destination, mating season begins. The lagoons of the El Vizcaíno Biosphere Reserve offer refuge for their offspring and a source of food to regain strength for the return trip back north. Currently, nearly 900 baby whales are born here each year, making gradual gains in the population of these peaceful marine giants.

It is worth noting that Mexico was the first country in the world to enact a federal law to protect grey whales.

Este refugio de vida salvaje se ubica en el centro de la península de Baja California, entre el Océano Pacífico y el Mar de Cortés, y se considera el área natural protegida más grande del país.

La zona alberga varios ecosistemas: lagunas, humedales, manglares, desierto, dunas costeras, bahías, playas y arrecifes. Cada año, miles de ballenas azules y ballenas grises migran a esta zona a invernar y a reproducirse.

La travesía de la ballena se hace en grupos organizados que salen de los mares del Ártico, bajan por la costa oeste de Estados Unidos, y entre los meses de diciembre a abril llegan a las lagunas de Baja California. Toda la ruta comprende alrededor de 12,000 km (más de 7400 mi) y requiere tres meses de viaje.

Al llegar a su destino empieza la temporada de apareamiento. Las lagunas de la Reserva del Vizcaíno ofrecen el resguardo para sus crías y fuente de alimento para recobrar fuerza y emprender el viaje de regreso. En la actualidad, cerca de 900 ballenatos nacen aquí cada año, incrementando gradualmente la población de estos apacibles gigantes marinos.

Cabe destacar que México fue el primer país del mundo en declarar la ley federal de protección a las ballenas grises.

pp.166-167 – Humpback whale with its calf in the coastal waters of Baja California Sur
pp.166-167 – Ballena jorobada con su ballenato en aguas costeras de Baja California Sur

Whale watching in the Ojo de Liebre lagoon, Whale Sanctuary of El Vizcaíno
Observación de ballenas en la laguna Ojo de Liebre, Santuario de Ballenas de El Vizcaíno

Red Dunes

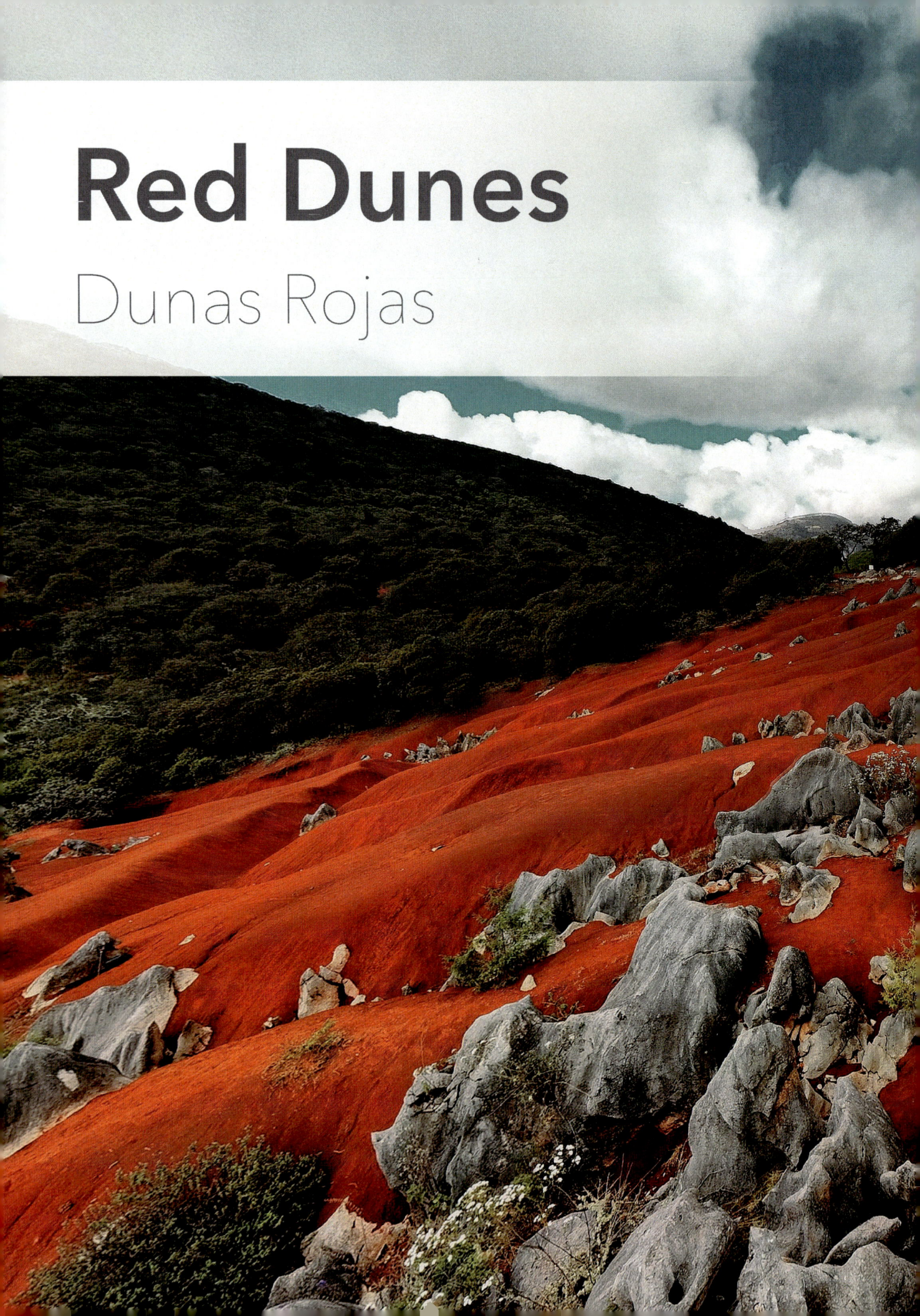

Dunas Rojas

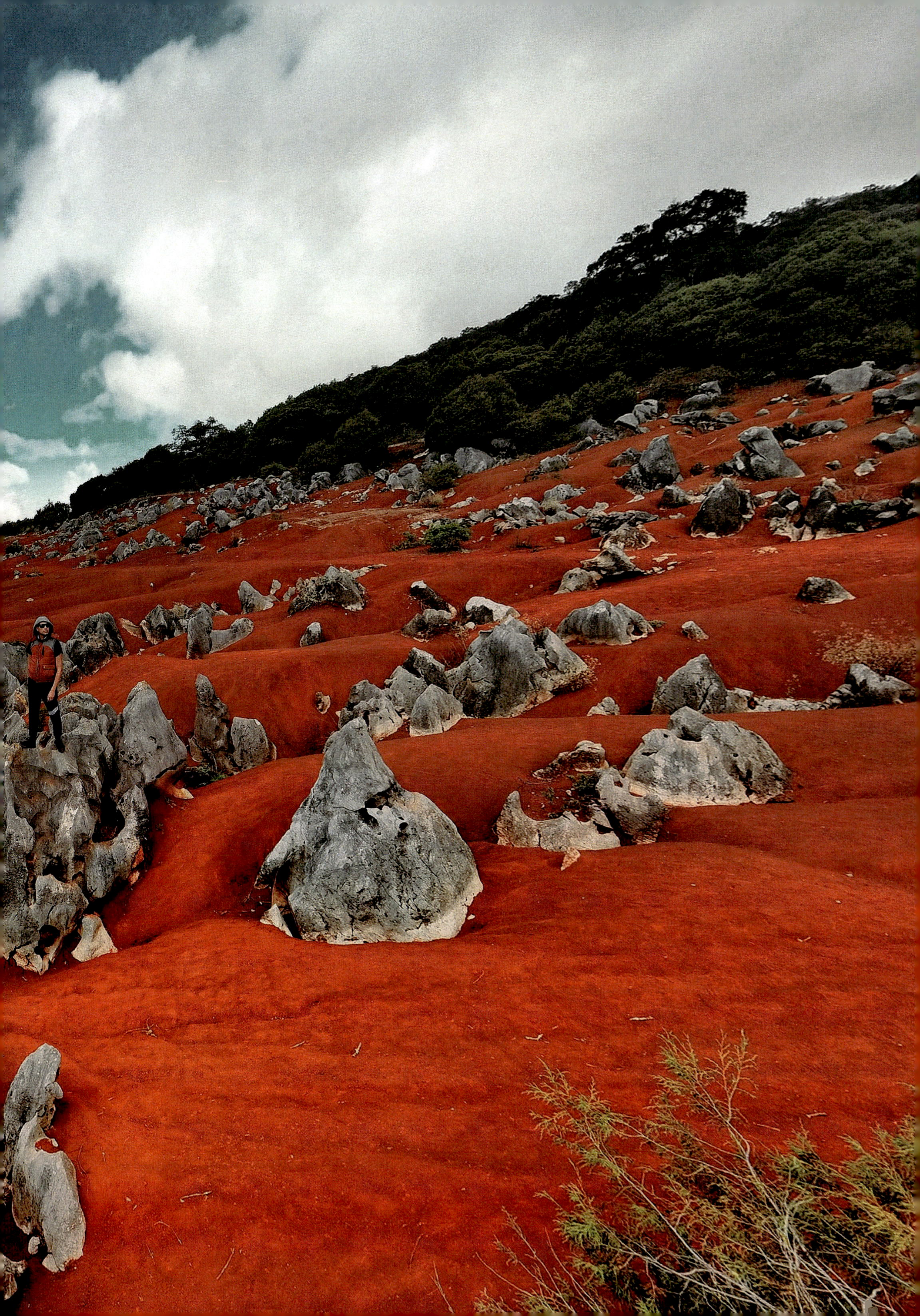

These extraordinary red dunes near San Francisco Pacula in the Hidalgo state can't be left out of the list of the most out-of-this-world locations. In an arid zone in a remote corner of the country, the dunes of red soil were formed by nature's whim, resembling a Martian landscape. The high concentration of iron oxide in the soil causes their unusual red color.

The dune tones range from shades of orange to dark red. It is worth mentioning that the soil is not toxic or harmful to health, but it will stain clothing, shoes, and skin. In the rainy season, the dunes can take on a brown hue, losing its intense red. It is best to visit this place during the winter months, when there is less precipitation and the characteristic red color stays vibrant.

The red dunes are spread out along the base of a limestone mountain and surrounded by a lush pine, cedar, and oak forest. The white and grey rocks of various sizes scattered across the colorful sand add a special contrast to this surreal scenery. It is a mysterious and fascinating place that dramatically highlights the extraordinary beauty of our planet Earth.

En la lista de los lugares fuera de este mundo no pueden faltar las sorprendentes dunas rojas en la localidad de San Francisco Pacula, estado de Hidalgo. En una zona árida de este rincón del país, por el capricho de la naturaleza se formaron las dunas de tierra roja: un paisaje que parece de Marte. Su inusual color se debe a la alta concentración del óxido de hierro en la composición del suelo.

En algunas partes las tonalidades varían desde color naranja hasta matices de rojo oscuro. Cabe mencionar, que esta tierra no es tóxica o dañina para la salud, pero sí mancha la ropa, el calzado y la piel. En temporada de lluvias, las dunas pueden adquirir color marrón. Los meses de invierno, con menos precipitaciones, se consideran los mejores para la visita.

Las dunas rojas se encuentran al pie de una montaña de roca caliza y están rodeadas por un frondoso bosque de pino, cedro y encino. Las piedras blancas y grises esparcidas por toda la extensión de las coloridas arenas complementan el paisaje de una manera singular. Es un lugar misterioso y fascinante, que hace apreciar aún más la extraordinaria belleza del nuestro planeta Tierra.

Deep terracotta color of the dunes; pp.170-171 – Pacula red dunes, a landscape that looks like Mars
Intenso color terracota de las dunas; pp.170-171 – Dunas rojas de Pacula, un escenario que parece de Marte

Cacahuamilpa

Grutas de Cacahuamilpa

Caves

Underground passages at the caves; pp.174-175 – Stunning beauty of the Cacahuamilpa Cavern´s chambers
Pasajes subterraneos de las cavernas; pp.174-175 – Impactante belleza de los salones de las Grutas de Cacahuamilpa

The Grutas de Cacahuamilpa National Park safeguards one of Mexico's most surprising systems of caves and limestone formations. These caverns are in the northern part of Guerrero state, around 30 minutes from the charming mining town of Taxco.

The entire cave system consists of a vast subterranean gallery divided into 19 enormous chambers. The height of the cave ranges from 66 feet (20 m) in the lowest parts to 230 feet (70 m) in the highest and largest chambers. Its solid dimensions along with its superb acoustics create a perfect natural setting for musical concerts.

El Parque Nacional Grutas de Cacahuamilpa resguarda uno de los más sorprendentes sistemas de cuevas y formaciones calcáreas de México. Las grutas se encuentran en la parte norte del estado de Guerrero, a 30 minutos del Taxco, un encantador pueblo minero.

Todo el sistema de cuevas consiste en una galería subterránea de enormes dimensiones separada en 19 salones. La altura de las grutas va de los 20 metros (66 ft) en las partes más bajas, hasta los 70 metros (230 ft) en los salones más altos. Sus enormes dimensiones y su acustica inmejorable crean un escenario natural perfecto para los conciertos musicales.

Over thousands of years, numerous stalactites and stalagmites have taken on whimsical forms resembling human figures, animals, fountains, faces, and various objects.

Two underground rivers circulate beneath the cavern: San Jeronimo, which comes from natural springs originating in the mountains of the State of Mexico, and Chontalcoatlan, the headwaters of which start at the Nevado de Toluca. Visitors can explore both rivers through the journey along enormous domes, deep wells, beautiful limestone formations, interior beaches, and hidden waterfalls. The area around the caverns contains other charming natural sights, including the Cacalotenango waterfall, Pozas Azules de Atzala, and the Cerro del Huixteco.

Numerosas estalactitas y estalagmitas a lo largo de miles de años han adquirido formas caprichosas que asemejan figuras humanas, animales, fuentes, rostros y diferentes objetos.

En el subsuelo de la caverna circulan dos ríos subterráneos: San Jerónimo, cuya corriente nace en manantiales naturales de los cerros del Estado de México, y Chontalcoatlán, cuyas aguas se originan en el Nevado de Toluca. Es posible explorar ambos ríos, el trayecto discurre entre enormes bóvedas, pozas profundas, bellas formaciones calcáreas, playas interiores y cascadas ocultas. En la cercanía de las Grutas de Cacahuamilpa, hay otros encantadores parajes naturales, como la Cascada de Cacalotenango, las Pozas Azules de Atzala y el Cerro del Huixteco.

River inside the Cacahuamilpa Caverns
Río en el interior de las Grutas de Cacahuamilpa

La Bufadora

La Bufadora

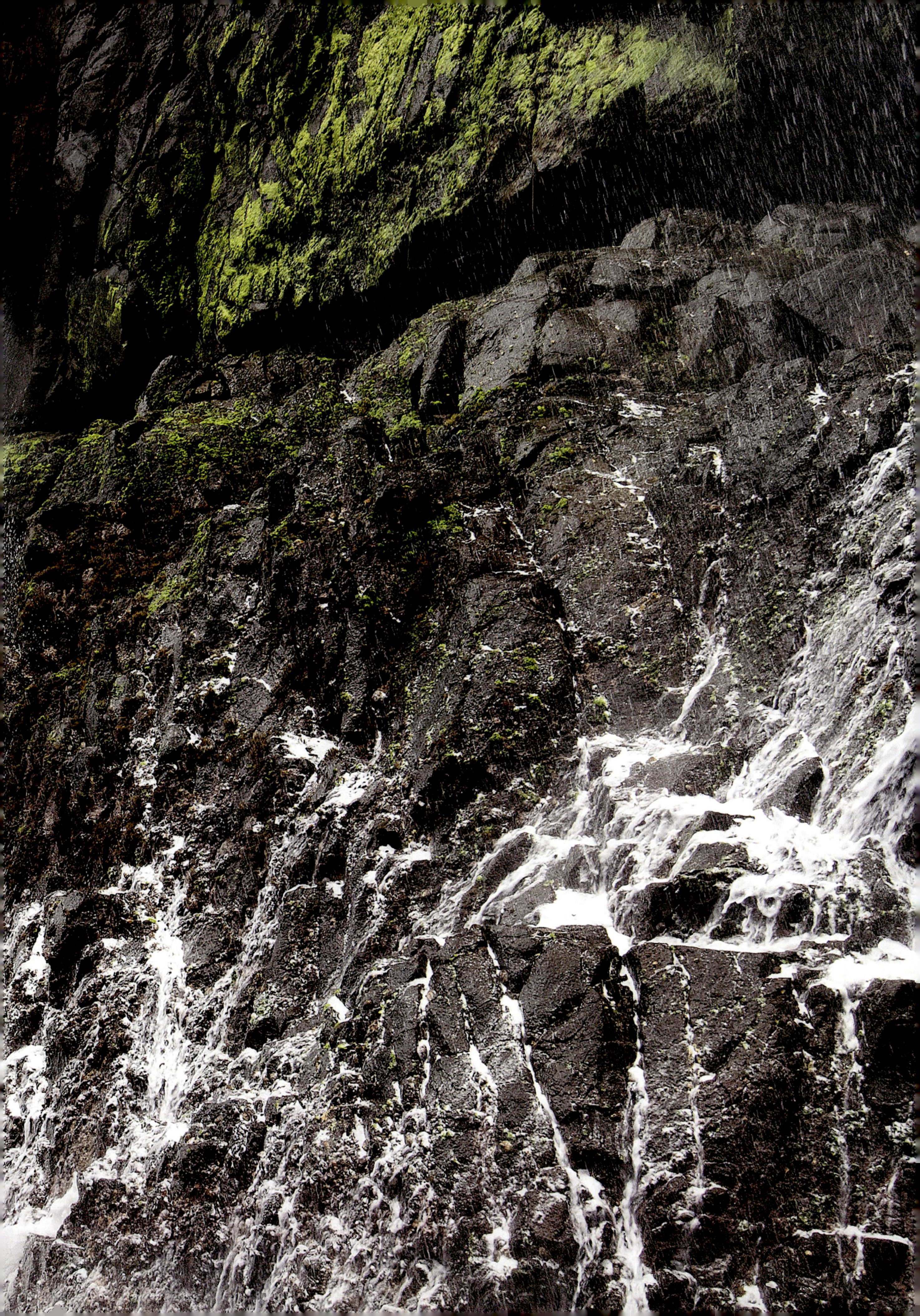

One of the country's most remarkable natural wonders can be found on the Baja California coast, to the south of Ensenada. It is La Bufadora, a phenomenon known as a "marine geyser". However, even though it looks like one, this famous blowhole is technically not a geyser since it is not thermal water. Ocean waves crashing against the rugged cliffs blast water up through a hole in the rocks, creating an impressive natural spectacle.

Water is launched into the sky around every minute, sometimes reaching heights of up to 98 feet (30 m), accompanied by an intense noise similar to animal hissing sound.

En la costa de Baja California, al sur de Ensenada, se encuentra una de las maravillas naturales más llamativas del país: La Bufadora, un fenómeno conocido como "géiser marino". Sin embargo, técnicamente no es un géiser, ya que no contiene agua termal, pero lo asemeja por su apariencia. Las olas oceánicas, rompiendo contra los agrestes acantilados, se disparan con fuerza hacia arriba a modo de un geiser produciendo un formidable espectáculo natural.

Casi cada minuto el agua es lanzada a las alturas, a veces alcanzando hasta 30 metros (98 ft) sobre el nivel del mar, con un sonido parecido a un intenso bufido animal.

La Bufadora from the observation deck; pp. 178-179 – Strong waves create a waterspout that shoots high into the air
La Bufadora desde el mirador; pp. 178-179 – La fuerza del oleaje produce un chorro de agua disparado a una gran altura

The best time to visit La Bufadora and observe it in its maximum splendor is during high tide on a winter day, while the worst time is on a summer day at low tide.

Local legend tells that long ago, a small whale was trapped here between the rocks. It began shooting water up in the air to ask for help from the other whales, but none of them came to his rescue.

Over time, the stuck whale turned to stone, but even in this appearance continued spouting water and bemoaning his bad luck.

El mejor momento para ver La Bufadora en su máximo esplendor es durante la marea alta en un día de invierno, mientras que la peor opción es un día de verano cuando hay marea baja.

Una leyenda local dice que hace tiempo una pequeña ballena quedó atrapada en las rocas. Para solicitar la ayuda de otras ballenas empezó a lanzar chorros de agua, pero nadie vino a rescatarla.

Con el tiempo, la ballena terminó convirtiéndose en una piedra, pero aun así no dejó de arrojar chorros de agua y de lamentarse.

Waves crash against the cliffs while going through a narrow passage in the rocks
Las olas chocan con el acantilado pasando a través del estrecho pasaje entre las rocas

Agua Azul waterfalls
Cascadas de Agua Azul

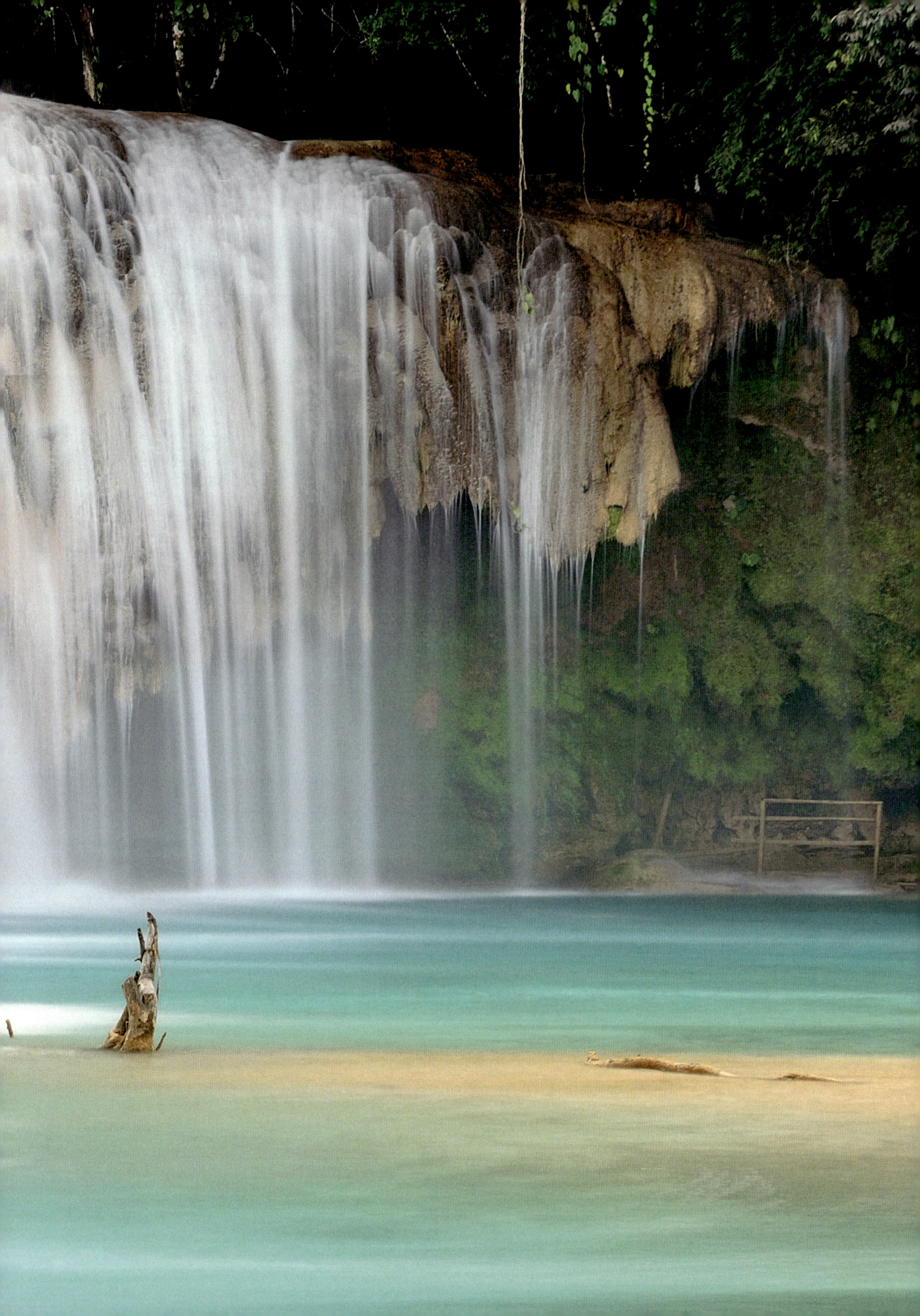

These waterfalls are famous for their vibrant turquoise color created by the elements contained in the rocks they flow over, principally calcium carbonate and magnesium hydroxide. As light hits the water, it filters out all colors except blue, which is reflected back to the surface, creating its exquisite turquoise tones. This spectacle of color is at its most splendor in the dry season, from November to May; during the rainy season, the characteristic bright blue shade of the water vanishes.

This exceptional place is located in Chiapas, around 40 miles (64 km) from Palenque, the very well-known archaeological site. The waterfalls are formed by the Tulija river, which runs over an irregular path of rocks creating challenging rapids and relaxed natural pools contained by natural limestone dikes called "gours" in geological terms. In some places among the lush tropical forest that surrounds the river, there are petrified tree trunks. As one of the Mexico's most famous natural wonders, the Agua Azul waterfalls attract thousands of visitors.

El vibrante color turquesa que distingue a estas cascadas se debe a los elementos que componen las rocas por donde pasa el agua, principalmente carbonato de calcio e hidróxido de magnesio. Cuando la luz penetra en el agua, ésta filtra todos los colores menos el azul que se refleja a la superficie, dando como resultado, preciosos tonos turquesa. Este colorido espectáculo se aprecia mejor en épocas de sequía, de noviembre a mayo; durante la temporada de lluvias, el característico color azul del agua se desvanece.

Este inigualable lugar se encuentra al norte del estado de Chiapas, a 64 kilómetros (40 mi) de Palenque. Las cascadas son formadas por el río Tulijá, cuyas aguas descienden formando bellas caídas de agua y estanques naturales contenidos por diques calcáreos llamados "gours" en la terminología geológica. Dentro de la exuberante vegetación tropical que rodea el río, en algunos lugares se pueden ver troncos de árboles caídos petrificados. Las cascadas de Agua Azul atraen a miles de visitantes, es una de las maravillas naturales más famosas de México.

The water of the cascades during dry season (left) and after abundant rains (right)
Las aguas de las cascadas en temporada seca (izquierda) y después de las abundantes lluvias (derecha)

Aerial views of the Agua Azul waterfalls; pp.182-183 – Cascade´s beautiful water curtains
Vistas aéreas de las cascadas de Agua Azul; pp.182-183 – Hermosas cortinas de agua creadas por las cascadas

Cave of Swallows
Sótano de las Golondrinas

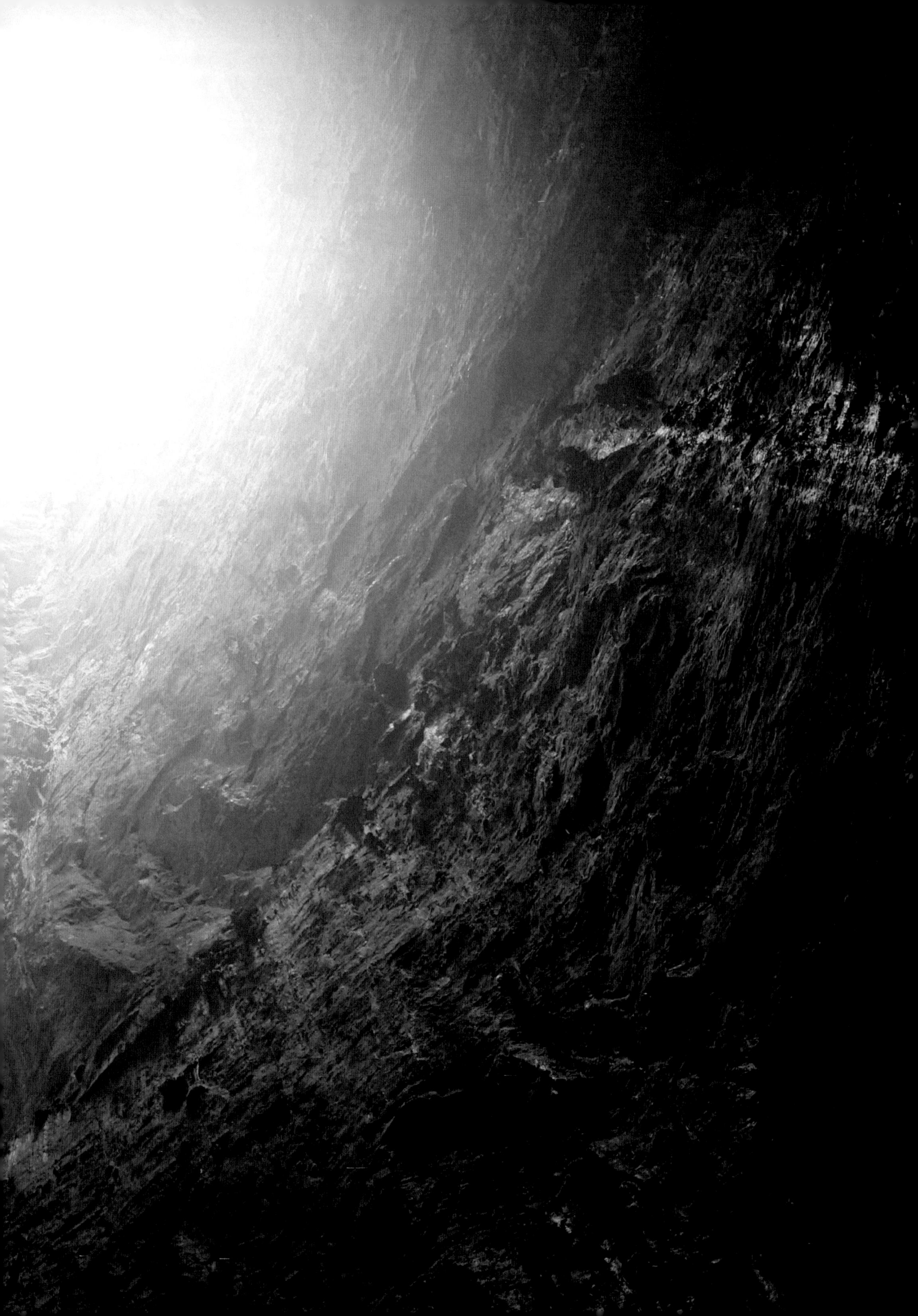

Cracks in limestone offer a natural shelter for thousands of birds
Los huecos de las paredes calcáreas sirven del refugio natural para miles de aves

The area known as the Huasteca Potosina in the region of San Luis Potosi is famous for its natural beauty. It hides among its dense vegetation the most spectacular abyss of the country. The Cave of Swallows attracts a lot of tourists and extreme sports enthusiasts.

This enormous sinkhole is 1680 feet (512 m) deep, with a 1214 feet (370 m) vertical drop and a 197 feet (60 m) diameter opening. To give an idea of its dimensions: the Eiffel Tower or Empire State Building could fit inside it with room to spare.

This one-of-a-kind formation was created millions of years ago by a fault line that grew larger due to the constant erosion as water carved its way through the limestone. It is remarkable for its cone shape, with the opening being much smaller than the bottom.

The sinkhole is a natural refuge for various bird species. Curiously enough, there are no swallows (golondrinas), but rather swifts, commonly confused for swallows, and parakeets known as "cotorras". One of the main attractions of this impressive abyss is the spectacle created by the birds as they come out of the cave in a spiral at dawn and upon return to their nests on the limestone rock walls just before dark.

La denominada Huasteca Potosina, región de San Luis Potosí reconocida por su belleza natural, esconde entre su exuberante vegetación el abismo más espectacular del país. El Sótano de las Golondrinas atrae a muchos turistas y amantes de los deportes extremos.

Esta enorme oquedad tiene 512 metros (1680 ft) de profundidad, 370 metros (1214 ft) de caída vertical y 60 metros (197 ft) de diámetro. Para dar una idea de sus dimensiones, podría albergar a la Torre Eiffel o el Empire State Building sobrándole espacio.

El origen de esta singular formación se remonta a millones de años atrás. Se trata de una falla que se ha ampliado debido a la constante erosión que el agua provoca sobre la piedra. Se caracteriza por su forma cónica, con una abertura mucho más estrecha que el fondo.

Es el refugio natural de varias especies de aves. Curiosamente, no hay golondrinas sino vencejos, que suelen ser confundidos con las golondrinas, y loros, conocidos como cotorras de cueva. Uno de los mayores atractivos de este impresionante abismo es el espectáculo que crean las aves en su salida en espiral al amanecer y al regresar a sus nidos en las paredes de roca caliza poco antes de que caiga la noche.

pp. 186-187 – View from inside of the natural abyss known as Cave of Swallows (Sótano de las Golondrinas)
pp. 186-187 – El abismo natural conocido con el nombre del Sótano de las Golondrinas visto desde el interior

Ray migration

Migración de rayas

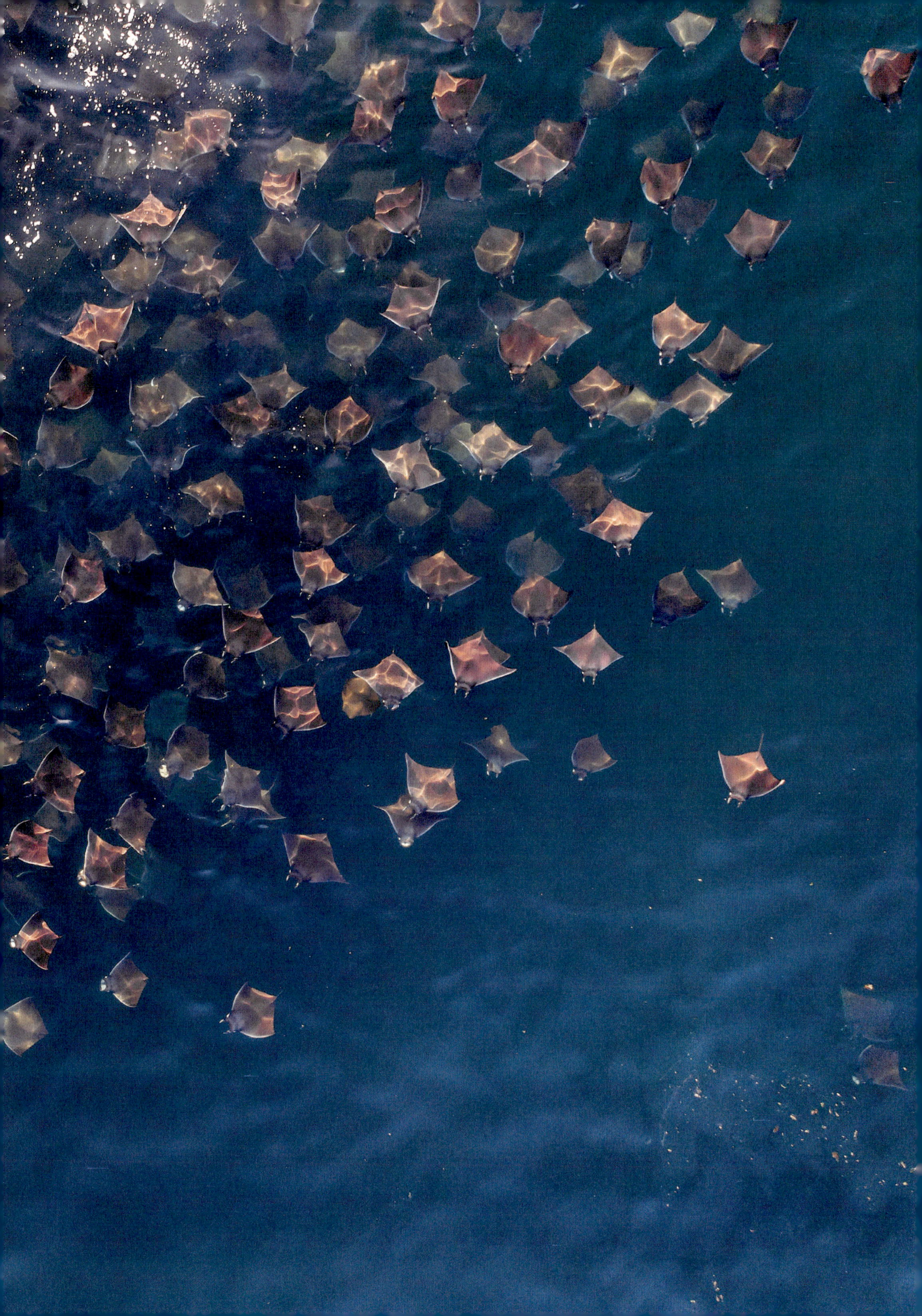

Mobula rays jumping out of the water; pp.190-191 – Huge migration of thousands of Mobula rays
Rayas Mobula saltando fuera del agua; pp.190-191 – Impresionante migración de miles de rayas Mobula

These awe-inspiring images capture thousands of Mobula rays as they make their massive migration between May and July towards the coast of Baja California Sur. They are commonly known as "devil rays" due to the horn-like protuberances on the front part of their heads or "flying rays" because of their habit of jumping out of the water. They can leap over 6 feet (about 2 meters) in the air. Yet, the exact reason for this behavior is unknown.

The entire school of rays moves and acts like a single immense living organism, creating one of nature's most magical scenes. One of the explanations for their massive congregation is that it is part of their mating process.

Estas alucinantes imágenes de miles de rayas Mobula captan su migración masiva entre mayo y julio hacia la costa de Baja California Sur. Son comúnmente llamadas "rayas diablo" por sus protuberancias en forma de cuerno en la parte frontal de la cabeza o "rayas voladoras" por su hábito de saltar fuera del agua. Sus ágiles saltos pueden alcanzar más de 2 metros de altura (más de 6 ft). Aún se desconoce la razón exacta de este comportamiento.

Toda la escuela de rayas se mueve y se comporta como un único organismo enorme, creando un mágico espectáculo de la naturaleza. Una de las teorías explica sus grandes congregaciones como parte del proceso de apareamiento.

Mobula rays in the waters of the Sea of Cortes
Rayas Mobula en las aguas del Mar de Cortes

Devil rays are the smaller relatives of giant manta rays, which also visit the Gulf of California. These majestic and enigmatic creatures are very illusive, difficult to observe and study in nature. Despite their size — they can grow up to between 16 and 30 feet (5 to 9 m) and weight over a ton — they represent no threat to humans. The giant manta rays feed on microscopic plankton, small fish, and crustaceans which they filter out of seawater.

Another intriguing mystery about these ocean giants is their sudden disappearance from the area in 2003 and equally sudden return after 15 years of absence.

Las rayas diablo son los parientes pequeños de las mantas gigantes, que también visitan las aguas del Golfo de California. Estas criaturas majestuosas y enigmáticas son muy elusivas, difíciles de observar y estudiar en la naturaleza. A pesar de su gran tamaño - pueden medir entre cinco y nueve metros de longitud (16-30 ft) y pesar más de una tonelada - son totalmente inofensivas para los humanos. Es una especie filtradora que se nutre de plancton, pequeños peces y crustáceos.

Otro misterio intrigante que rodea a estos gigantes de océano es su repentina desaparición de las aguas locales en 2003 y su igualmente repentino regreso después de 15 años de ausencia.

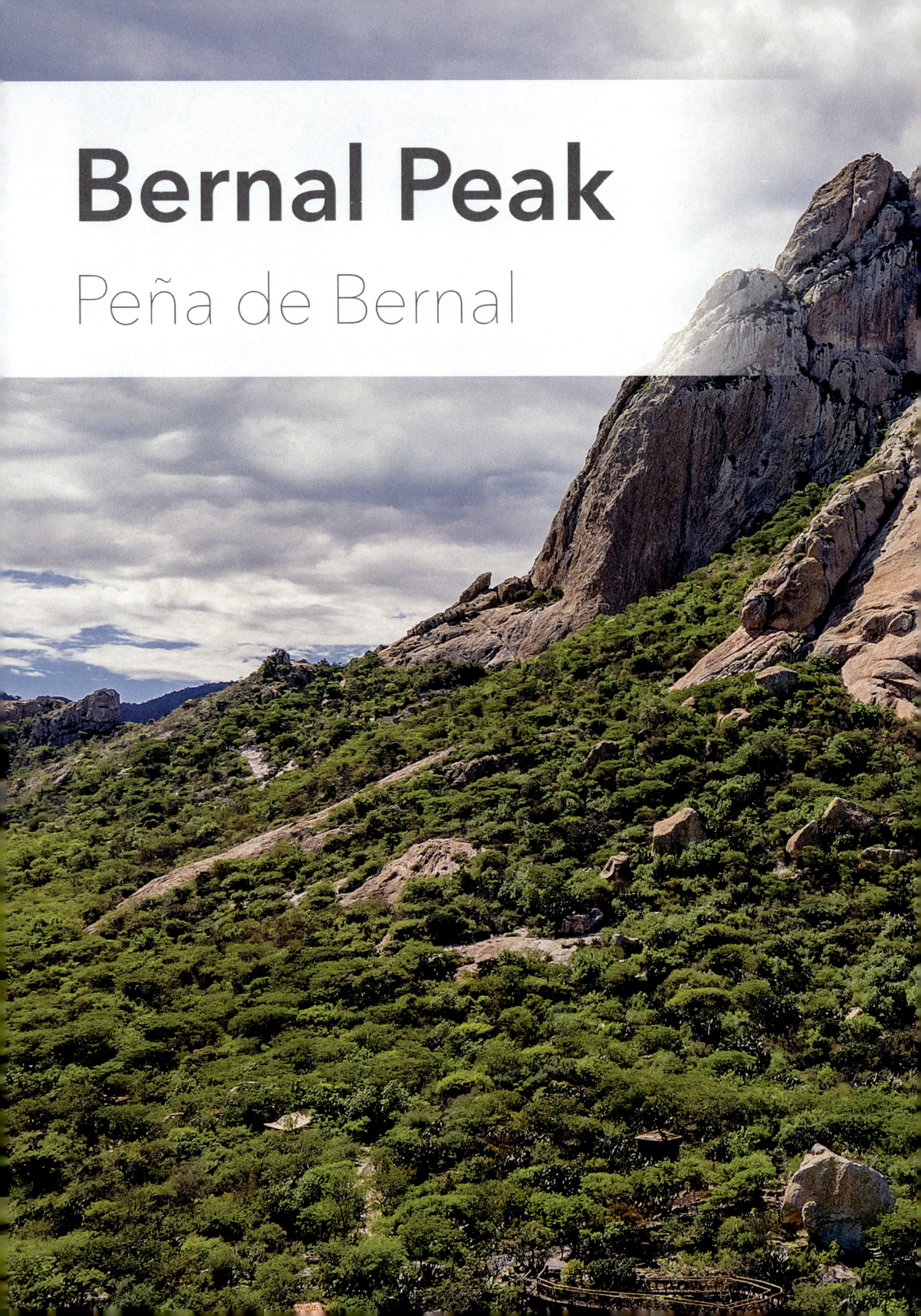

Bernal Peak

Peña de Bernal

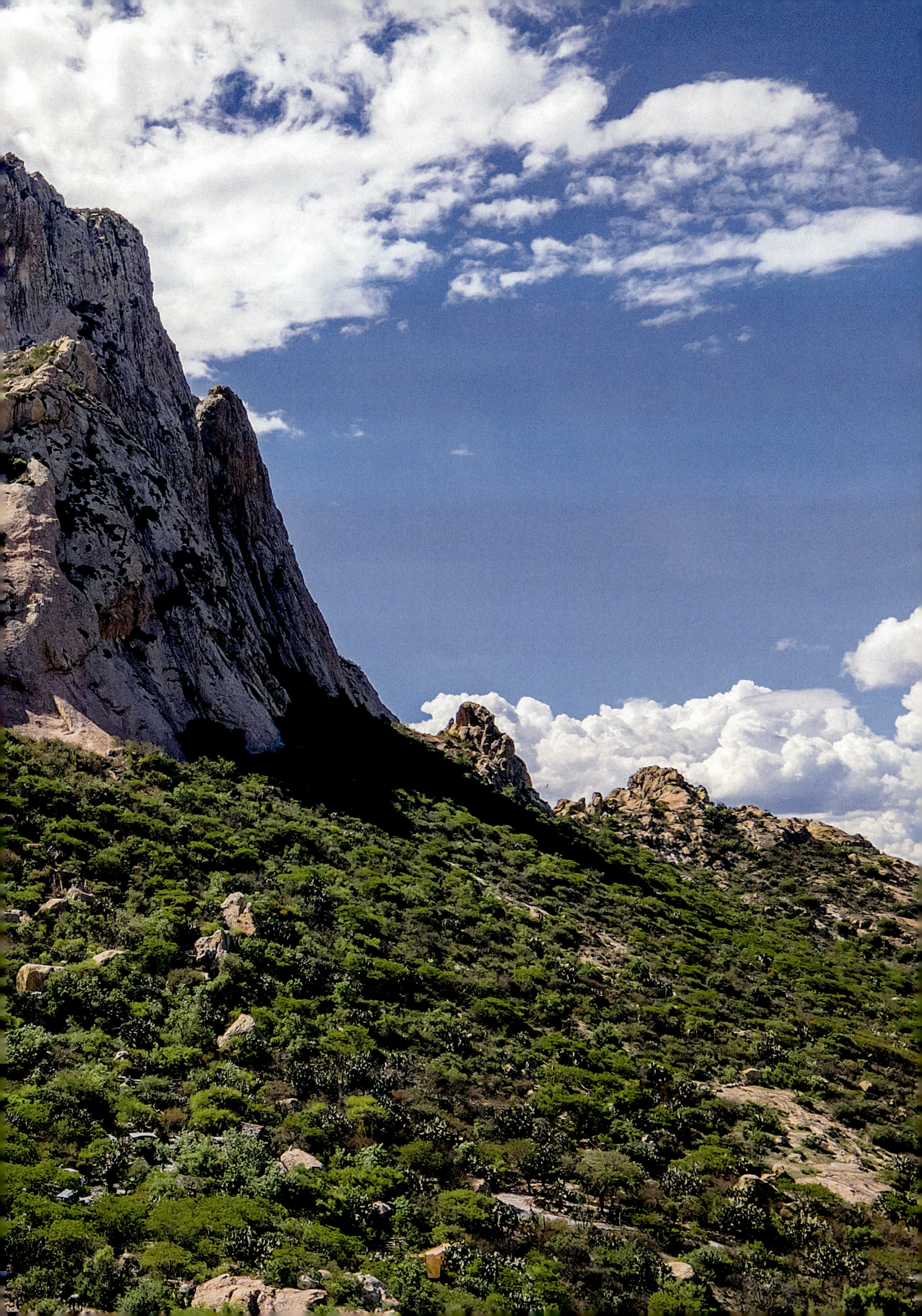

The third-largest monolith in the world, only behind the Rock of Gibraltar and the Sugarloaf Mountain in Rio de Janeiro, is found near the charming town of Bernal in the state of Queretaro. The Bernal Peak (Peña de Bernal) stands 8325 feet (2510 m) above sea level and 1148 feet (350 m) above the level of the ground.

Although there are still questions on how and when this monolith was formed, most experts agree that it has volcanic origins. According to this theory, over 10 million years ago, the activity of a cone volcano slowed down to the point that the magma inside cooled and solidified, creating this giant pinnacle.

En el estado de Querétaro, en cercanías del encantador pueblo de Bernal, se encuentra el tercer monolito de piedra más grande del mundo, solo superado por el Peñón de Gibraltar y por el Pan de Azúcar en Río de Janeiro. El monolito alcanza la altitud de 2510 metros (8235 ft) sobre el nivel del mar y de 350 metros (1148 ft) sobre el nivel del suelo.

Aún hay dudas sobre su origen y antigüedad, aunque la mayoría de los estudios coinciden en su procedencia volcánica. De acuerdo con esta teoría, hace más de 10 millones de años un cono volcánico disminuyó su actividad a tal grado que el magma de su interior se enfrió hasta solidificarse, creando así al gigantesco peñasco.

Aerial view of the Bernal Peak (Peña de Bernal); pp.194-195 – Gigantic monolith of the Bernal Peak
Vista aérea de la Peña de Bernal; pp.194-195 – El gigantesco monolito de la Peña de Bernal

Bernal Peak is located close to the picturesque colonial town
Peña de Bernal se ubica cerca del pintoresco pueblo de estilo colonial

Since ancient times, it has been considered sacred by the Chichimec and Otomi Indians. Their traditions are still alive: each year on May 4th, native people make a pilgrimage to this great rock's peak. The climb isn't easy, with the last 148 feet (45 m) being a completely vertical ascent.

The Bernal Peak marks the start of the Sierra Gorda mountain range, a protected natural area due to the richness of its flora and fauna. Several cave paintings were found near the monolith.

Desde los tiempos antiguos, este sitio era un centro sagrado para las culturas chichimeca y otomí. Sus tradiciones todavía persisten: cada 4 de mayo los pobladores nativos escalan en procesión peregrina hasta la cima de la gran roca. El ascenso no es fácil, el último tramo, de unos 45 metros (148 ft), es vertical.

La Peña de Bernal marca el inicio de la Sierra Gorda, un área natural protegida debido a su enorme riqueza de flora y fauna. En los alrededores del monolito existen varias cuevas con pinturas rupestres.

Cozumel reefs

Arrecifes de Cozumel

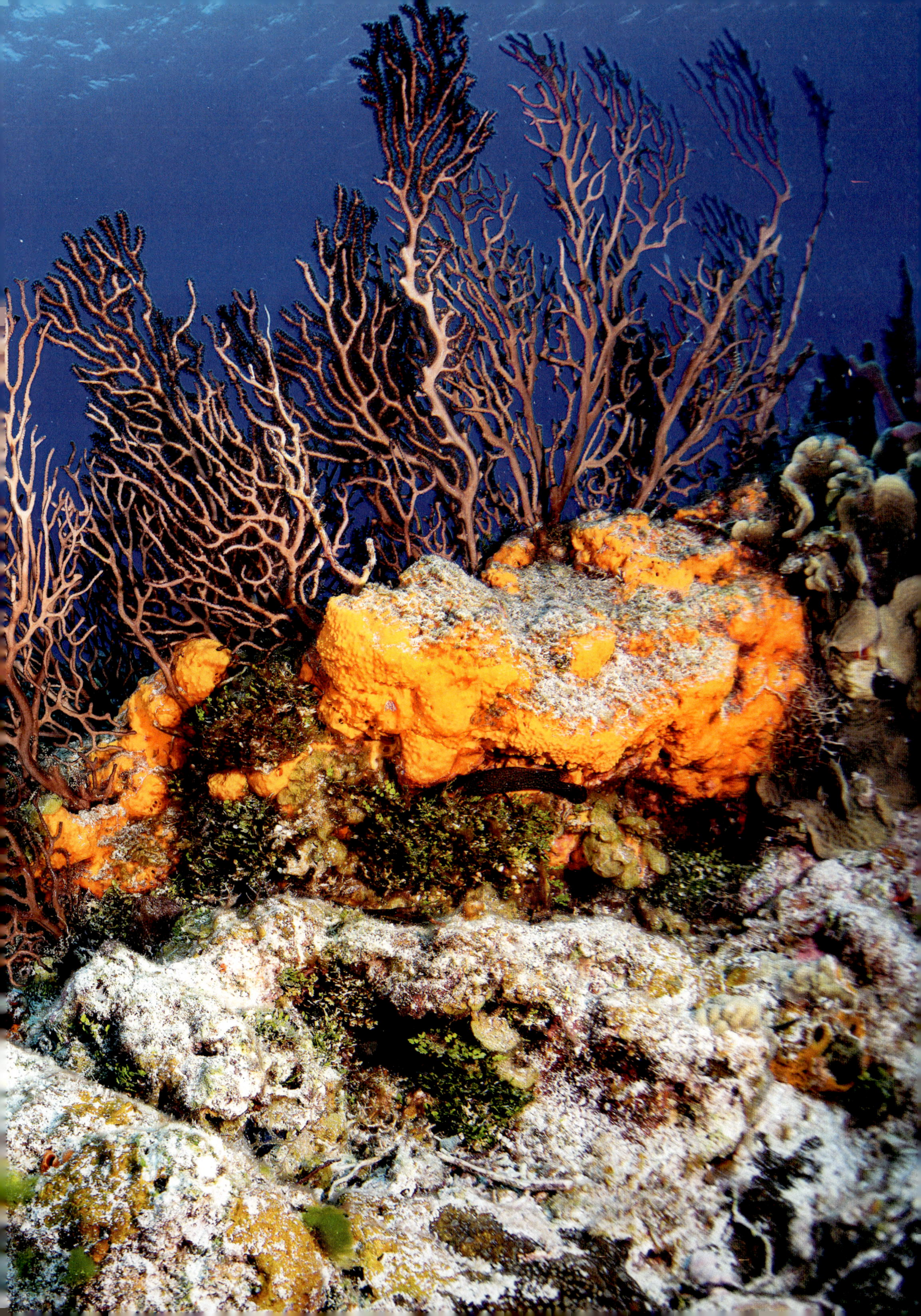

School of tropical fish at the island's reefs
Escuela de peces tropicales en los arrecifes de la isla

The Caribbean island of Cozumel is home to one of the most important reefs in the Mesoamerican Barrier Reef System, which extends over 600 miles (over 1000 km) along the coasts of Mexico, Belize, Guatemala, and Honduras.

In the 1960s, Jacques Cousteau visited the island and contributed to its rise to international fame as an underwater marvel, leading to the subsequent development of the island as a tourist destination.

La isla caribeña de Cozumel alberga uno de los arrecifes más importantes en el Sistema Arrecifal Mesoamericano, la barrera de coral que se extiende por más de 1000 km (más de 600 mi) a lo largo de las costas de México, Belice, Guatemala y Honduras.

En la década de los 60, Jacques Cousteau visitó la isla y contribuyó a la fama de Cozumel a nivel internacional como una maravilla submarina, lo que desencadenó en los años posteriores el desarrollo turístico de la isla.

pp. 198-199 – Coral formations near the coasts of Cozumel
pp. 198-199 – Formaciones coralinas cerca de las costas de Cozumel

Considered one of the world´s best diving destinations, Cozumel has more than 30 dive sites along its coasts, many of which have spectacular caves and steep walls that descend into the abyss.

The channel between the Cozumel Island and the mainland has strong currents that run at an average speed of 1 to 3 knots, allowing for drift diving.

The reefs are renowned for their abundant and diverse marine life, including different types of corals, tropical fish of all shapes and sizes, enormous tube sponges, sea fans, lobsters, crabs, moray eels, rays, octopuses, sea turtles, and nurse sharks. The deepest coral reefs in Cozumel were historically famous for their black coral. However, overexploitation for commercial aims of this rare natural gem has greatly diminished its numbers in recent years.

Considerado como uno de los mejores destinos de buceo a nivel internacional, Cozumel ofrece más de 30 sitios de inmersión, muchos de los cuales cuentan con espectaculares grutas y paredes empinadas que bajan hacia el abismo.

En el canal entre Cozumel y el macizo continental se presentan fuertes corrientes, con una velocidad promedio entre 1 a 3 nudos, lo que permite practicar el buceo a la deriva.

Los arrecifes se distinguen por su variada y abundante vida marina: diversas estructuras de coral, peces tropicales de todos los tamaños y colores, enormes esponjas de tubo, abanicos de mar, langostas, cangrejos, morenas, rayas, pulpos, tortugas marinas y tiburones nodriza. Los arrecifes de coral más profundos de Cozumel fueron históricamente famosos por sus corales negros. Sin embargo, debido a la sobreexplotación, en los últimos años la cantidad de esta joya natural disminuyó drásticamente.

Colorful tube sponges and a sea turtle at the Cozumel reefs
Coloridas esponjas de tubo y una tortuga marina en los arrecifes de Cozumel

Whale shark

Tiburón ballena

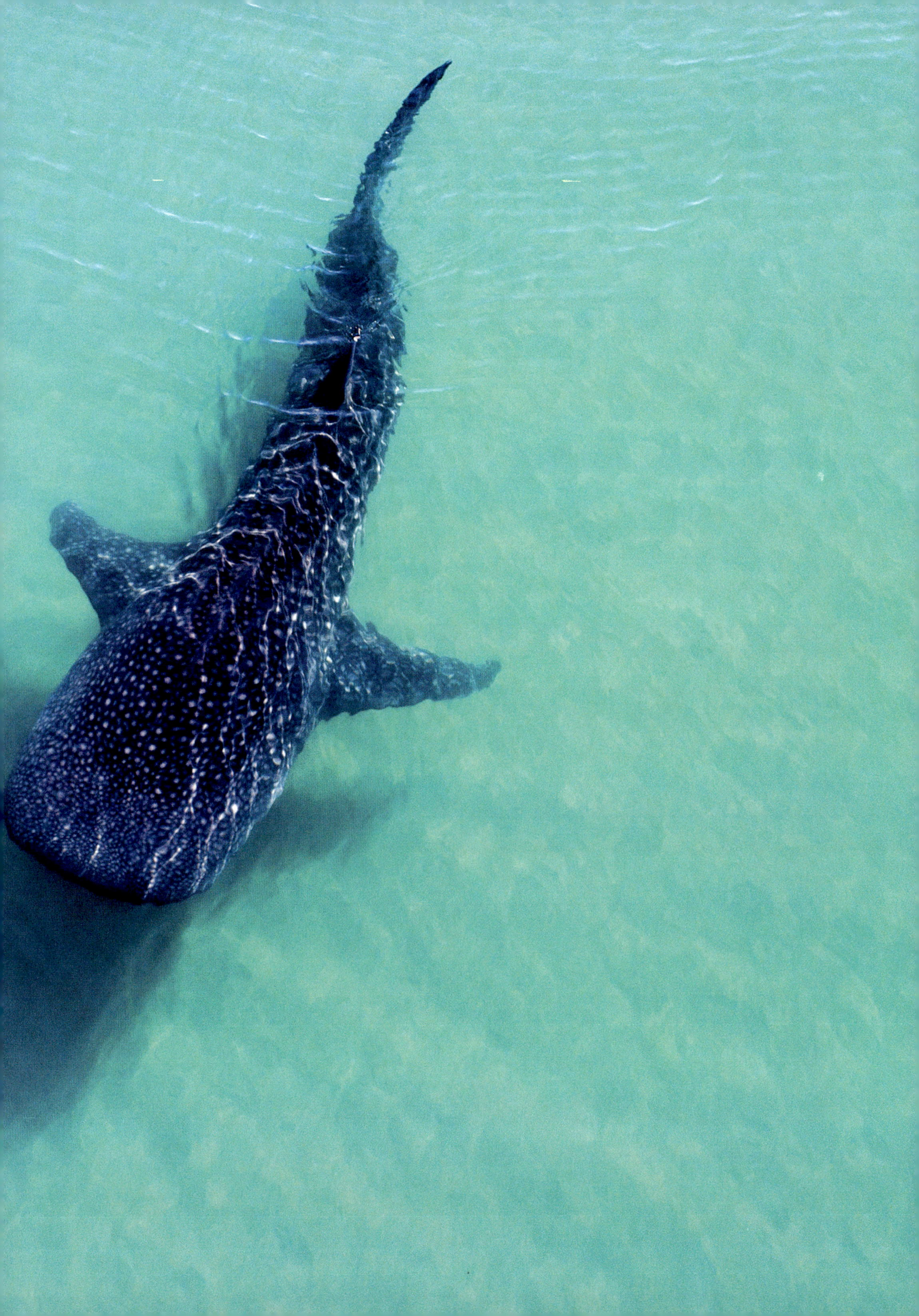

This ocean giant can be found in several places in Mexico, including Bahía de Los Ángeles in Baja California (June to December), Bahía de La Paz in Baja California Sur (November to March), and the northern Mexican Caribbean in Quintana Roo (May to September).

Although they can reach up to 40-60 feet (12-18 m) in length – the size of a school bus, and weigh up to 20 tons, the whale sharks are completely harmless and pose no threat to humans. The whale sharks feed mainly on microscopic plankton, filtering immense amounts of water through their massive gills, and cannot bite or chew. Curiously, the largest fish in the sea feeds on its smallest creatures.

Hay varios lugares en México donde se puede observar a este gigante del océano, entre ellos: Bahía de Los Ángeles en Baja California (de junio a diciembre), Bahía de La Paz en Baja California Sur (de noviembre a marzo), y el norte del Quintana Roo (de mayo a septiembre).

Aunque sus dimensiones pueden alcanzar 12-18 metros de largo (40-60 ft) - el tamaño de un autobús, y llega a pesar hasta 20 toneladas, el tiburón ballena no supone ningún peligro para el ser humano. Se alimenta principalmente del diminuto plancton, filtrando gran volumen de agua a través de sus branquias, y no puede morder o masticar. Curiosamente, el pez más grande del océano se alimenta de las creaturas más pequeñas del mismo.

Whale shark displaying a distinctive pattern of spots and white lines on its skin
Distintivo patrón de puntos y líneas blancas a lo largo del cuerpo del tiburón ballena

Whale shark in the waters of the Mexican Caribbean; pp.202-203 – Whale shark near La Paz, Baja California Sur
Tiburón ballena en las aguas de la costa caribeña de México; pp.202-203 – Tiburón ballena cerca de La Paz

This species is not related to cetaceans but belongs to a group of cartilaginous fishes, which includes sharks and rays. Due to its enormous size and its feeding method, it was named a "whale."

The whale shark produces eggs, but it doesn't lay them. Instead, its offspring are born inside the mother. After birth, they continue to be nourished within the parent, until they are completely formed and ready to be born. It is believed that less than 10% of whale sharks born survive to reach adulthood, but those that do can live up to 100 years. Their characteristic spots are like fingerprints —each pattern is unique and unrepeatable.

Esta especie no está emparentada con los cetáceos. Pertenece al grupo de peces cartilaginosos que incluye a tiburones y rayas. Pero por su enorme tamaño y el método de alimentación se le dio el nombre de "ballena".

El tiburón ballena produce huevos, aunque las crías nacen dentro de la madre y siguen recibiendo los alimentos de su entorno hasta que están completamente formadas y listas para nacer. Se cree que menos del 10% de los tiburones ballena que nacen sobreviven hasta la edad adulta, pero los que lo hacen pueden vivir hasta más de 100 años. Sus manchas características son una especie de huella digital, su patrón es único e irrepetible.

Basaltic prisms

Prismas basálticos

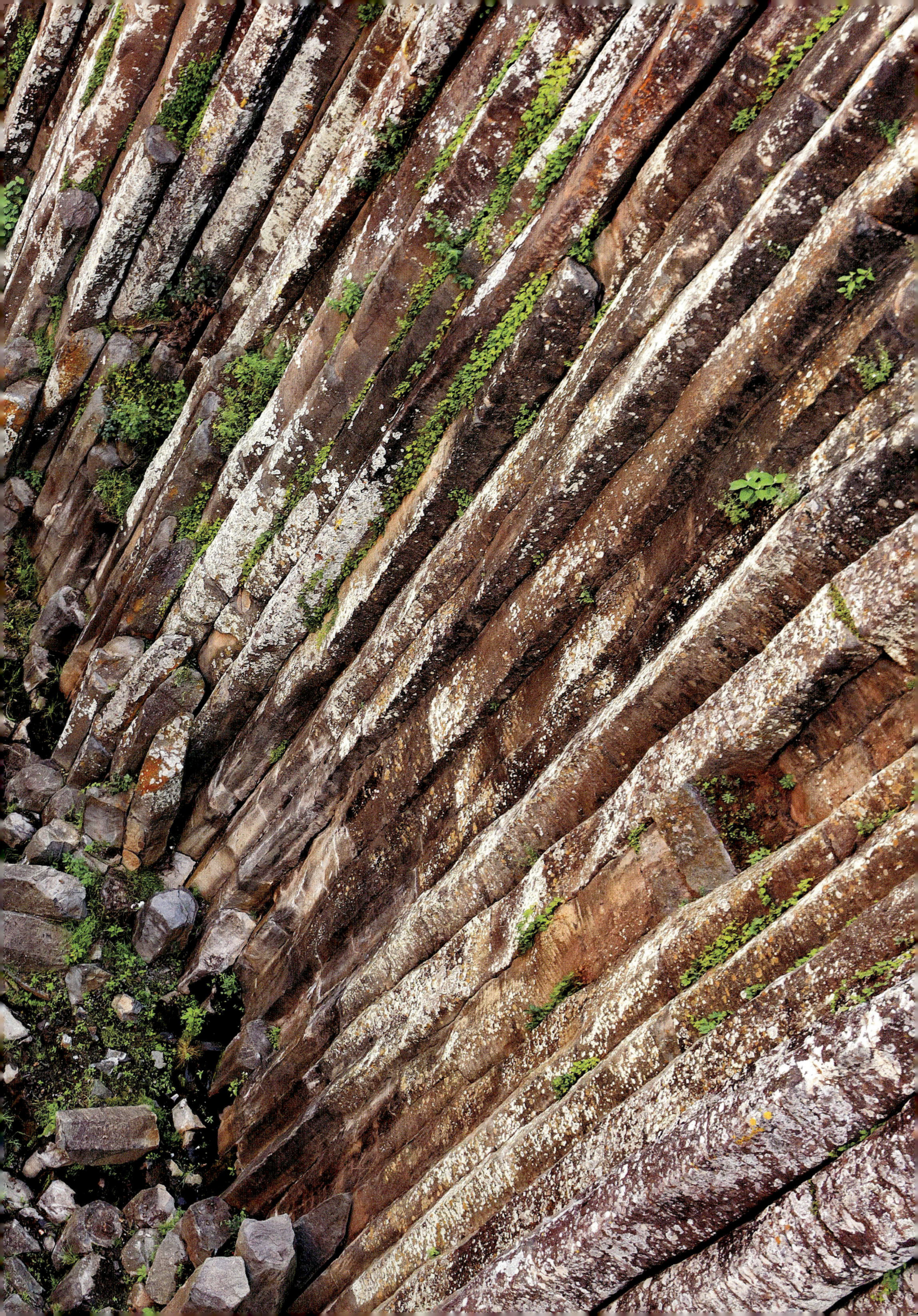

Waterfalls among the basaltic rocks; pp.206-207 – Basaltic columns at Huasca de Ocampo
Cascadas entre las rocas basálticas; pp.206-207 – Columnas basálticas de Huasca de Ocampo

These peculiar rocks are located near the town of Huasca de Ocampo in the state of Hidalgo. Basaltic prisms are tall basalt rock columns in perfect geometric shapes formed millions of years ago from cooling lava following a volcanic eruption.

The scientific explanation reveals that lava slowly shrinks as it cools down and solidifies, creating prisms of various shapes as it cracks. On the other hand, the local legend tells that this stunning natural artwork was created by elves that used their pickaxes to carve out the towering rocks.

En las cercanías de Huasca de Ocampo, un pueblo del estado de Hidalgo, se encuentran unas extrañas rocas. Se trata de los prismas basálticos: columnas geométricas de basalto formadas hace millones de años a causa del enfriamiento de lava tras una erupción volcánica.

Desde el punto de vista científico, el proceso se explica de la siguiente manera: una vez solidificada, la lava pierde volumen y se cuartea en forma de prismas de distintos tipos. Al mismo tiempo, según la leyenda local, esta hermosa obra natural fue creada por los duendes, que labraron con picos las imponentes rocas.

Geometric basalt columns form the canyon walls
Columnas geométricas de basalto forman paredes de la barranca

Some basaltic columns reach up to 131 feet (40 m) tall and 3 feet (almost 1 m) in diameter. Most are hexagon-shaped, but there are also columns that have four, five, and even seven sides. The water from the San Antonio Regla reservoir runs over the basaltic prisms, creating mesmerizing waterfalls.

Baron Alexander Von Humboldt was one of the area's first explorers at the beginning of the 19th century. He was captivated by the beauty of this place and created a series of pencil drawings to share this natural wonder with the world.

Algunas de las columnas llegan a medir hasta 40 metros (131 ft) de altura y casi un metro (3 ft) de diámetro. La forma en su mayoría es hexagonal, pero también hay formaciones de cuatro, cinco y siete lados. El agua proveniente de la presa de San Antonio Regla salta por encima de las columnas basálticas formando preciosas cascadas.

El barón alemán Alexander von Humboldt fue uno de los primeros exploradores del área a principios del siglo XIX. Quedó fascinado por la belleza del lugar y realizó una serie de dibujos a lápiz, que dieron a conocer esta maravilla natural al mundo.

Cancun

Cancún

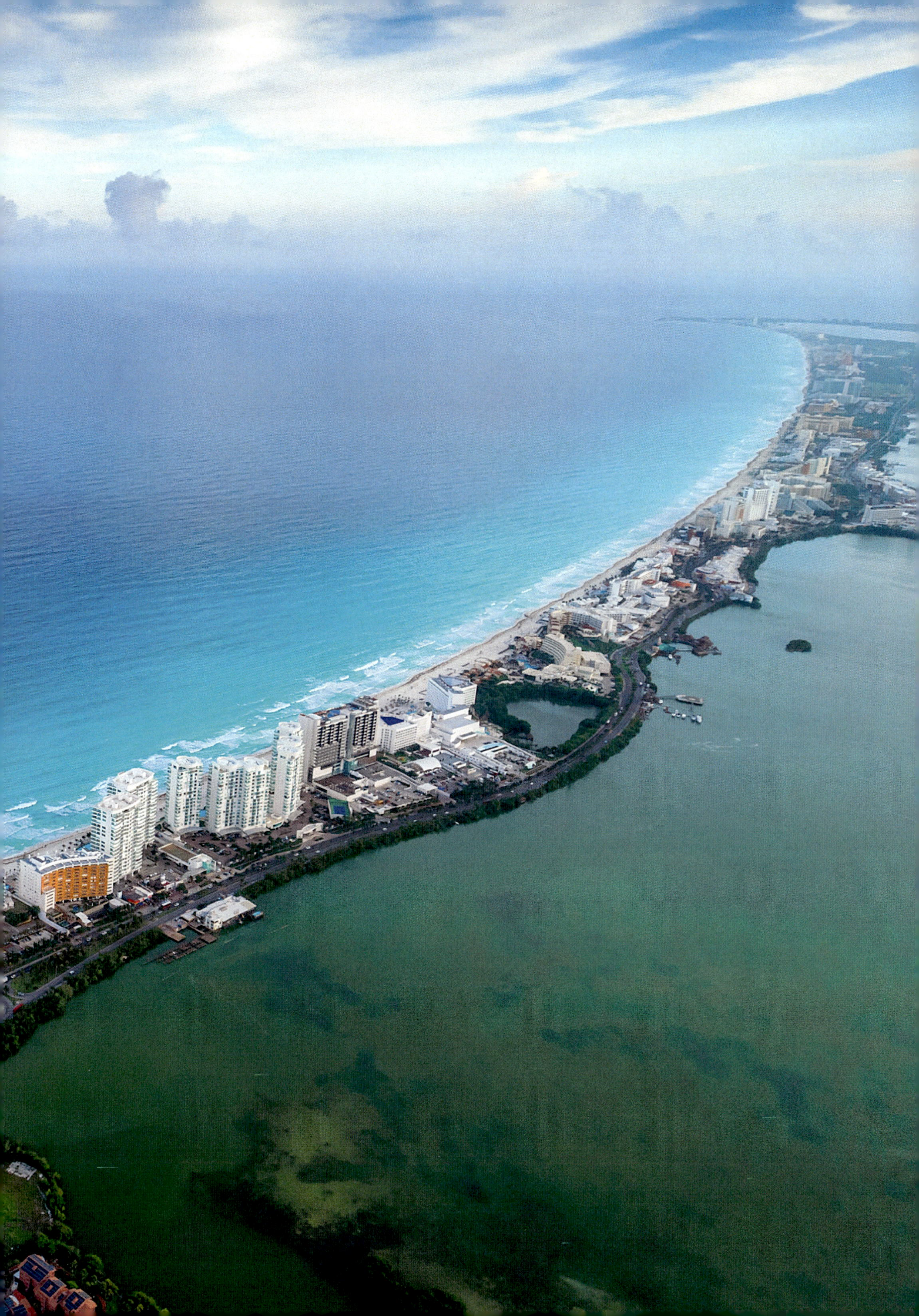

Cancun is a popular destination for visitors from all around the world. Though it is mostly known for its picturesque Caribbean beaches and numerous resorts, it is also a true natural wonder. The Hotel Zone is located on a thin strip of land with white sand beaches that separates the sea from the Nichupte lagoon. Flying over Cancun in an airplane allows to truly appreciate its breathtaking beauty.

From a geological perspective, Cancun is one of the country's youngest areas. It was formed as a barrier island by long stretches of sand dunes parallel to the coast. As time passed, sediments accumulated between the island and the mainland until they gradually joined, forming the interior lagoon. The Nichupte lagoon currently occupies an area of approximately 7413 acres (3000 ha). It´s covered by mangroves inhabited by crocodiles and a variety of local and migratory bird species. The average depth of the lagoon is between 5 to 7 feet (1,5-2 m), in some parts it can be deeper than 11 feet (3,5 m). The lagoon system is connected to the Caribbean Sea by two canals: Sigfrido (under the Calinda Bridge) and Nizuc.

Cancún es un gran foco de atracción para los visitantes de todo el mundo. En primer lugar, se asocia con las pintorescas playas caribeñas y complejos turísticos, pero también es una verdadera maravilla natural. La Zona Hotelera se encuentra en una estrecha franja de fina arena blanca, que separa al mar Caribe de la laguna Nichupté. Una vista realmente impresionante se aprecia sobrevolando Cancún en avión.

Desde el punto de vista geológico, Cancún es una de las zonas más jóvenes del país. Se formó como una isla de barrera por largos tramos de dunas de arena paralelos a la costa. Con el paso del tiempo, entre la isla y la tierra firme iban acumulándose los sedimentos, que gradualmente las unieron y propiciaron la formación de la laguna interior. La laguna Nichupté actualmente ocupa el área de aproximadamente 3000 hectáreas (7413 acres). Sus manglares son el hogar de cocodrilos y numerosas especies de aves locales y migratorias. La profundidad promedio de la cuenca es de 1,5-2 metros (5-7 ft) y muy rara vez excede de los 3,5 m (11 ft). Este sistema lagunar se comunica con el mar Caribe a través de dos canales: el Sigfrido (conocido por el Puente Calinda) y el Nizuc.

A beach in Cancun; pp.210-211, p.212 – Aerial views of the Cancun Hotel Zone
Una de las playas de Cancún; pp.210-211, p.212 – Vistas aéreas de la Zona Hotelera de Cancún

Dense mangroves of the Nichupté lagoon as seen from the air
Densos manglares de la laguna Nichupté vistos desde el aire

Nevado de Toluca

Nevado de Toluca

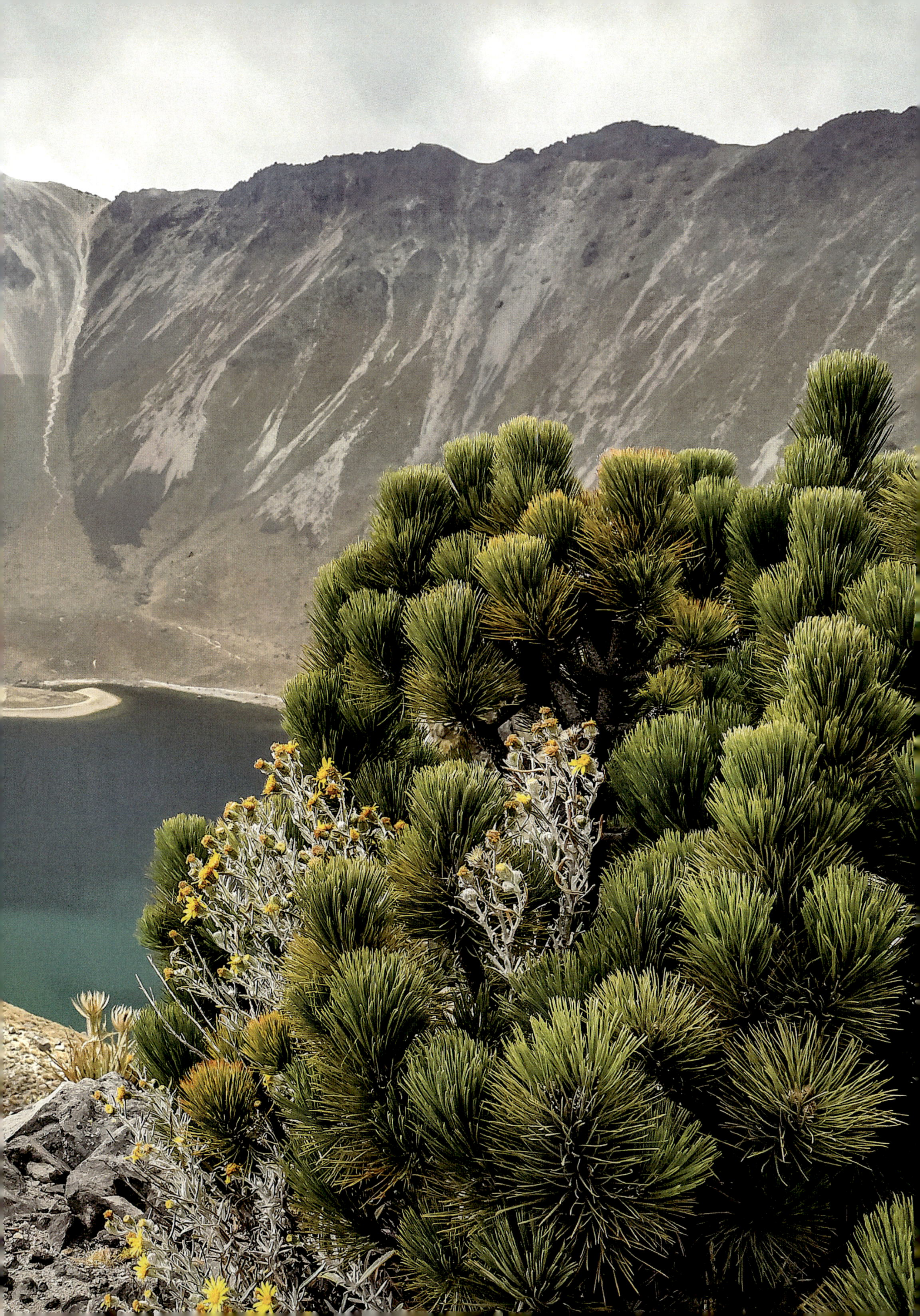

The Nevado de Toluca volcano (Xinantécatl, in Nahuatl) is one of Mexico's most stunning natural landscapes. Although dormant, it is still considered potentially active. At 15,354 feet (4680 m) above sea level, its peak is the fourth highest in the country. The summit of the Nevado de Toluca offers breathtaking views of the surrounding valley.

The volcano is usually snow-capped in winter months. However, temperatures are not low enough for snow to remain on the ground all year round and turn into a glacier. The snowmelt and the abundant precipitations feed the aquifers of the region.

El volcán Nevado de Toluca (en náhuatl, Xinantécatl), uno de los paisajes más bellos de México, aún se considera potencialmente activo en periodo de quietud. Alcanza una elevación de 4680 metros sobre el nivel del mar (15,354 ft), siendo el cuarto pico más alto del país. Desde el cumbre del volcán se contempla uno de los panoramas más hermosos del Valle de Toluca.

El volcán suele tener nieve en su cima en los meses de invierno. Sin embargo, las temperaturas no alcanzan niveles suficientemente bajos para que se forme un glaciar. La nieve derretida junto con las abundantes lluvias alimenta la extensa red hídrica de la región.

Nevado de Toluca and surrounding landscape; pp.214-215 – Crater of the Nevado de Toluca volcano
Nevado de Toluca y su paisaje circundante; pp.214-215 – Cráter del volcán Nevado de Toluca

The two crater lakes, Lago del Sol (Sun Lake) and Lago de la Luna (Moon Lake), have been considered sacred by the native people since pre-Hispanic times. The lakes are separated by a volcanic plug, a dome structure formed by cooling lava. This peculiar landform is known as El Ombligo (The Navel).

Both bodies of water change their shape throughout the year due to the weather variations and the effects of precipitation and evaporation. El Lago del Sol (Sun Lake) is the largest of the two, with murky and greenish water in some areas. El Lago de la Luna (The Moon Lake) is shallower and clearer.

En el cráter del volcán existen dos lagunas, consideradas lugares sagrados desde los tiempos prehispánicos y conocidas con los nombres de El Sol y La Luna. Las lagunas están separadas por una bóveda que se formó por el enfriamiento de lava. Esta estructura es conocida con el nombre de El Ombligo.

Ambos embalses cambian su forma a lo largo del año debido a las variaciones climáticas, y los efectos de la precipitación y la evaporación. El Lago del Sol es más grande, sus aguas son turbias y en algunas partes presentan colores verdosos. El Lago de la Luna tiene una profundidad menor y sus aguas son más transparentes.

El Sol and La Luna lagoons inside the volcano´s crater
Lagunas de El Sol y La Luna en el cráter del volcán

Cave of the Hanging
Cueva de las Serpientes

Snakes
Colgantes

Snakes that live in the Kantemo caverns hang down from the cave ceiling to catch their prey
Serpientes que habitan las grutas de Kantemó cazan sus presas colgando del techo de la cueva

A singular natural spectacle can be observed in the Kantemo caves on the Peninsula of Yucatan: snakes hanging from the cave ceiling to catch flying bats.

Every day when the sun goes down, thousands of bats fly out of the cave searching for food. The number of bats is so large that they resemble a giant cloud. It is estimated that 100 bats fly out of the cave each second for an hour and a half. The rat snakes take advantage of this moment to catch their prey using a very curious technique.

En las grutas de Kantemó, en la Península de Yucatán, ocurre un espectáculo de naturaleza muy singular: las serpientes cuelgan del techo de la caverna para atrapar murciélagos al vuelo.

Cada día, al ponerse el sol, miles de murciélagos salen en masa de la cueva en busca de alimento. Su cantidad es tal que parecen formar una enorme nube. Se calcula que durante hora y media salen unos 100 murciélagos por segundo. Las serpientes ratoneras aprovechan este momento para atrapar su alimento con una técnica muy particular.

pp.218-219 - Rat snake inside the Kantemo cave; p.221 - Rat snake devouring a bat
pp.218-219 - Serpiente ratonera en la cueva de Kantemó; p.221 - Serpiente ratonera devorando un murciélago

They hang by their tails from the cave roof, swinging slowly waiting for the bats to come. The bats are caught in midflight with a rapid and precise movement, then inmediately strangled and devoured.

This striking scene of the food chain, which the residents of local communities have observed for generations, was shared with the world only recently in a documentary of the Discovery Channel.

Yet the hanging snakes are not the only attraction here. The crystal-clear waters of the caves are home to several uncommon species, such as blind fish, shrimp, and eels, which lost their eyes through the process of evolution, developing other sensory organs that allow them to find food in total darkness.

Se descuelgan desde el techo de la cueva de tal manera que quedan suspendidas de la cola, se balancean en espera de que su presa se aproxime para atraparla en pleno vuelo con un rápido movimiento, asfixiarla y devorarla.

Este fenómeno de la cadena alimenticia, conocido durante generaciones por los habitantes de la zona, fue dado a conocer al mundo muy recientemente por medio del documental de la cadena Discovery Channel.

Las serpientes colgantes no son el único atractivo de Kantemó. Las aguas cristalinas en el interior de la cueva albergan varias especies fuera de lo común, como peces, camarones y anguilas ciegas, las cuales en su evolución perdieron los ojos, pero desarrollaron órganos sensoriales que les facilitan la búsqueda de alimento en completa oscuridad.

Centla swamps

Pantanos de Centla

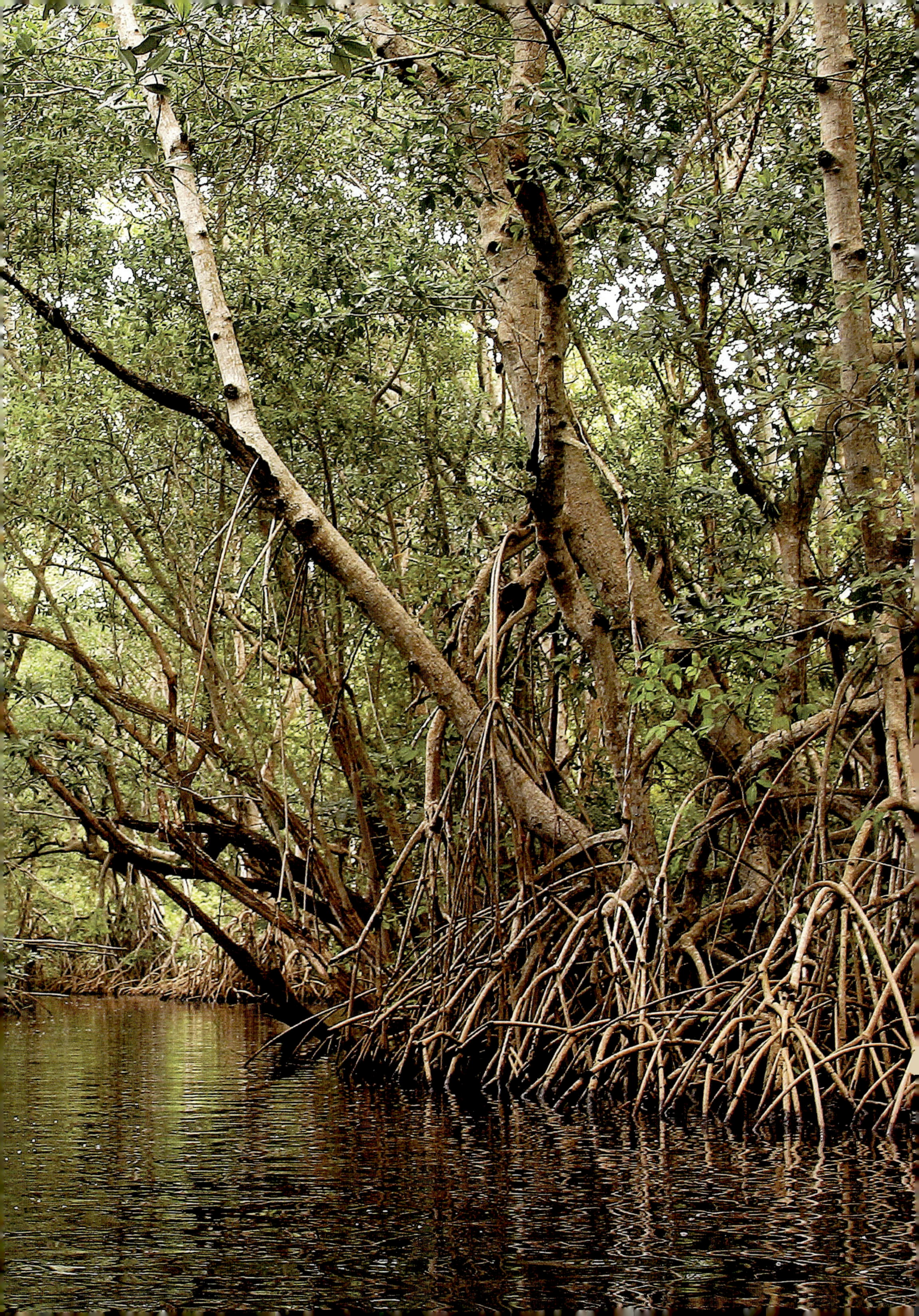

One-third of the country's water runs through the Centla swamps (Pantanos de Centla) in Tabasco, the most important wetlands of the North America, covering an area of 6575 square miles (17,028 square kilometers). Just to give an idea of its dimensions, it is ten times larger than Mexico City.

This vast area is composed of various ecosystems, such as mangroves, dunes, river islands, swamps, lagoons, and estuaries formed by a broad network of rivers.

It is the perfect place for observing large concentrations of birds; one of the most interesting species found here is the jabiru stork, the largest bird in the country. The swamps also provide refuge for hundreds of animals, such as crocodiles, caimans, turtles, manatees, monkeys, jaguars, and ocelots.

Another astonishing inhabitant of the Centla swamps is the garfish (pejelagarto). This animal has an alligator-like head and mouth and the body of a fish; it is considered a true living fossil, as it has been living on our planet since the time of the dinosaurs.

The Centla swamps were declared a protected natural area in the category of Biosphere Reserve in 1992. In recent years, the development of ecotourism activities gradually makes this place more accessible to visitors willing to discover the region's wildlife.

Por los pantanos de Centla, en el estado de Tabasco, escurre un tercio de agua del país, formando el humedal más importante de Norteamérica, que ocupa 17,028 km² (6575 sq mi) de superficie. Para dar una idea de sus dimensiones, es diez veces más grande en extensión que la Ciudad de México.

Esta extensa zona comprende diversos ecosistemas: manglares, dunas, islas fluviales, pantanos, lagunas y esteros formados por una amplia red de ríos.

Es el lugar perfecto para observar grandes concentraciones de aves, entre las cuales destaca la cigüeña Jabirú, el ave más grande del país. También es refugio de cientos de especies de animales, entre ellos: cocodrilos y caimanes, tortugas, manatíes, monos, jaguares y ocelotes.

Otro asombroso habitante de estos pantanos es el pez llamado pejelagarto. Tiene apariencia semejante a un lagarto y cuerpo de pez y se considera un verdadero fósil viviente, ya que habita nuestro planeta desde la época de los dinosaurios.

Los Pantanos de Centla fueron declarados área protegida en la categoría de la Reserva de la Biosfera en el año 1992. En los últimos años, se han desarrollado en la reserva actividades ecoturísticas que permiten descubrir a los visitantes la belleza salvaje de este lugar.

pp.222-223 – Centla swamp´s mangroves
pp.222-223 – Manglares en la zona de los Pantanos de Centla

Jabiru stork; below – Garfish (Atractosteus spatula), a Tabasco emblematic freshwater fish
Cigüeña Jabirú; abajo – Pejelagarto (Atractosteus spatula), un pez de agua dulce emblemático de Tabasco

El Pinacate and Gran

El Pinacate y Gran Desierto

Desierto de Altar

de Altar

One of the crater rims on the territory of the reserve; pp.226-227 – Great Altar Desert (Gran Desierto de Altar)
Bordes de uno de los cráteres en el territorio de la reserva; pp.226-227 – Gran Desierto de Altar

The Biosphere Reserve El Pinacate and Gran Desierto de Altar is located in the Sonoran desert. It is the driest area in all of North America, reaching temperatures of up to 135°F (57°C) and receiving less than 10 inches (250 mm) of rain annually. With these extreme conditions, NASA in occasions has used local landscapes to simulate space missions.

Despite its inhospitable climate, the reserve's territory is home to a surprising diversity of plant and animal species. The landscape here includes a curious mix of dunes and a series of granite massifs that emerge like islands in the middle of a sand desert.

Dentro del desierto sonorense se encuentra La Reserva de la Biósfera El Pinacate y Gran Desierto de Altar. Es el entorno más seco de Norteamérica, con temperaturas de hasta 57°C (135°F) en verano y menos de 250 mm (10 in) anuales de lluvia. Con condiciones tan extremas, la NASA en varias ocasiones utilizó El Pinacate para simular misiones al espacio.

Sin embargo, este sitio al parecer tan inhóspito alberga una sorprendente diversidad de plantas y especies animales silvestres. El paisaje aquí ofrece un curioso contraste entre las interminables dunas de arena y una serie de macizos graníticos que emergen como islas del mar de arena circundante.

The most fantastic views in the area show the multiple volcanic craters distributed around a lava field - a landscape similar to the moon's surface. These broad craters with low borders are called maar; they were formed by the steam explosion that happens when underground waters come in contact with lava.

The El Elegante crater is the most visited and most easily accessed, with vehicles being able to drive almost right up to its border. It is 820 feet (250 m) deep and over 4921 feet (1500 m) in diameter.

The area of El Pinacate and Gran Desierto de Altar is sacred to local indigenous people, who believe it is the place where the universe was created.

El aspecto más fantástico de la zona son cráteres volcánicos distribuidos alrededor del campo de lava que recuerda un paisaje lunar. Son conocidos como cráteres maar, característicos por ser anchos con bordes bajos, formados por la explosión de vapor cuando el agua subterránea entra en contacto con la lava.

El cráter El Elegante es el más visitado y accesible de todos, donde los vehículos pueden llegar casi hasta su borde. Tiene 250 metros (820 ft) de profundidad y más de 1500 metros (4921 ft) de diámetro.

La zona de El Pinacate y el Gran Desierto de Altar es sagrada para los indígenas locales, quienes la consideran el centro de la creación del universo.

Aerial view of a maar crater
Vista aérea de un cráter maar

Balandra Beach
Playa Balandra

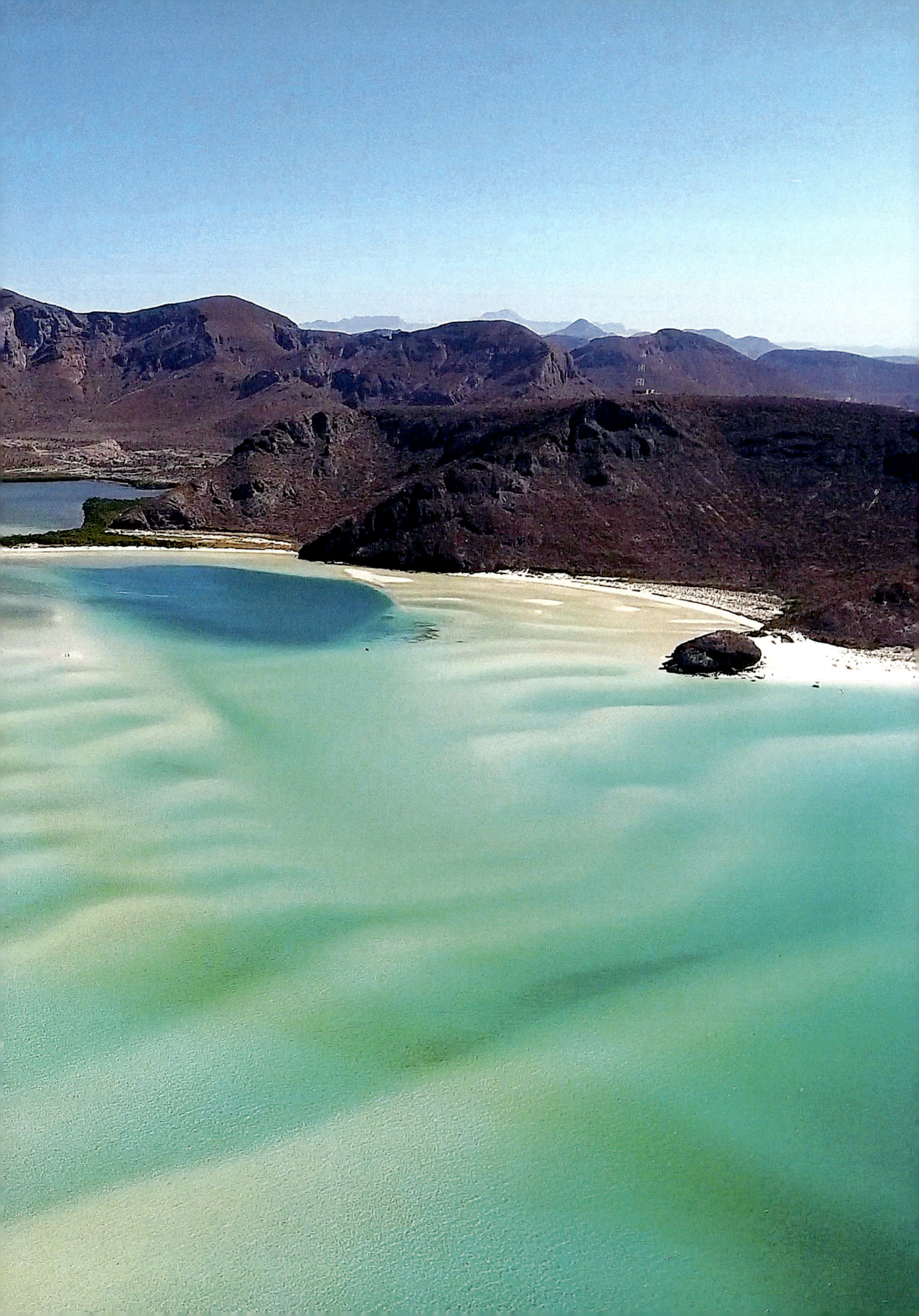

This not-to-be-missed paradise of Baja California Sur is proudly named among the best beaches in Mexico. Balandra is a coastal bay with calm and clear waters surrounded by mountains, mangroves, and hidden beaches.

The sea here looks like a beautiful watercolor painting, with stunning tones ranging from dark to light blue and bright turquoise. The bay boasts shallow waters with a gentle swell, allowing visitors to walk long distances beyond the shore. Balandra beach is home to a wide variety of fish and rays that like to hide under the soft sand of the sea bottom.

There are several trails to explore the surroundings of the beach and enjoy the incredible views from its overlook points.

Entre las mejores playas de México se encuentra este paraíso imperdible de Baja California Sur. Balandra es una bahía costera de aguas tranquilas y transparentes rodeada de montañas, zonas de mangle y recónditas playas.

El mar aquí parece una acuarela, con maravillosos tonos que van desde el azul oscuro, pasando por los matices más claros y el deslumbrante color turquesa. Las aguas de la bahía son poco profundas, con el oleaje muy leve, lo que permite adentrarse caminando en el mar a una larga distancia. Es hogar a variedad de peces y rayas que suelen esconderse en la suave arena del fondo.

Existen varios senderos para descubrir los alrededores de la playa y apreciar increíbles vistas desde sus miradores.

Bay entrance; pp.230-231 – Panoramic view of Balandra beach
Entrada de la bahía, pp.230-231 – Vista panorámica de la Playa Balandra

The most emblematic place on Balandra beach is a rock formation known as "the mushroom." It is a large rock held up by a thin column appearing to defy gravity. Its distinctive silhouette appears in many photos of this peaceful paradise. Balandra beach was declared a natural protected area in 2012, which stopped the tourist and residential development here. The authorities control access to the beach, permitting only a limited number of visitors per day.

El lugar emblemático de la playa Balandra es la formación rocosa llamada "el hongo". Es una gran roca sostenida por una delgada columna que parece desafiar la gravedad. Su silueta protagoniza el paisaje en muchas fotos de esta apacible bahía. Playa Balandra fue declarada un área natural protegida en 2012, lo que suspendió su desarrollo turístico y residencial. El acceso a playa Balandra es controlado por autoridades, se permite un número limitado de visitantes por día.

Crystal clear waters of Balandra beach and its famous rock formation known as "the mushroom"
Cristalinas aguas de la Playa Balandra y su famosa roca conocida como "el hongo"

Axolotl

Ajolote

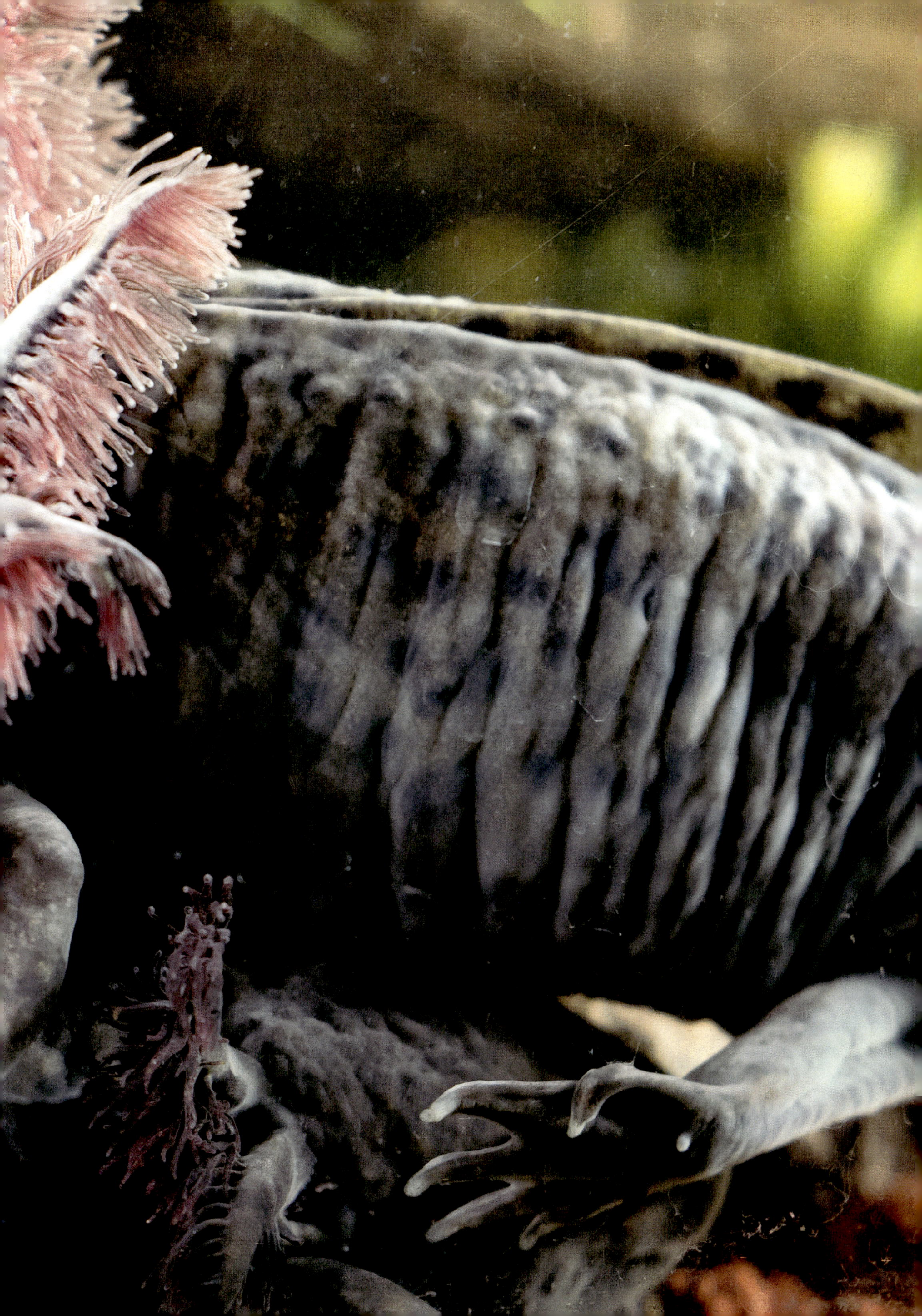

The extraordinary animal life of Mexico includes an amazing amphibian that always seems to be smiling, the axolotl (Ambystoma mexicanum).

It is a close relative of the salamander and measures between 6-12 inches (15-30 cm) long with external feather-like gills sticking out of the backside of its head. It feeds on mollusks, worms, larvae, crustaceans, and small fish.

Its name comes from the Nahuatl word "axolotl," which means "water monster". Aztec legend tells that the god Xolotl, Quetzalcoatl's brother, hid in the water to avoid being sacrificed and turned into this curious animal.

The axolotl is endemic to the Xochimilco lakes, south of Mexico City. It is the only place in the world where it can be found in its natural habitat. Wild axolotls are typically brown, grey or black, while those bred in captivity come in a variety of colors, ranging from white (albino) to pink and gold.

Entre la extraordinaria fauna mexicana existe un asombroso anfibio que parece estar siempre sonriendo: el ajolote (Ambystoma mexicanum).

Es un pariente cercano de salamandras, mide entre 15 y 30 cm (6-12 in), tiene branquias externas en forma de plumas que sobresalen de la parte trasera de su cabeza. Se alimenta de moluscos, gusanos, larvas, crustáceos y pequeños peces.

Su nombre proviene del náhuatl "axolotl", que significa "monstruo de agua". La leyenda azteca dice que el dios Xólotl, hermano de Quetzalcóatl, se refugió en el agua para evitar ser sacrificado y se convirtió en este curioso animal.

El ajolote es una especie endémica de los lagos del Xochimilco, al sur de la Ciudad de México. Es el único lugar en el mundo donde se encuentra en su hábitat natural. Los ajolotes salvajes son normalmente de color marrón, gris o negro, mientras que los especímenes criados en cautividad tienen más variedad de colores: pueden ser blancos, rosados, dorados.

White axolotls, frequently bred in captivity; pp.234-235 – Axolotl (Ambystoma mexicanum)
Ajolotes blancos, frecuentemente criados en cautiverio; pp.234-235 – Ajolote (Ambystoma mexicanum)

In addition to its extraordinary appearance, the axolotl has other surprising characteristics:

- It has the most extended DNA in the world, ten times longer than the human genome.
- It stays forever young, maintaining its larva form even as an adult.
- It can completely regenerate any part of its body, including its heart, brain, spinal cord, lost limbs and ocular tissues such as retina, cornea, and lens.

This curious odd-looking creature holds the key to unlocking certain scientific mysteries and understanding the mechanism of the regeneration process.

Aparte de su extraordinaria apariencia, el ajolote posee varias características sorprendentes:

- Tiene el ADN más grande del mundo, 10 veces más que el genoma humano.
- Es eternamente joven, mantiene la forma larvaria aun siendo adulto.
- Puede regenerar por completo cualquier parte de su cuerpo, incluyendo su corazón, cerebro, médula espinal, extremidades perdidas y tejidos oculares (la retina, la córnea, los lentes).

Este curioso animal de apariencia extraña guarda el secreto de varios misterios científicos; es una pieza clave para entender el mecanismo del proceso de regeneración.

Xochimilco canals, the only natural habitat of axolotl
Canales de Xochimilco, único hábitat natural del ajolote

Petrified waterfalls
Cascadas petrificadas

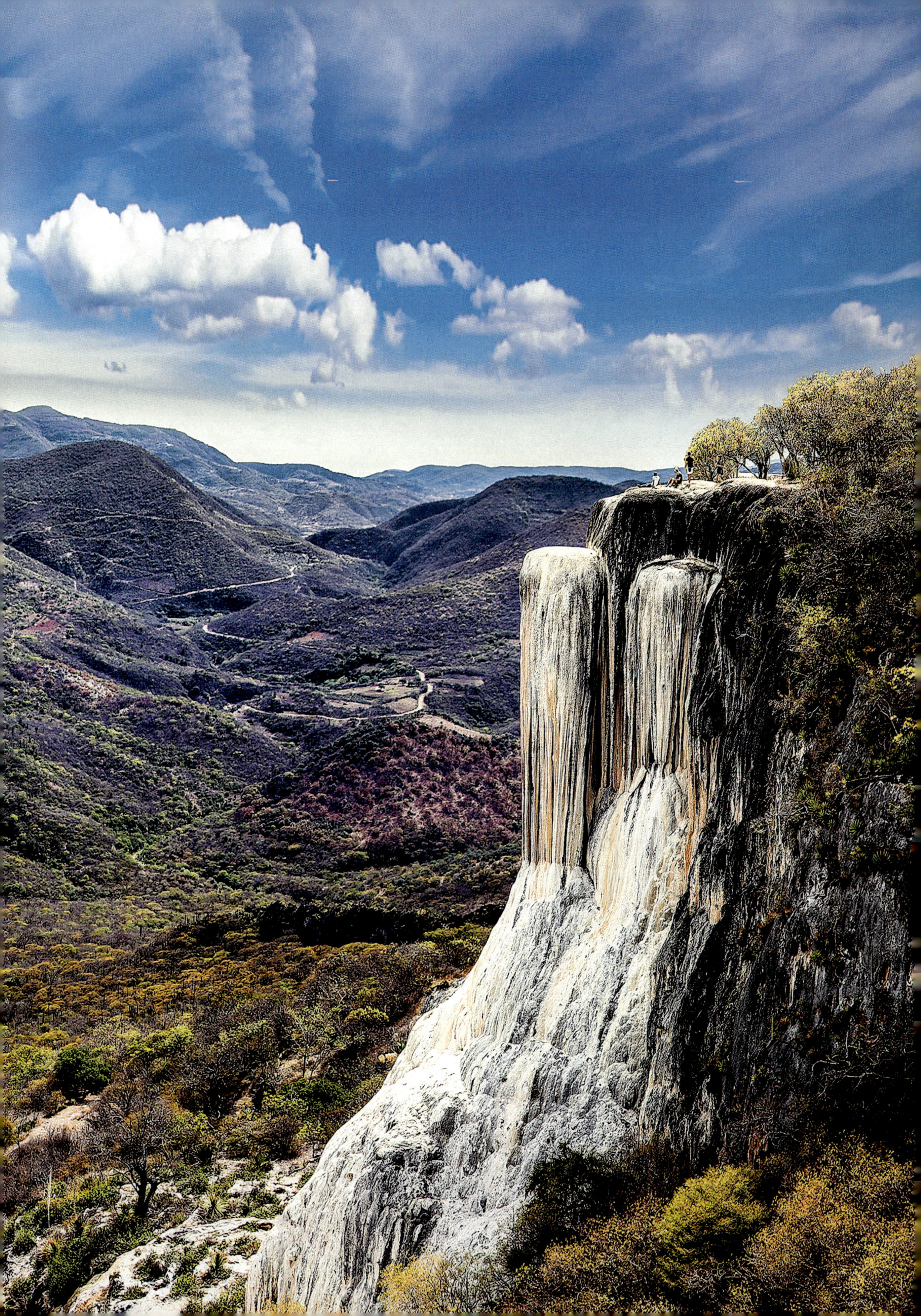

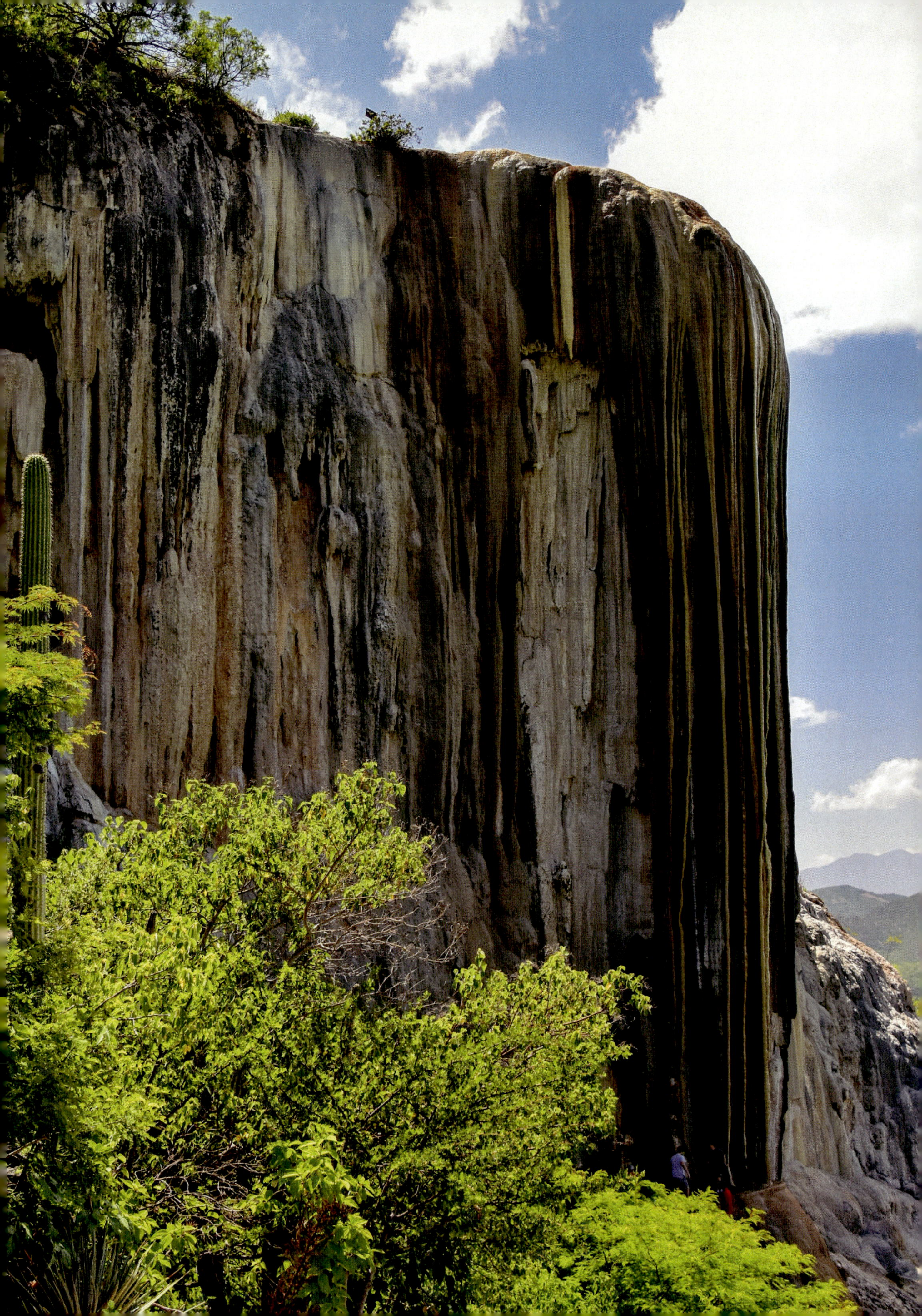

The complex of petrified waterfalls and thermal pools known as Hierve el Agua (literally means "the water boils" in Spanish) is one of the most admired attractions of the Oaxaca state.

These majestic "frozen" waterfalls were formed over thousands of years by the water flows with a high mineral content (over-saturated with calcium carbonate and other minerals). This process is very similar to the way stalactites form inside the caves.

The mineral springs that created this unique site are at the top of a cliff, where they also formed several natural pools with infinity edges that blend into the horizon.

En el estado de Oaxaca, se puede admirar un sistema de cascadas petrificadas y pozas de aguas termales conocido popularmente con el nombre de Hierve el Agua.

Estas majestuosas cascadas, que parecen congeladas, se formaron a lo largo de miles de años por el escurrimiento de agua con alto contenido de minerales, principalmente carbonato de calcio. Un proceso similar a la formación de estalactitas en cuevas.

Los manantiales, que dieron origen a un sitio tan singular, están ubicados en la cima de la barranca y forman múltiples albercas naturales con bordes que se funden con el horizonte.

Evening light reflecting in the spring waters; pp.238-239, 240 – Rock formations that resemble cascades
Reflejo de la luz del atardecer en el agua de los manantiales; pp.238-239, 240 – Formaciones rocosas que asemejan a las cascadas

Although the springs appear to be almost boiling due to the strong effervescence of its waters they are only slightly warmer than the air temperature, fluctuating between 72°F and 77°F (22-25°C).

The high mineral content gives the water healing properties. It is said that an ancient king of the Mixes, the indigenous peoples of this area, used to bathe here to heal his battle wounds. Another of the local legends says that on New Year's Day, one of the petrified waterfalls opens to reveal enchanted treasures.

This magical site, beautifully sculpted by nature, continues to captive the imagination of visitors to this day.

Sus aguas termales tienen una temperatura ligeramente superior a la del medio ambiente, fluctuando entre los 22° y 25°C (72-77°F). Aunque al ser fuertemente efervescentes aparentan estar a punto de ebullición.

Debido al alto contenido de los minerales, a estas aguas se les atribuyen propiedades curativas. Se dice que un antiguo rey de los mixes, pobladores de estas tierras, acostumbraba a bañarse aquí para curar sus heridas de guerra. Otra tradición oral cuenta que en Año Nuevo una de las cascadas pétreas se abre para ofrecer riquezas encantadas.

Este mágico sitio, bellamente moldeado por la naturaleza, no deja de cautivar la imaginación popular.

Thermal waters on the top of the petrified cascades
Aguas termales en la cima de las cascadas petrificadas

Thermal pools; below – Massive columns formed by the accumulation of mineral particles
Pozas de aguas termales; abajo – Inmensas columnas formadas por la acumulación de minerales

Cloud forests
Bosques de niebla

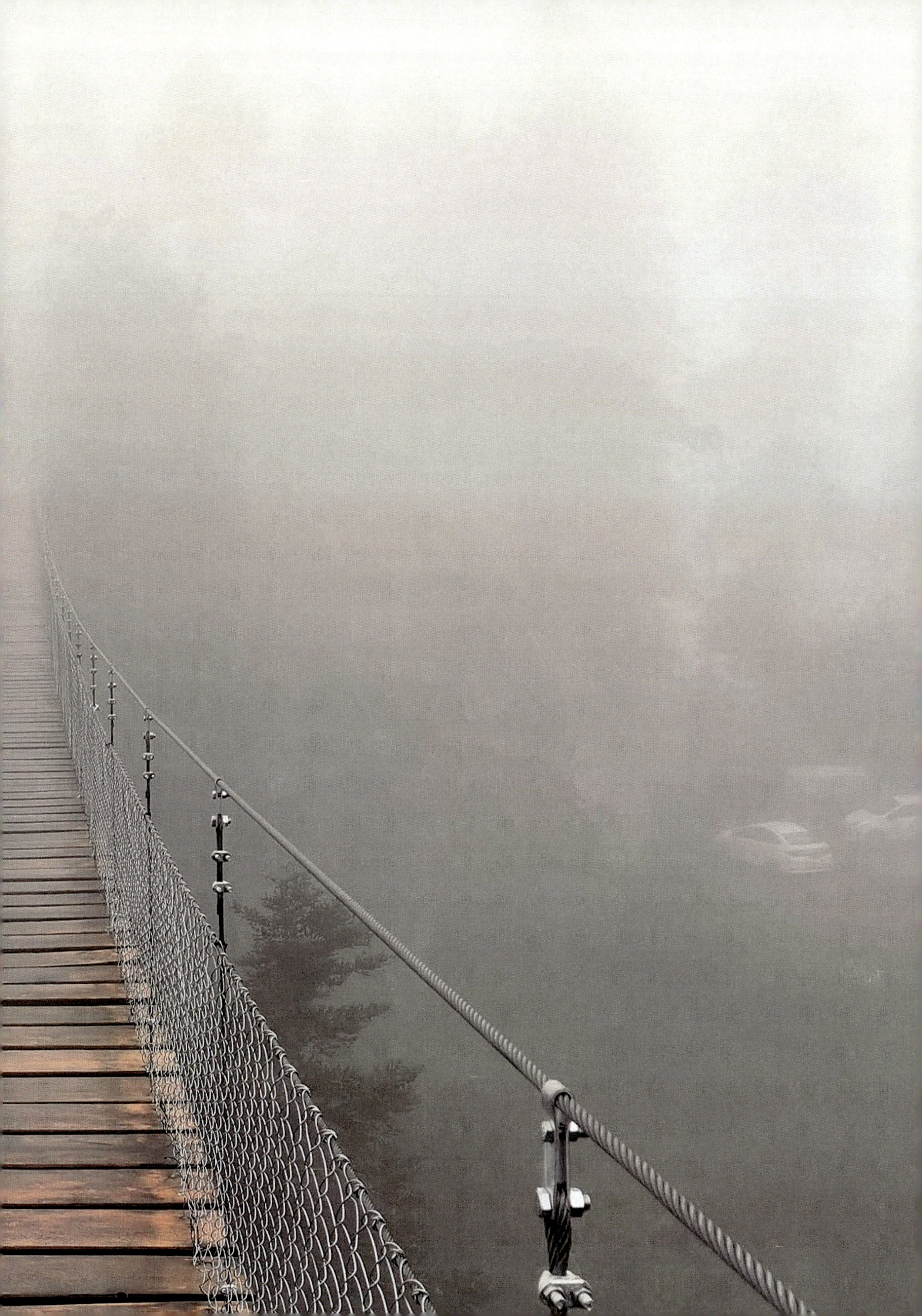

Cloud forest in Chiapas; pp.244-245 - Bridge in a cloud forest of Oaxaca
Bosque de niebla en Chiapas; pp.244-245 - Puente en un bosque de niebla en Oaxaca

Cloud forests are one of nature's most beautiful landscapes. Here, the humidity in the air condenses into a dense fog that envelops mountains and flows over forests, creating a surreal image.

These magical places are filled with year-round green trees covered in thick moss, lichens, bromeliads, orchids, twisted lianas, and giant tropical ferns.

It feels like an enchanted forest: the rays of sunlight barely shining through the dense vegetation, drops of water falling to the ground and sliding down the leaves, and an air of mystery that envelops the senses with its light fog.

El bosque de niebla constituye uno de los más bellos escenarios de la naturaleza. Aquí, la humedad se condensa en neblina de tal forma que envuelve las montañas y fluye sobre el bosque creando una imagen surreal.

Es un lugar mágico, formado por árboles siempre verdes cubiertos de líquenes, musgos, bromelias y orquídeas, con trenzadas lianas y gigantescos helechos.

Se parece mucho a un bosque encantado: la luz del sol apenas penetra la densa vegetación, las gotas de agua caen al suelo deslizando por las hojas, el ambiente de misterio llega a los sentidos con la tenue neblina flotando alrededor.

It is the ecosystem with the major biodiversity in the world. It provides refuge for dozens of rare, endemic, and endangered species, including the quetzal, the sacred bird of the Mayans. The cloud forest is also the perfect environment for growing highland coffee, which is greatly valued for its quality. This ecosystem is found in several mountain areas of Mexico. It develops in humid temperate climates where rain falls year-round.

One of the most well-known places to admire the enchanted beauty of the cloud forests is El Triunfo, a biosphere reserve located in southern Chiapas. In 2015, the BBC Earth rated it as "the world's most magical forest".

Es el ecosistema con mayor biodiversidad, que sirve de refugio para docenas de especies raras, endémicas y en peligro de extinción, incluyendo al quetzal, el ave sagrada de los mayas. El bosque nublado también es el ambiente preferido para sembrar el café de altura apreciado por su calidad. Este ecosistema está presente en varias áreas montañosas del país. Se desarrolla en climas templado-húmedos con lluvias durante todo el año.

Entre los lugares más conocidos para apreciar la belleza encantadora de los bosques de niebla está El Triunfo, una reserva de la biósfera ubicada al sur del estado de Chiapas. En 2015, BBC Earth lo calificó como "el bosque más mágico del mundo".

Mist in a tropical rainforest on the slopes of the Tacana volcano, Chiapas
Neblina en el bosque húmedo tropical en las laderas del volcán Tacaná, Chiapas

Crystal Cave
Cueva de los Cristales

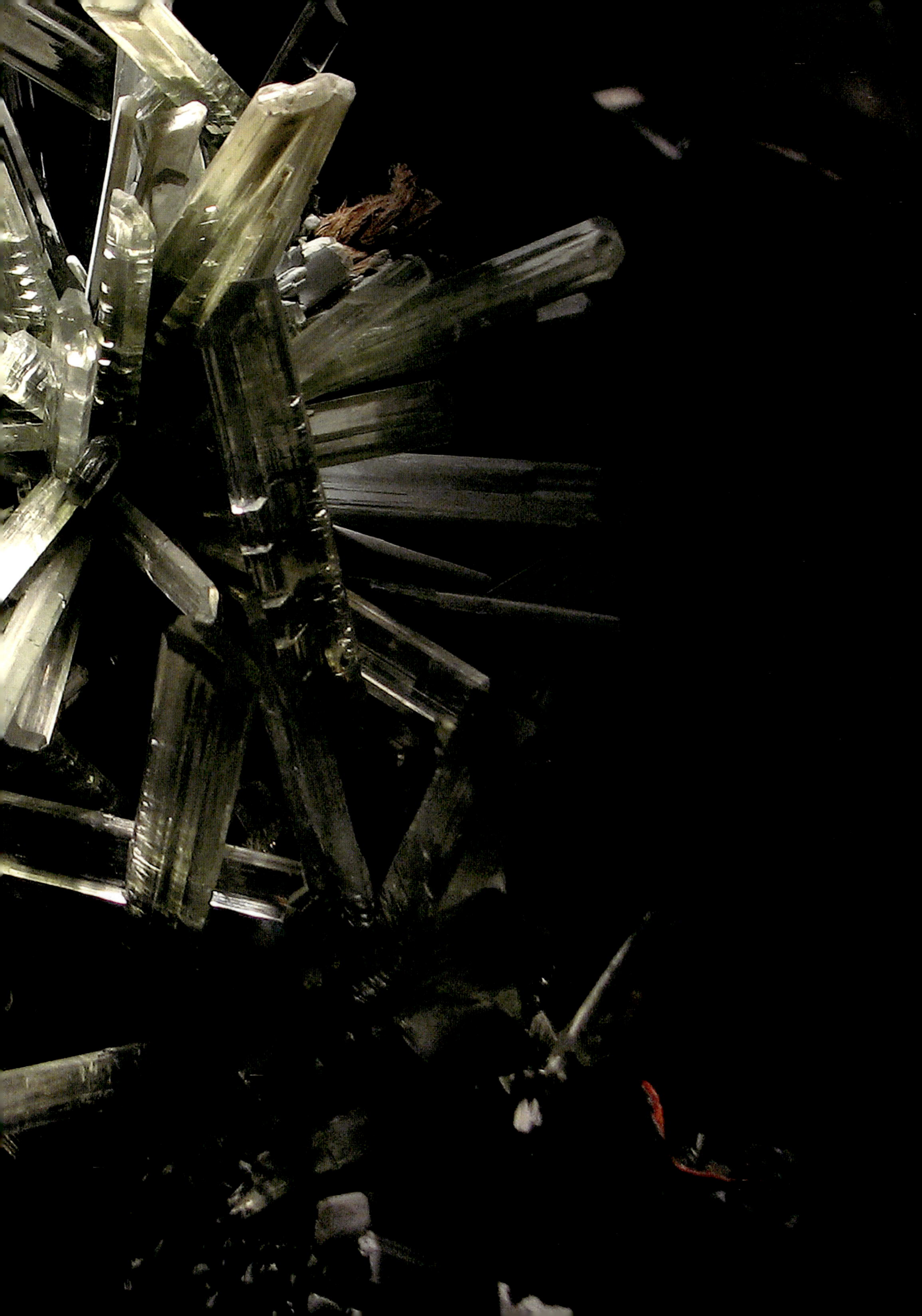

One of Mexico's most impressive underground landscapes is the Cave of the Crystals in Naica, located in the state of Chihuahua. This cave is filled with giant selenite mineral formations up to 39 feet (12 m) long. The crystals of Naica are considered to be the largest in the world and represent one of the most surprising findings in the history of speleology.

The Crystal Cave was accidentally discovered in the year 2000 by the workers of the Naica mine who were excavating a new tunnel for a mining company. Since then, the cave has been the constant subject of scientific research.

Uno de los paisajes subterráneos más impactantes de México es la Cueva de los Cristales de Naica en Chihuahua, una caverna plagada de formaciones minerales de selenita que alcanzan hasta los 12 metros (39 ft) de largo. Se consideran los cristales más grandes del mundo y resultan uno de los hallazgos más sorprendentes en la historia de la espeleología.

Descubierta por casualidad en el año 2000 por los obreros de la mina de Naica, que excavaban un nuevo túnel para la compañía minera, la cueva ha sido objeto de investigación científica desde entonces.

Giant crystals of Naica; pp.248-249 - Selenite crystals of the Naica caves
Gigantescos cristales de Naica; pp.248-249 - Cristales de selenita de las cuevas de Naica

Scientists were able to determine that these giant selenite crystals are millions of years old and were formed under the water that once filled the cave.

However, studying this place has never been easy. It is almost 1000 feet (300 m) deep, where magma activity causes temperatures to reach about 113-122°F (45-50°C) with humidity levels ranging from 90 to 100%. Humans can only endure approximately ten minutes at a time in this environment. Due to its extreme conditions, and as a preservation measure, the Crystal Cave of Naica is not open to the public.

Los científicos pudieron determinar que los gigantes cristales tenían millones de años de antigüedad, y se formaron bajo el agua que inundaba la cueva anteriormente.

Sin embargo, la investigación de este lugar no resulta fácil. Se encuentra a unos 300 metros (984 ft) de profundidad, donde por la actividad magmática las temperaturas alcanzan 45-50°C (113-122°F) y la humedad sube hasta 90-100%. Solo se puede soportar alrededor de diez minutos de exposición continua a este ambiente. Por sus condiciones extremas y por motivos de preservación del sitio, la Cueva de los Cristales de Naica no está abierta al público.

Part of the Naica mine known by the name Cave of Swords (Cueva de las Espadas)
Parte de la mina de Naica conocida con el nombre de la Cueva de las Espadas

Usumacinta River

Río Usumacinta

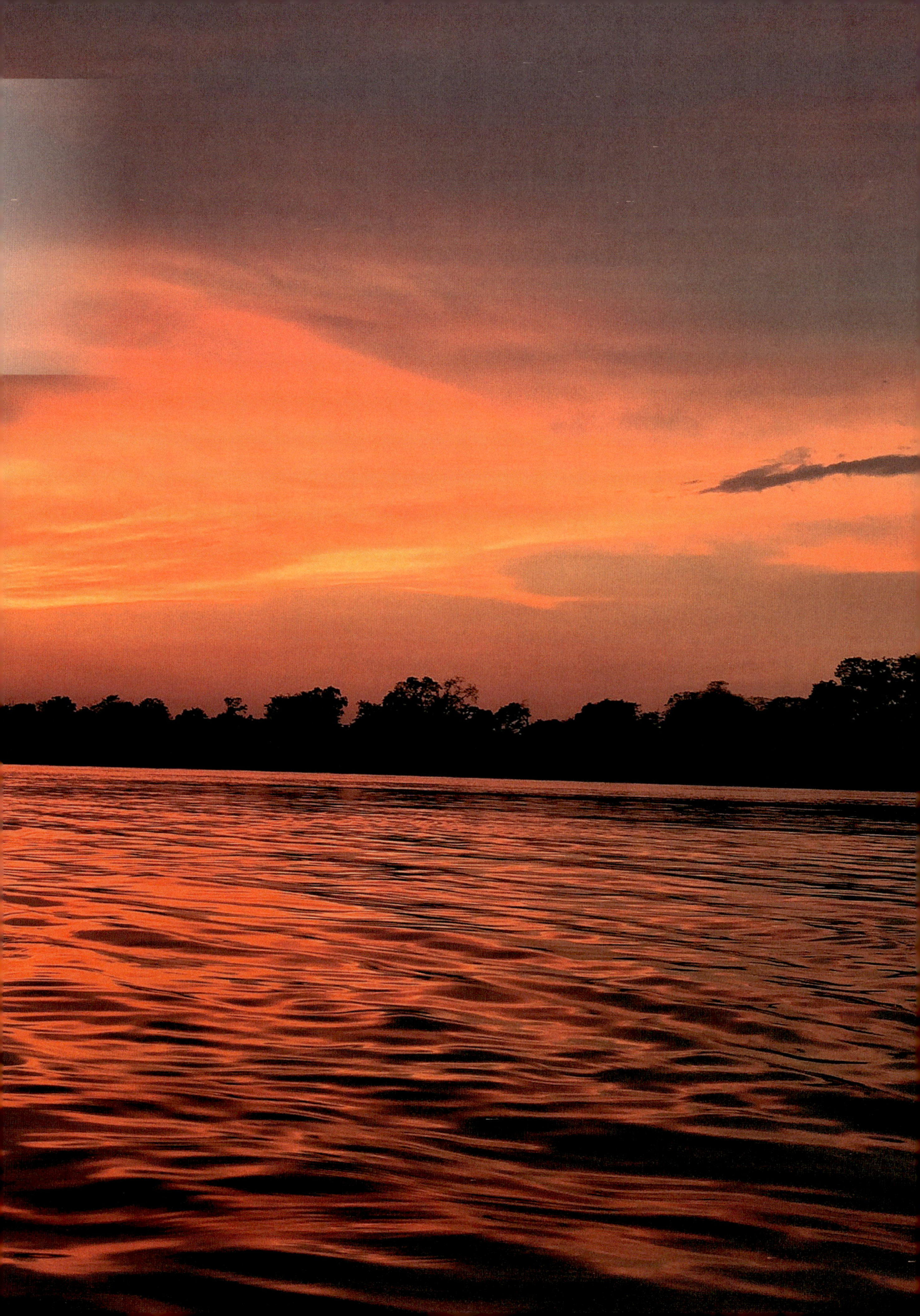

The headwaters of the Usumacinta River are located in the mountains of Guatemala. It runs for 698 miles (1123 km) before reaching the Gulf of Mexico. It is the longest river in Central America and Mexico's largest river by volume.

For centuries, the Mayan people used the waters of the Usumacinta River as a means of sustenance and as an important trade route. Still today, it is the main and the only communication and transportation line connecting several regions of the area.

Except for a dam built in Guatemala, the river flow is unaltered by human infrastructure, and there are several protected natural areas along its route.

El río Usumacinta nace en la sierra de Guatemala y recorre 1123 kilómetros (698 mi) para desembocar en el Golfo de México. Es el río más largo de Centroamérica y el más caudaloso de México.

Durante siglos, los mayas usaron las aguas de la cuenca del Usumacinta como despensa e importante ruta para el intercambio comercial. Todavía hoy, es la principal y única vía de comunicación y transporte entre varias regiones aisladas de la zona.

Excepto por una represa construida en Guatemala, su caudal se mantiene aún sin alteraciones por infraestructura humana y cuenta con varias áreas protegidas.

A crocodile resting on the riverbanks; pp.252-253 – Beautiful sunset over the Usumacinta River
Un cocodrilo reposando en las orillas del río; pp.252-253 – Hermoso atardecer sobre el río Usumacinta

Boat trip along the Usumacinta River
Travesía en barco por el río Usumacinta

In Mexico, the Usumacinta River runs 348 miles (560 km) and divides into three sections near the sea where it meets the Grijalva river and forms a large delta plain.

During October and November, the rainiest months, the water discharge of both rivers becomes too high which causes flooding of the surrounding areas.

The Usumacinta River basin is home to one of the most important natural areas of our planet known for its biological richness. Numerous threatened and endangered species live there, and in recent decades, new endemic species have even been recorded.

En territorio mexicano, el río Usumacinta recorre 560 km (348 mi) y cerca de su desembocadura se divide en tres brazos formando un extenso delta al unirse con el río Grijalva.

Los enormes caudales de ambos ríos ocasionan severas inundaciones durante la temporada de lluvias, principalmente en los meses de octubre y noviembre.

La cuenca del río Usumacinta incluye a una de las regiones naturales del planeta con mayor riqueza biológica. Aquí tienen su hábitat numerosas especies amenazadas y en peligro de extinción, incluso durante las últimas décadas han sido registradas nuevas especies endémicas.

Cenote Angelita

Cenote Angelita

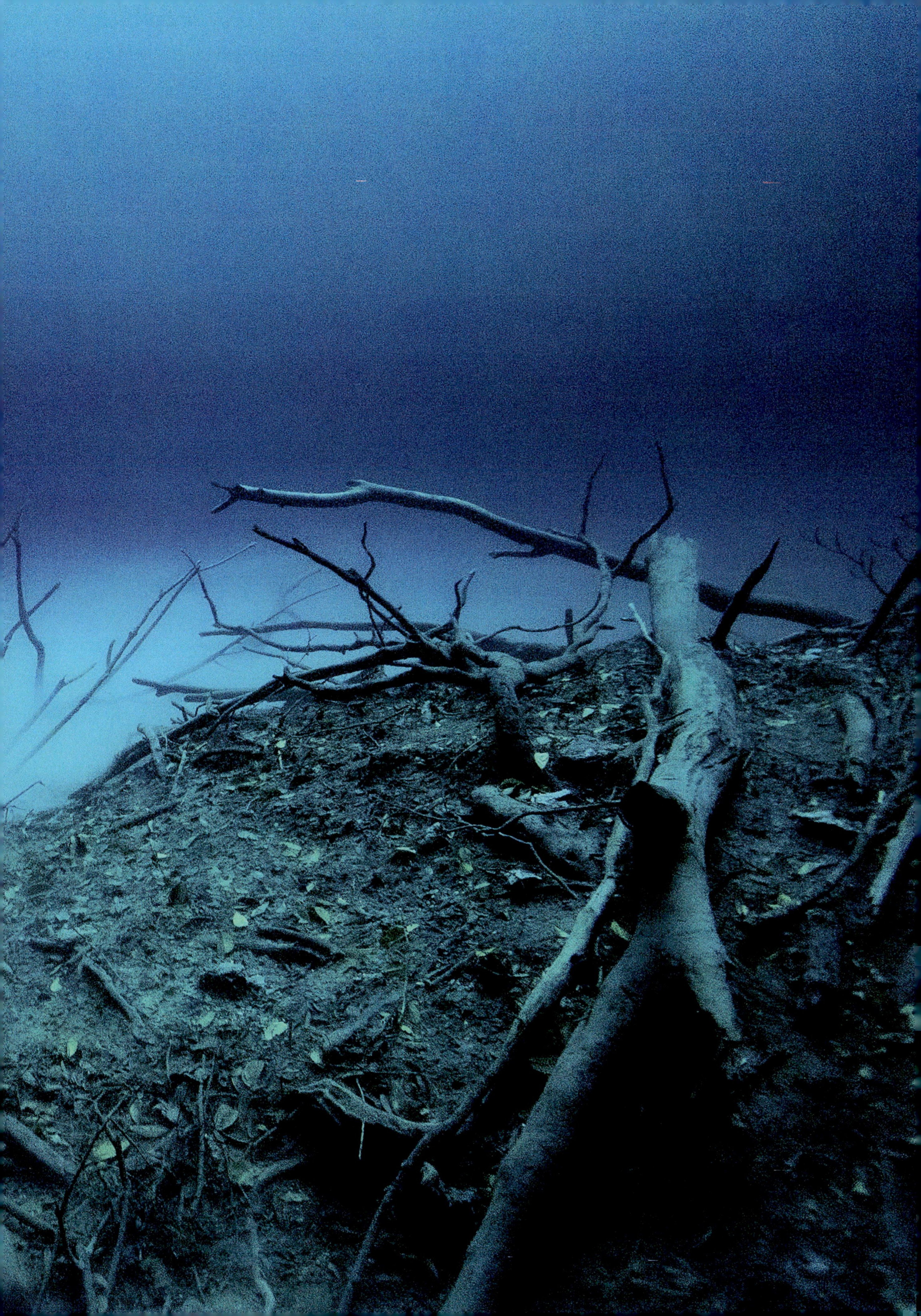

There is a cenote in Riviera Maya famous for its overwhelmingly surrealist feel. Its name is Angelita, which means "little angel" in Spanish. The depths of this natural sinkhole hide an underwater river formed by the effect of the halocline.

The first 98 feet (30 m) of the cenote are filled with fresh water from underground aquifers, meanwhile the currents of saltwater coming from the sea are running below it.

Where the fresh and saltwater meet, a hydrogen sulfide cloud is formed, blocking the light from reaching the bottom of the cenote. The sea water, which is denser and heavier than fresh water, forms an underground river of a mysterious appearance.

Trunks and plants that fall to the bottom of the cenote give additional touch of mystery to the place creating the illusion of an enigmatic submarine forest on an island floating in the middle of a "river." A true fantasy world.

The Angelita cenote has long become a favorite spot for divers, who come here from all around the world to immerse themselves in its magic. However, due to its difficulty level, it is only accessible to the experienced divers.

En Riviera Maya, existe un cenote que se distingue por el escenario surrealista en su interior. Se trata del cenote Angelita, en cuyas profundidades, debido al fenómeno conocido como haloclina, se puede apreciar una especie de río debajo del agua.

Los primeros 30 metros (98 ft) del cenote están llenos de agua dulce, pero a partir de esta profundidad aparecen las corrientes de agua salada que provienen del mar.

En su punto de unión se produce una especie de niebla de sulfuro de hidrógeno que impide el paso de la luz hacia el fondo del cenote. Aquí el agua del mar, siendo más densa y pesada, parece formar un misterioso río subterráneo.

Para completar el paisaje, hay troncos y restos de vegetación que caen al fondo del cenote, creando la ilusión del enigmático bosque submarino en una isla flotando en el "río". Un verdadero mundo de fantasía.

El cenote Angelita se ha convertido en uno de los sitios favoritos para los buzos, que lo visitan desde todas partes del mundo para sumergirse en su magia. Aunque, debido a su grado de dificultad, esta experiencia es accesible únicamente para los buceadores experimentados.

pp.256-257 – Mysterious underwater world of the Angelita cenote; p.259 – An "island" protruding from the mist
pp.256-257 – Misterioso mundo submarino del cenote Angelita; p.259 – Una "isla" que sobresale de la neblina

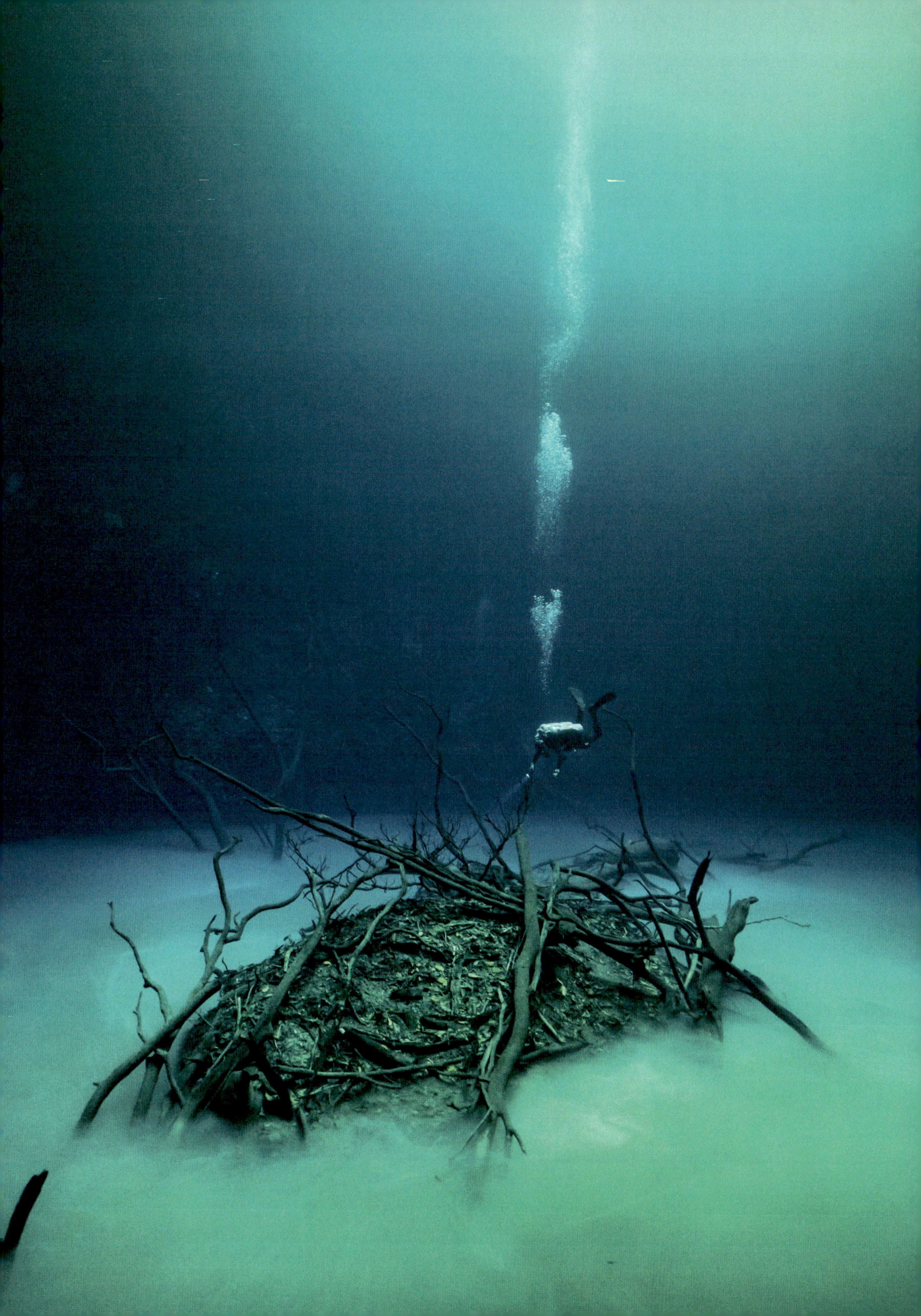

Samalayuca Dunes
Dunas de Samalayuca

Vast sea of sand forming the Samalayuca Dunes; pp.260-261 - A dune crest
Extenso mar de arena que forma las Dunas de Samalayuca; pp.260-261 - Cima de una de las dunas

This landscape of high dunes of fine and golden sand extends over 58 square miles (150 sq km) in the state of Chihuahua.

The dunes are named after the closest town, Samalayuca. Since its founding, the town has been a watering hole amidst the arid desert, providing travelers with food and respite from the relentless sun. The Samalayuca dunes are wandering dunes, slowly moved by the wind; there is not enough vegetation in the area to keep them in one place.

Este paisaje de altas dunas de arena fina y dorada se extiende por 150 km cuadrados (58 sq mi) en el estado de Chihuahua.

Lleva su nombre por el poblado de Samalayuca, el más cercano a las dunas. Desde su origen, el poblado fue un abrevadero en el desierto, brindando a los viajeros comida y sombra para protegerse de los inclementes rayos del sol. Las dunas de Samalayuca son dunas errantes, la ausencia de vegetación hace que nada impida sus movimientos.

The wind is constantly changing the shape and size of these impressive sand hills, which occasionally can reach between 131 to 328 feet (40 to 100 m) high.

In the past, the Samalayuca dune fields have been intensively mined for industrial use because of the high silica content of its sands, which led to the creation of a natural protected area to prevent overexploitation.

This immense sea of sand is located in the northern part of the Chihuahua desert, the largest desert in Mexico. The best time of the year to visit the dunes is fall, the first weeks of spring, or winter, since temperatures in the summer months rise to 104°F (40°C). Petroglyphs and cave paintings have been discovered in the surrounding areas.

El viento cambia constantemente la forma y el tamaño de estas montañas de arena, algunas de las cuales pueden alcanzar desde los 40 hasta los 100 metros (131-328 ft) de altura.

En el pasado, se ha dado un uso intensivo de extracción de estas arenas ricas en sílice para su utilización industrial, lo que llevó a la creación del área natural protegida para evitar la sobreexplotación.

Este inmenso mar de arena forma parte de la región norte del desierto de Chihuahua, el desierto más grande de México. La mejor época para visitar el lugar es el otoño, principio de la primavera y el invierno, ya que en verano las temperaturas pueden superar los 40°C (104°F). En los alrededores se han descubierto petrograbados y pinturas rupestres.

Walk through the dune's vast landscapes
Caminata por los vastos paisajes de las dunas

Huasteca Potosina

Huasteca Potosina

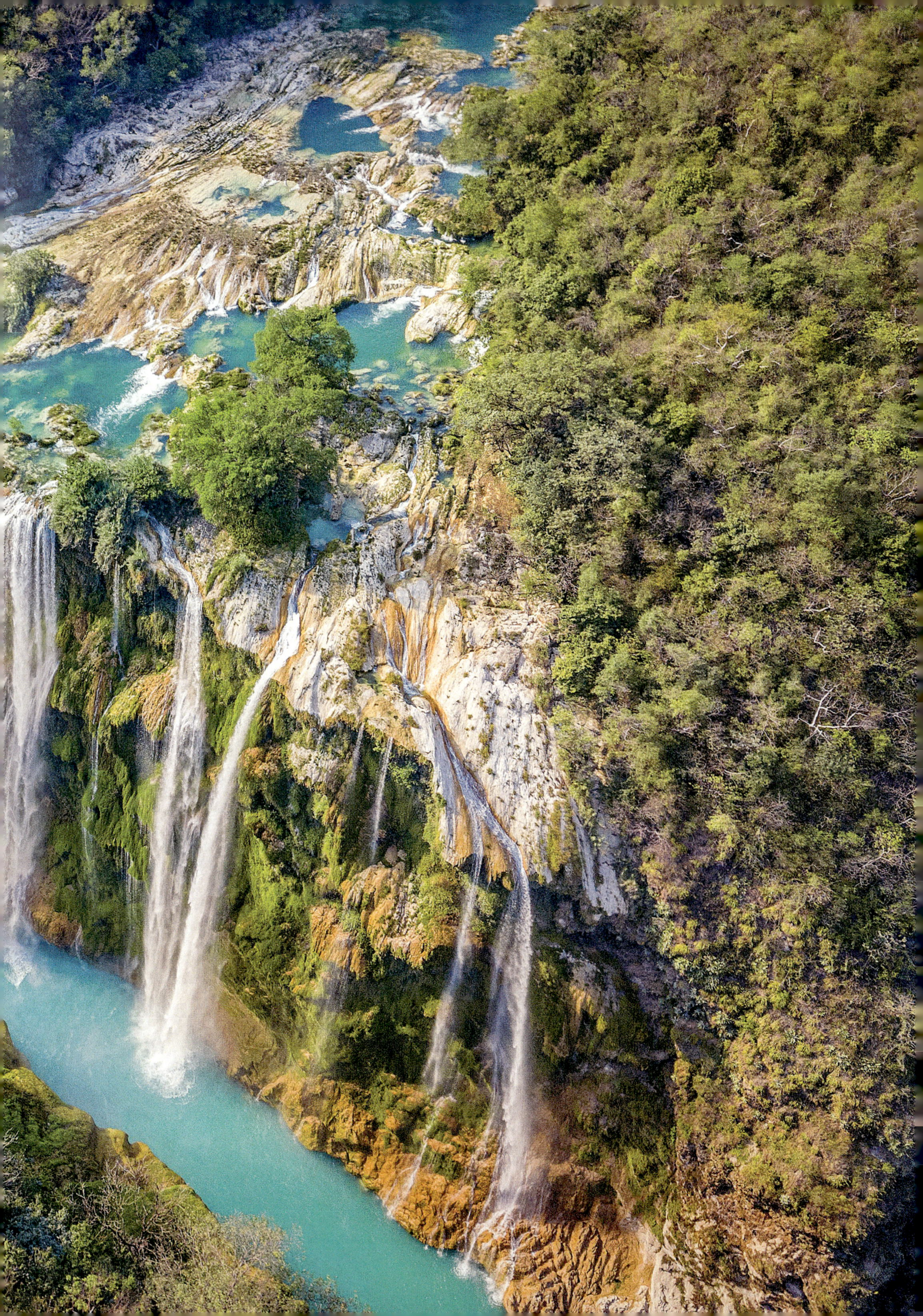

Tamul waterfall; below – Micos waterfalls
Cascada de Tamul; abajo – Cascadas de Micos

Huasteca Potosina is a territory in the state of San Luis Potosi famous for its beautiful natural landscapes, lush vegetation, imposing waterfalls, rivers with turquoise blue and emerald waters, pristine lakes, abrupt canyons, and deep caves. It is one of the best destinations for the ecotourism activities. The region takes its name from the Huastec people who historically inhabited this area.

The climate in the Huasteca Potosina is humid, with the rainy season running from June to September. The rivers lose their characteristic bright blue tones during heavy rains and turn a muddy brown.

Temperatures can reach up to 104°F (40°C) in the summer months, while in winter, the climate is cooler, with temperatures usually ranging between 41°F and 72°F (5°C and 22°C).

Some of the main attractions of the Huasteca Potosina include the Tamul waterfall of 344 feet (105 m) high, the Tamasopo, Micos, and Minas Viejas waterfalls, the Sotano de las Golondrinas (Cave of Swallows), Sotano de las Huahuas, Mantetzulel caves, Puente de Dios, and Media Luna springs. This picturesque region is also home to several archeological sites and Edward James' famous surrealist garden.

La Huasteca Potosina es una región ubicada en el estado de San Luis Potosí conocida por sus hermosos paisajes naturales, abundante vegetación, imponentes cascadas, ríos de tonos azul turquesa y esmeralda, lagunas, acantilados y cuevas. Es uno de los destinos predilectos para las actividades ecoturísticas. La región históricamente fue habitada por los huastecos, una etnia indígena, de ahí recibe su nombre.

El clima de la Huasteca Potosina es húmedo, con temporada de lluvias entre junio y septiembre. Si las precipitaciones son muy abundantes, los afluentes pierden sus característicos tonos azules y sus aguas se vuelven más turbias.

Las temperaturas en ocasiones pueden superar los 40°C (104°F) en verano, mientras en invierno el clima es más fresco, con las temperaturas que normalmente oscilan entre 5°C y 22°C (41-72°F).

Algunos de los principales atractivos naturales de la Huasteca Potosina incluyen: la cascada Tamul de 105 metros de altura (344 ft), las cascadas de Tamasopo, las cascadas de Micos y de Minas Viejas, el Sótano de las Golondrinas, el Sótano de las Huahuas, las cuevas de Mantetzulel, el Puente de Dios y el manantial de la Media Luna. Esta pintoresca región también atesora vestigios arqueológicos y el famoso Jardín Surrealista de Edward James.

pp.264-265 – Aerial view of the Tamul waterfall, the largest at the Huasteca Potosina
pp.264-265 – Vista aérea de la cascada de Tamul, el salto de agua más grande de la Huasteca Potosina

Tule Tree
Árbol del Tule

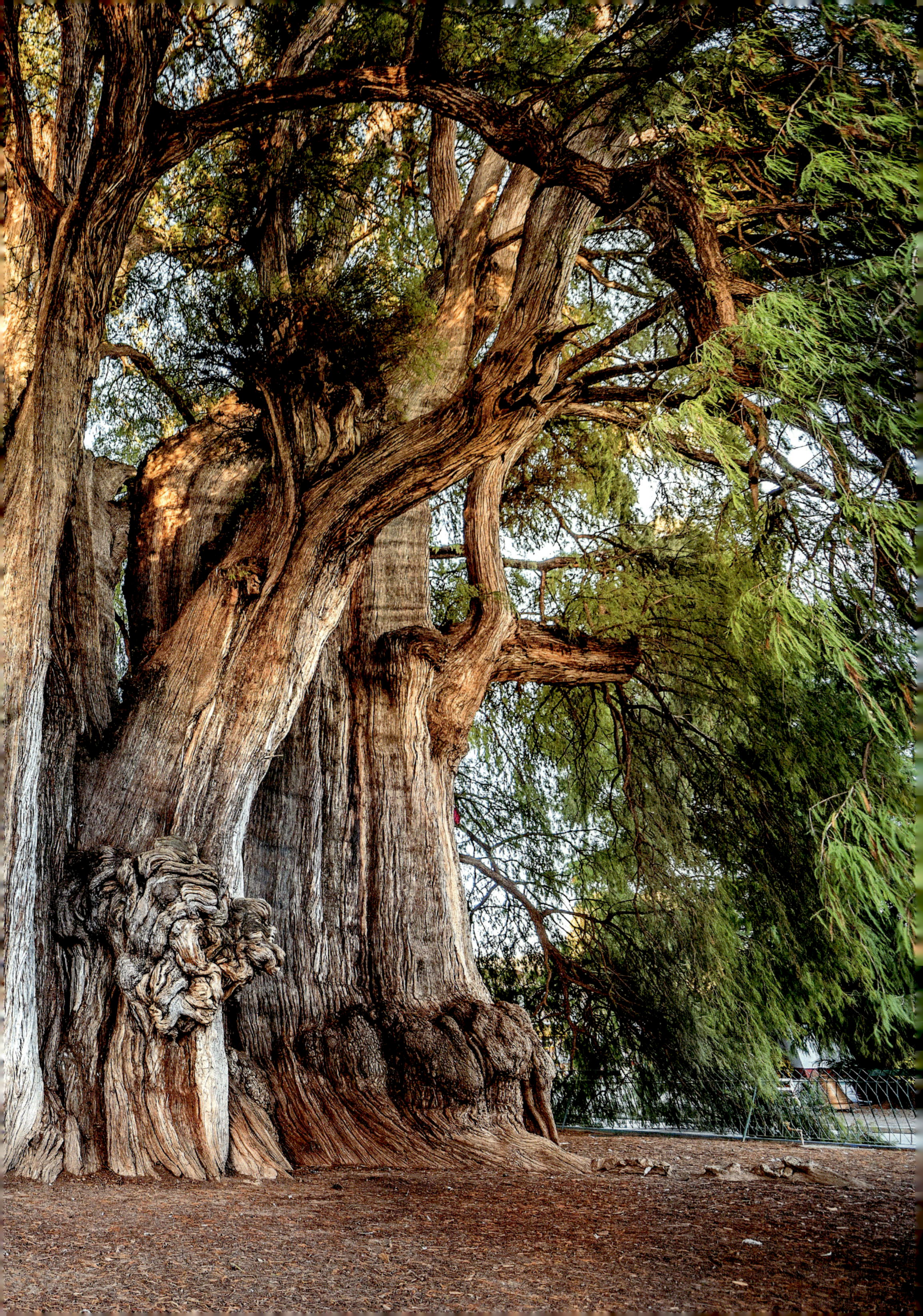

The Tule Tree (Árbol del Tule) is one of Oaxaca's most emblematic sites. Located in a plaza in the small town of Santa María del Tule, it shades the nearby church grounds with its enormous branches.

Although the exact age of this giant tree is unknown, it is estimated to be between 1500 and 2000 years old. The Tule Tree is considered to have the thickest trunk in the world, with a circumference of 148 feet (45 m) and a diameter of 46 feet (14 m). It would take at least 30 people holding hands to encircle it. The shade of this giant can shelter around 500 people.

El Árbol del Tule es un verdadero emblema de Oaxaca, se yergue majestuoso en una plaza del pequeño poblado Santa María del Tule, adornando con su enorme sombra el atrio de una iglesia.

Aunque no se sabe con exactitud cuál es la edad de este árbol, se estima que tiene entre 1500 y 2000 años. Se considera que tiene el tronco más grande del mundo, su circunferencia alcanza 45 metros (148 ft) y el diámetro 14 metros (46 ft). Serían necesarias al menos 30 personas con las manos entrelazadas para poder abrazarlo. La sombra de este gigante tiene capacidad para albergar a 500 personas.

Central square at the Santa María del Tule town; pp.268-269 – Massive trunk of the Tule Tree
Plaza principal del poblado Santa María del Tule; pp.268-269 – Enorme tronco del Árbol del Tule

The Tule Tree is a Montezuma bald cypress (Taxodium mucronatum), a type of swamp cypress known as ahuehuete in Mexico. It gets its name from the tule plant (Schoenoplectus acutus) commonly found near the freshwater marshes, which were abundant in the area surrounding the tree long before the town was founded and the streets paved.

Popular imagination recognizes a variety of figures in its massive trunk, including an elephant, lion´s head, crocodile, deer, dolphin, and several human figures, among others. The Tule Tree is sacred to local residents, who care for and worship it through ceremonies, offerings, dances, and songs.

Este gigantesco árbol es un ahuehuete (Taxodium mucronatum), una variedad de ciprés de los pantanos. Mucho tiempo atrás, antes de que en sus alrededores existiera una población y se pavimentaran las calles, el árbol se encontraba en medio de una zona pantanosa donde abundaba la planta de tule, muy común en los cuerpos de agua dulce; de ahí se le dio este nombre.

En el tronco de este hermoso árbol la imaginación popular identifica algunas figuras: un elefante, la cabeza de un león, un cocodrilo, un venado, un delfín, figuras humanas, etc. El Árbol del Tule es sagrado para los pobladores locales, quienes lo cuidan y veneran con ceremonias de ofrendas, danzas y cantos.

Whimsical figures on the tree trunk
Caprichosas figuras formadas en el tronco del árbol

Contoy Island

Isla Contoy

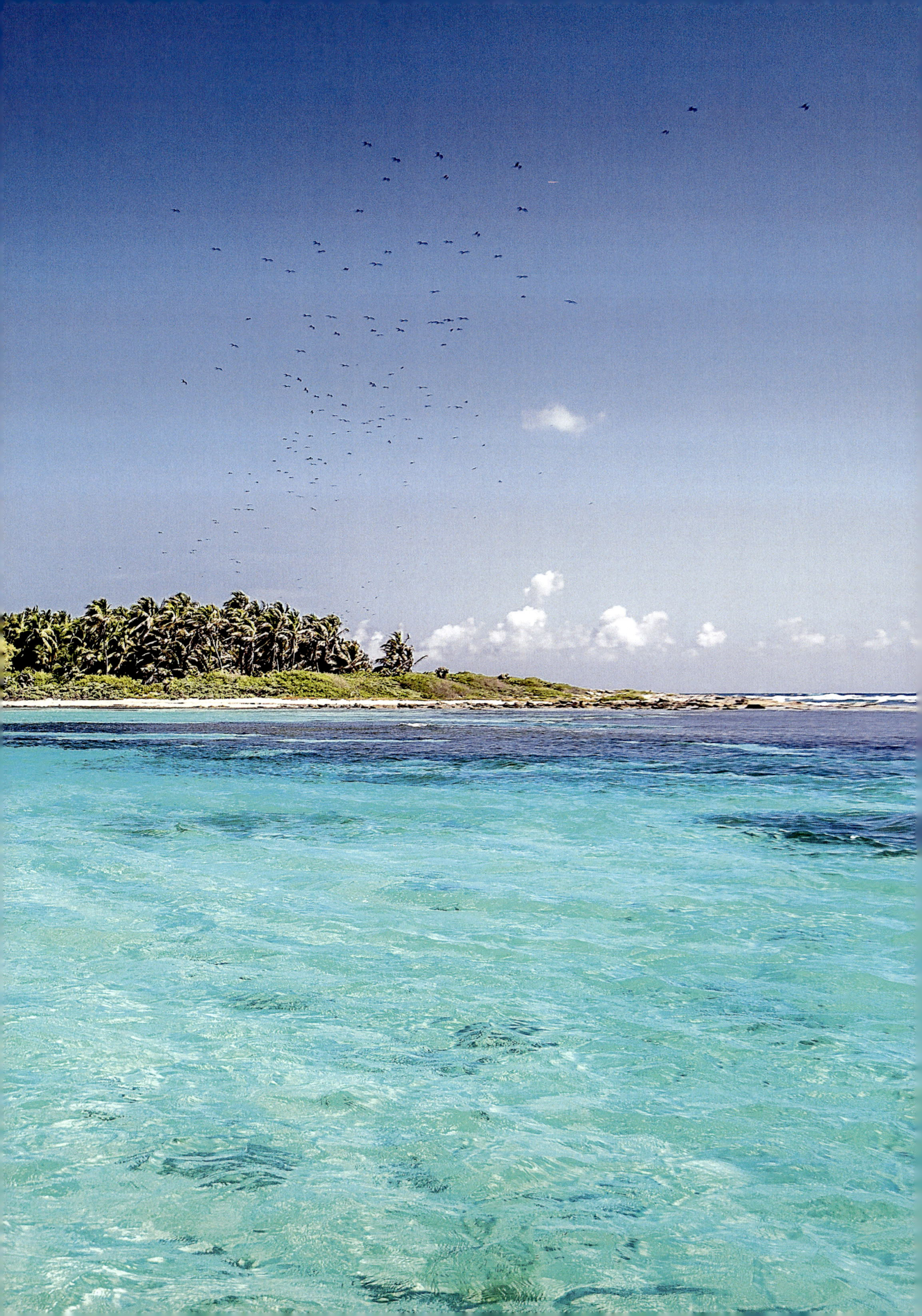

This small island in the Mexican Caribbean is what can be called a heaven on Earth. It is only 5,4 miles (8,75 km) long and ranges between 656 and 2297 feet (200-700 m) wide. It is small in size but immense in beauty. Contoy is a paradise of fine sand beaches with calm waters, long lines of palm trees, and a pristine tropical landscape.

To preserve this beauty, only the limited number of visitors per day is allowed. The island is uninhabited, the only human presence here is a biological research station. At the same time, it is densely populated by sea birds, including frigates, brown pelicans, sea swallows, and cormorants, among others. Since there is no fresh water on the island, land animals are scarce, with only a few reptiles and crustaceans living here.

Esta pequeña isla del Caribe Mexicano es lo que se puede llamar un paraíso en la Tierra. Tiene solamente 8,75 km (5,4 mi) de largo y de ancho va de 200 a 700 metros (656-2297 ft). Un territorio muy pequeño, pero irresistiblemente bello. Playas de arena fina, suave oleaje, largas filas de palmeras y serenos paisajes de la vida tropical.

Para preservar esta paradisíaca belleza, solo se permite el número limitado de visitantes al día. La isla está deshabitada, solo cuenta con una estación de investigación de biólogos. Al mismo tiempo, está muy densamente poblada por las aves marinas, tales como fragatas, pelícanos cafés, golondrinas de mar, cormoranes, etc. Debido a la ausencia de agua dulce en la isla, su fauna terrestre es bastante limitada, solo se puede nombrar algunos reptiles y crustáceos.

View of the sea and the coastal lagoons on Contoy Island; pp.272-273 - Contoy Island in the Mexican Caribbean
Vista del mar y de las lagunas costeras en la Isla Contoy; pp.272-273 - Isla Contoy en el Caribe mexicano

Contoy Island's paradisiac beach
Paradisiaca playa de la Isla Contoy

Contoy is located where the Caribbean Sea and the Gulf of Mexico meet, where, in winter, a massive migration of lobsters occurs. This natural event is taken advantage of by the artisanal fisheries.

The reefs around the island also form part of the natural protected area and are home to a wide variety of marine life, including tropical fish, sharks, rays, and turtles that nest on local beaches. This is where the Mesoamerican Barrier Reef System starts, the second longest in the world after Australia's Great Barrier Reef. Every summer between June and September, whale sharks can be encountered in nearby waters.

Contoy se encuentra en la proximidad de la unión de las aguas del mar Caribe y el Golfo de México, donde en la temporada de invierno ocurre una masiva migración de langostas, aprovechada para la pesca artesanal.

Los arrecifes alrededor de la isla también pertenecen al área natural protegida y albergan gran variedad de especies: peces tropicales, tiburones, rayas y tortugas, que anidan en las playas locales. Es aquí donde empieza el Sistema Arrecifal Mesoamericano, la segunda barrera de coral más grande del mundo después de la Gran Barrera de Coral en Australia. Cada verano, entre junio y septiembre, tiburones ballena visitan las aguas cercanas a la isla.

Calakmul Biosphere

Reserva de la Biósfera Calakmul

Reserve

Jaguar (Panthera onca)

Peccaries (Pecari tajacu) among Calakmul ruins

Covering a territory of 2792 square miles (723,000 ha), the Calakmul Biosphere Reserve is the second largest tropical forest in America, only surpassed by the Amazon jungle. It occupies a vast area in the southern part of the Yucatan Peninsula, near Mexico's border with Guatemala.

In the Mayan language, Calakmul means "two adjacent mounds," which refers to the two great pyramids of the archeological site located in the heart of these forests.

From the top of these pyramids, visitors can observe the immensity of the jungle, which extends uninterrupted for dozens of miles in all directions.

This natural reserve is home to over 1600 plant species, over 350 bird species, both resident and migratory, 50 species of reptiles, 16 species of amphibians, and almost 100 mammals.

La Reserva de la Biósfera de Calakmul se considera la segunda mayor extensión de bosques tropicales en América, con un total de 723 mil hectáreas (2792 sq mi), sólo superada por la selva del Amazonas. Se encuentra en la parte sur de la península de Yucatán, cerca de la frontera con Guatemala.

El nombre Calakmul significa "dos montículos adyacentes" en la lengua maya, en referencia a las grandes pirámides de la zona arqueológica localizada en el corazón de estas selvas.

Desde lo alto de las pirámides se puede apreciar la inmensidad del bosque, que se extiende ininterrumpido por decenas de kilómetros en cualquier dirección.

Esta reserva natural es hogar de más de 1600 especies de plantas, más de 350 especies de aves, tanto residentes como migratorias, 50 especies de reptiles, 16 especies de anfibios y casi 100 especies de mamíferos.

It has one of Central America's largest jaguar populations (Panthera onca), the true king of the jungle. Since ancient times, this majestic feline has been revered in Mayan culture; the jaguar was called Balam and related to several gods and sacred attributes.

The monitoring data reveal that jaguar numbers on the reserve's territory are steadily increasing, presenting some of the best examples of the successful conservation of this species. It is estimated that there are over 500 jaguars in the Calakmul reserve, with a population density of approximately one jaguar every 6-10 square miles (15-25 sq km).

El lugar cuenta con una de las mayores poblaciones de jaguar en Centroamérica, el auténtico rey de la selva. Este majestuoso felino desde antaño ha sido muy venerado en la cultura maya; le llamaban Balam y se relacionaba con varios dioses y aspectos sagrados.

Los datos del monitoreo revelan que la población del jaguar en este territorio crece, siendo uno de los casos del éxito en la conservación de esta especie. Se estima que hay más de 500 jaguares en la reserva de Calakmul, con la densidad poblacional aproximada de 1 jaguar por cada 15-25 kilómetros cuadrados (6-10 sq mi).

Ancient Mayan city of Calakmul; pp.276-277 - Immensity of the jungle in the Calakmul reserve
La antigua ciudad maya de Calakmul; pp.276-277 - Inmensidad de la selva en la reserva de Calakmul

Orizaba

Orizaba

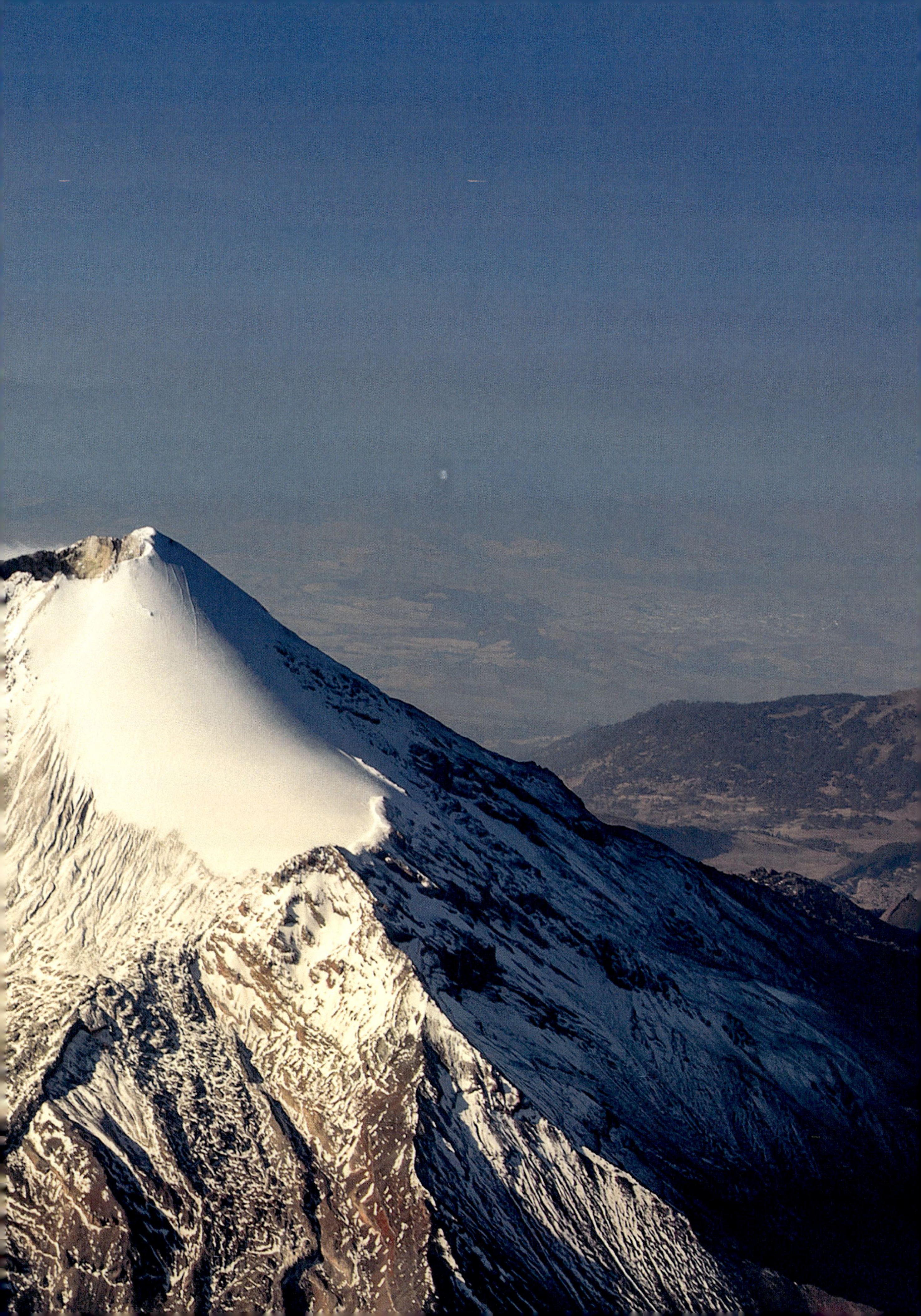

Mexico is a land of many volcanoes; with an estimated of 2000 throughout the country. One of these is the Orizaba peak. At its 18,491 feet (5636 km) above the sea level, this is the tallest volcano in North America. Located between the states of Puebla and Veracruz, its imposing peak is even visible to ships arriving at ports on the nearby coast. It is snow-capped all year round and is the only volcano in the world with frozen lava inside it. At the same time, its lower slopes have predominately tropical climate, with lush forests full of abundant vegetation. The volcano is currently inactive, but it is not extinct. Orizaba´s last eruption occurred in 1687.

The volcano is also known as Citlaltépetl, which means "star mountain" in Nahuatl language. Several versions recount the origin of this name. One of them is that from the nearby town of Coscomatepec, at night during fall and winter, Venus is visible just above the volcano's crater.

México es una tierra rica en volcanes, se estima que tiene un total de 2000 en todo su territorio. Entre ellos está el pico de Orizaba, el volcán más alto de Norteamérica, que culmina a unos impresionantes 5636 msnm (18,491 ft). Ubicado entre los estados de Puebla y Veracruz, su imponente pico es incluso visible para los barcos que llegan a los puertos de la costa cercana. Su cima está cubierta por nieve durante todo el año, y es el único volcán en el mundo que tiene lava congelada en su interior. Mientras tanto, en sus laderas más bajas predomina el clima tropical con bosques de abundante y variada vegetación. Actualmente, el volcán está inactivo, pero no está extinto, su última erupción tuvo lugar en 1687.

También es conocido como Citlaltépetl, que en náhuatl significa "el monte de la estrella". Entre las diferentes versiones de procedencia de este nombre figura un dato curioso: desde el cercano poblado de Coscomatepec, en otoño e invierno, en el cielo nocturno se puede observar el planeta Venus, justo por encima del cráter del volcán.

Landscape surrounding the Orizaba Peak; pp.280-281 – Crater of the volcano; p.283 – Snow-capped volcano top
Paisaje en las cercanías del Pico de Orizaba; pp.280-281 – Cráter del volcán; p.283 – Nieve en la cima del volcán

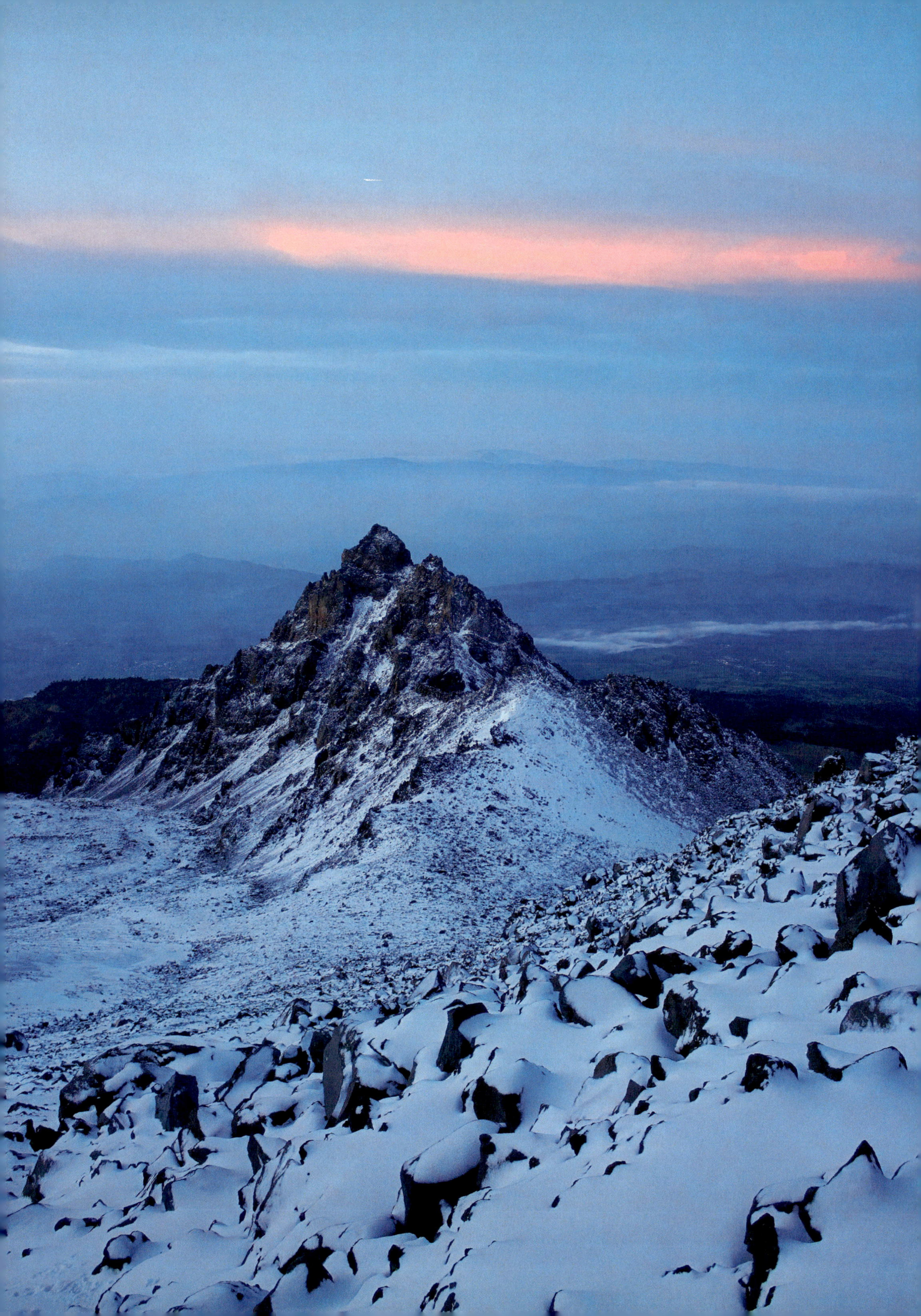

Cabo Pulmo

Cabo Pulmo

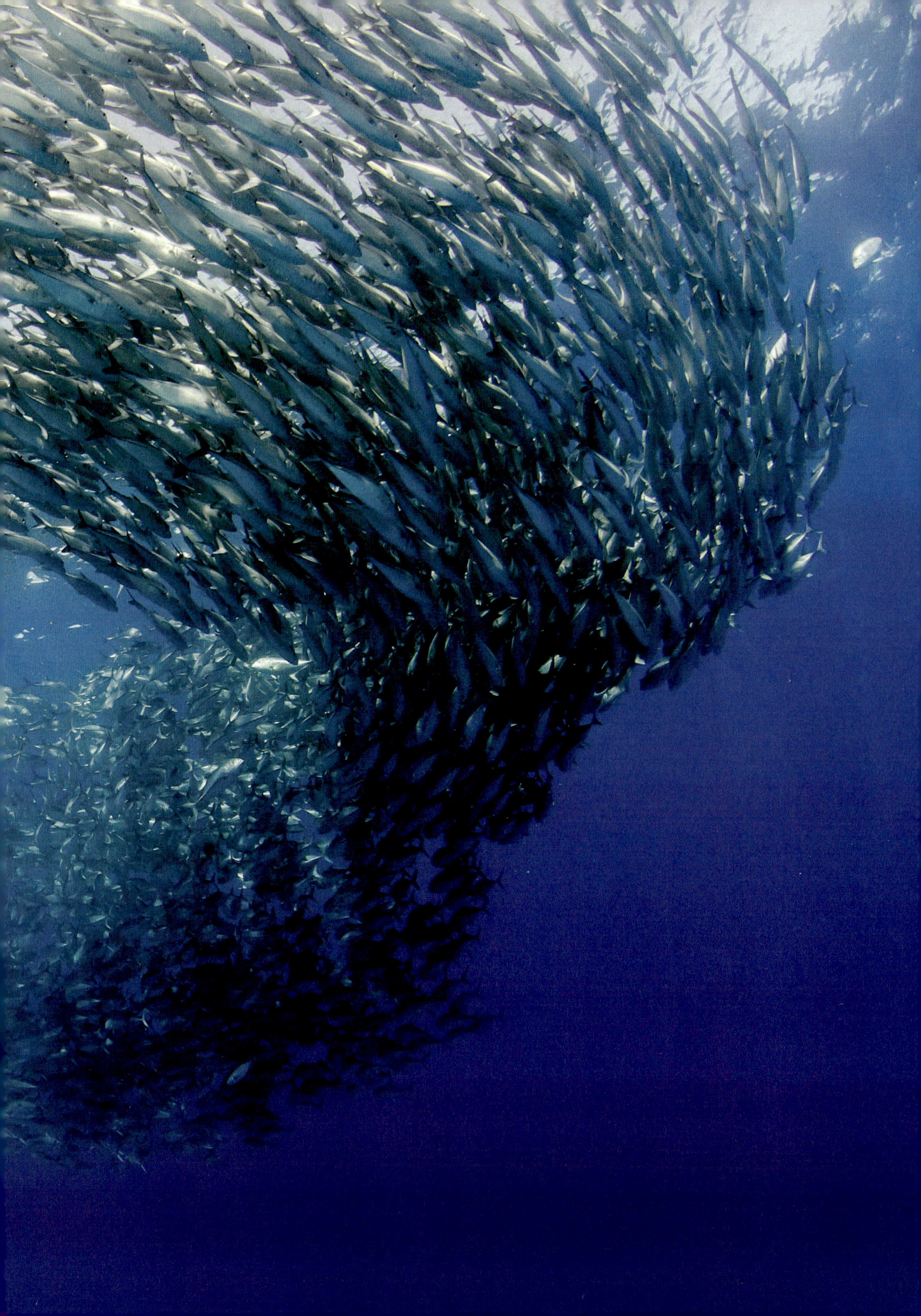

Underwater life of the Cabo Pulmo National Park; pp.284-285 – "Fish tornado" in Cabo Pulmo
Vida submarina del Parque Nacional Cabo Pulmo; pp.284-285 – "Tornado de peces" en Cabo Pulmo

This national marine park lies within 27 square miles (70 sq km) near the shore of Baja California Sur. Its waters are home to the northernmost coral reef on the Pacific coast of the American continent. The reef is estimated to be 25,000 years old, which ranks it among the oldest living coral reefs in the world. The richness of marine life here is incomparable, earning it the nickname "the world's aquarium" by the legendary oceanographer Jacques Cousteau. In the 1980s, this beautiful natural area was threatened by overfishing and irresponsible tourism until it was declared a national park and the respective protective measures were implemented.

Más de 70 kilómetros cuadrados (27 sq mi) del mar frente a la costa de Baja California Sur conforman este parque nacional marino. En sus aguas se ubica el arrecife de coral vivo más septentrional del litoral Pacífico del continente americano. También se considera como uno de los más antiguos del mundo, con una edad estimada de 25,000 años. La riqueza de la vida marina en este sitio es incomparable, hecho que le valió el sobrenombre "el acuario del mundo" por parte del legendario Jacques Cousteau. En la década de 1980, esta área de gran belleza natural se encontraba amenazada por la sobrepesca y el turismo irresponsable, hasta que fue declarada parque nacional con las respectivas medidas de protección.

Since then, its ecosystem has recovered, and Cabo Pulmo is now home to more than 800 species inhabiting the Sea of Cortes.

It is a true paradise for divers, who may encounter here giant manta rays, whales, sharks, dolphins, sea lions, turtles, huge groupers, octopus, and spectacular fish tornados - one of the main attractions of the area. This outstanding natural show occurs when a massive number of fish synchronize their movements and swim together as if they were a single living being, creating a "cloud" in constant motion under the water.

Desde entonces, su ecosistema se ha restablecido; actualmente Cabo Pulmo alberga más de 800 especies que habitan el Mar de Cortés.

Es un verdadero paraíso para los buzos, donde se pueden encontrar mantarrayas gigantes, ballenas, tiburones, delfines, lobos marinos, tortugas, enormes meros, pulpos y, por supuesto, espectaculares remolinos de peces. Se trata de un número abrumador de peces que se sincronizan en movimientos como si se tratara de una sola entidad, formando una peculiar "nube" en constante movimiento bajo el agua.

Sea lions (Zalophus californianus) swimming in the waters of Cabo Pulmo
Leones marinos (Zalophus californianus) nadando en las aguas de Cabo Pulmo

Sierra de Órganos
Sierra de Órganos

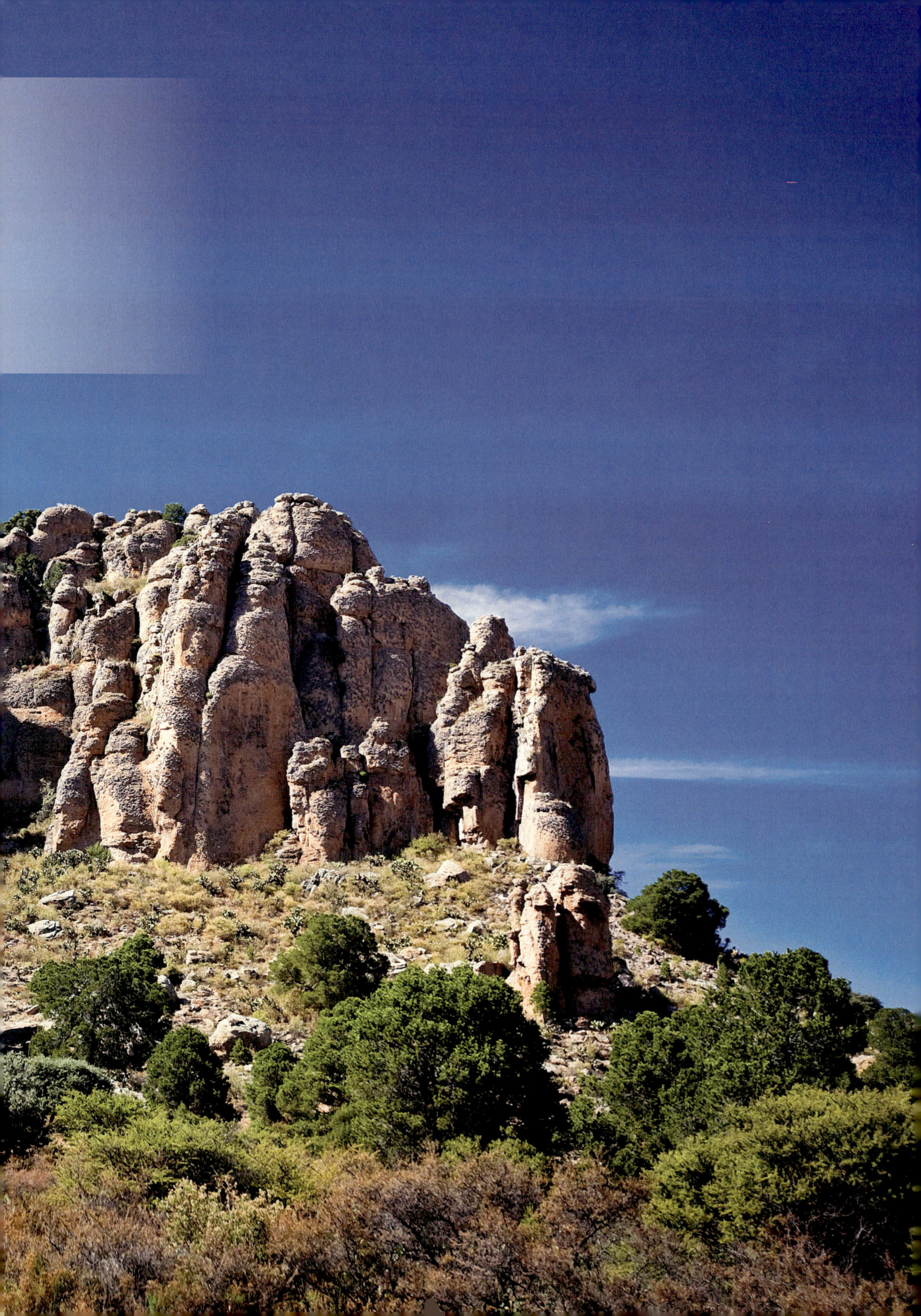

Sierra de Órganos landscape; pp.288-289 - Huge stone columns shaped like organ pipes
Paisaje de la Sierra de Órganos; pp.288-289 - Imponentes columnas pétreas parecidas a los tubos de órgano

The state of Zacatecas is home to one of the country's most beautiful national parks. These monumental rock formations are referred to as the Sierra de Órganos because they resemble organ pipes. And, as a matter of fact, they are a natural musical instrument since the wind makes an extraordinary sound as it passes through the towering rocks.

In addition to the columns that rise to between 66 and 197 feet (20-60 m) tall, other rock formations are found here, including ones that are perfectly balanced on top of one another, appearing to defy gravity.

El estado de Zacatecas resguarda uno de los tesoros naturales más bellos del país. Se trata de monumentales formaciones rocosas conocidas con el nombre de Sierra de Órganos por su semejanza a los tubos de un órgano. De cierta manera, también parecen un instrumento musical natural, ya que el viento pasando entre la sierra produce un sonido muy especial.

La altura de estas columnas pétreas alcanza entre 20 y 60 metros (66 y 197 ft). También se encuentran piedras colocadas una encima de la otra, increíblemente equilibradas, que parecen desafiar las leyes de la gravedad.

These imposing boulders spread out over the semi-desert are reminiscent of the wild west landscape, especially when they turn a reddish hue at sunset. A truly perfect setting for a classic Old West scene.

As such, the place has been used for filming of many movies, especially westerns, including The War Wagon (1967) with John Wayne and Kirk Douglas, Caveman (1981) with Ringo Starr, Revenge (1990) with Kevin Costner, Bandidas (2006) with Salma Hayek and Penelope Cruz, For Greater Glory (2012), etc.

The Sierra de Órganos forms part of the Sierra Madre Occidental mountain range and covers 2780 acres (1125 ha).

Monumental rocks of the Sierra de Órganos National Park
Monumentales formaciones rocosas del Parque Nacional Sierra de Órganos

Misol-Ha

Misol-Ha

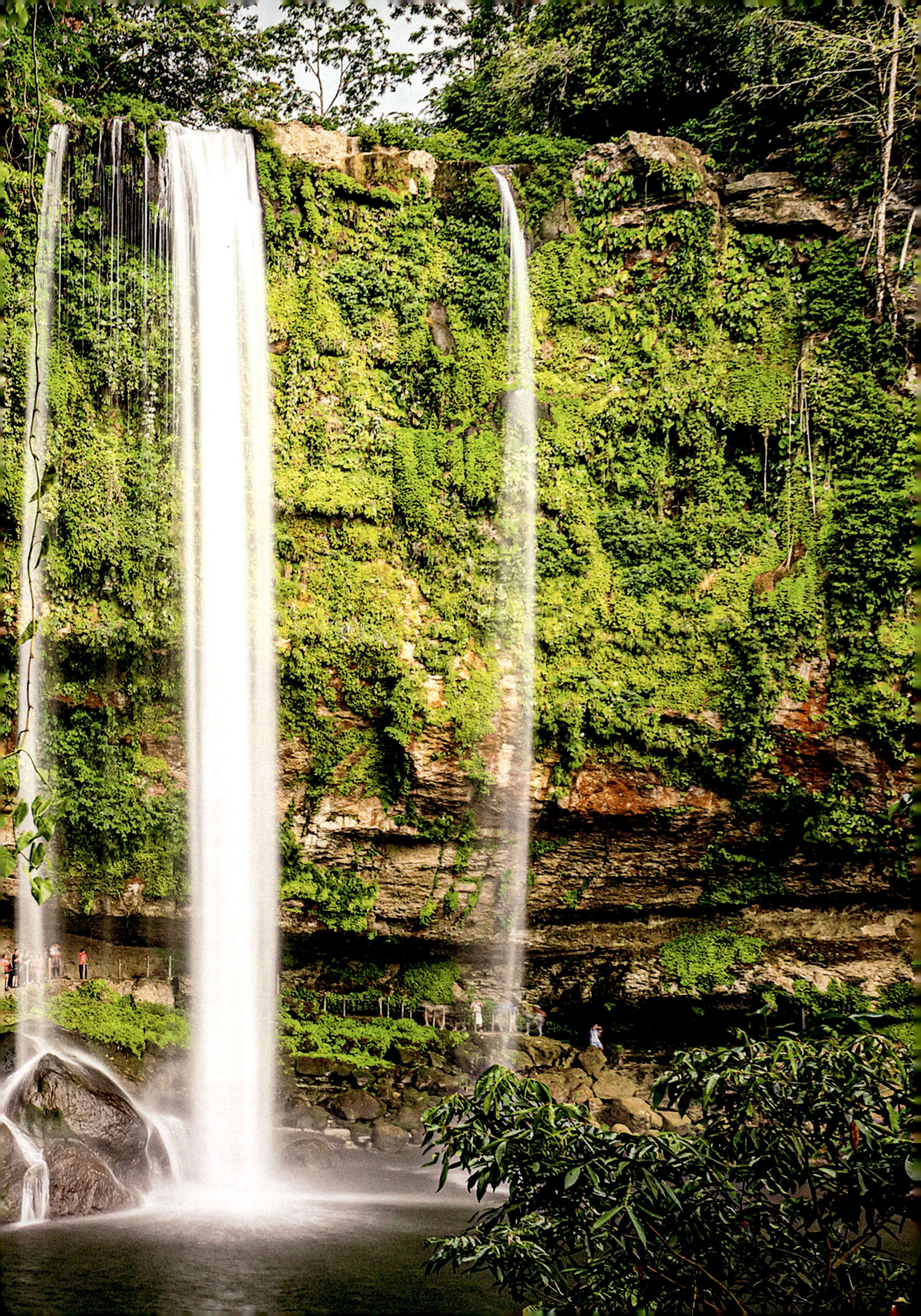

Among all the beautiful waterfalls of Chiapas the Misol-Ha stands out with its single cascade falling in a perfectly straight line.

The name Misol-Ha means "sweeping water," which comes from the Mayan words "ha" (water) and "misol" (palm leaf used for making brooms).

Due to its picturesque natural environment and proximity to the Palenque archeological zone, Misol-Ha has long been one of the most emblematic and visited places in Chiapas. This unspoiled, peaceful, and tranquil paradise envelops visitors with thundering water and jungle sounds.

Entre todas las bellas cascadas esparcidas por el estado de Chiapas se destaca esta caída del agua en perfecta línea recta.

El nombre Misol-Ha ("agua que barre" en maya) proviene de las palabras mayas "ha" (agua) y "misol" (palma de la que se hace escoba para barrer).

Por su pintoresco entorno natural y la proximidad a la zona arqueológica de Palenque, Misol-Ha desde hace tiempo se convirtió en uno de los sitios más reconocidos y visitados de Chiapas. Es un lugar idílico, muy tranquilo y apacible, en el que domina el estruendo del agua y los sonidos de la selva.

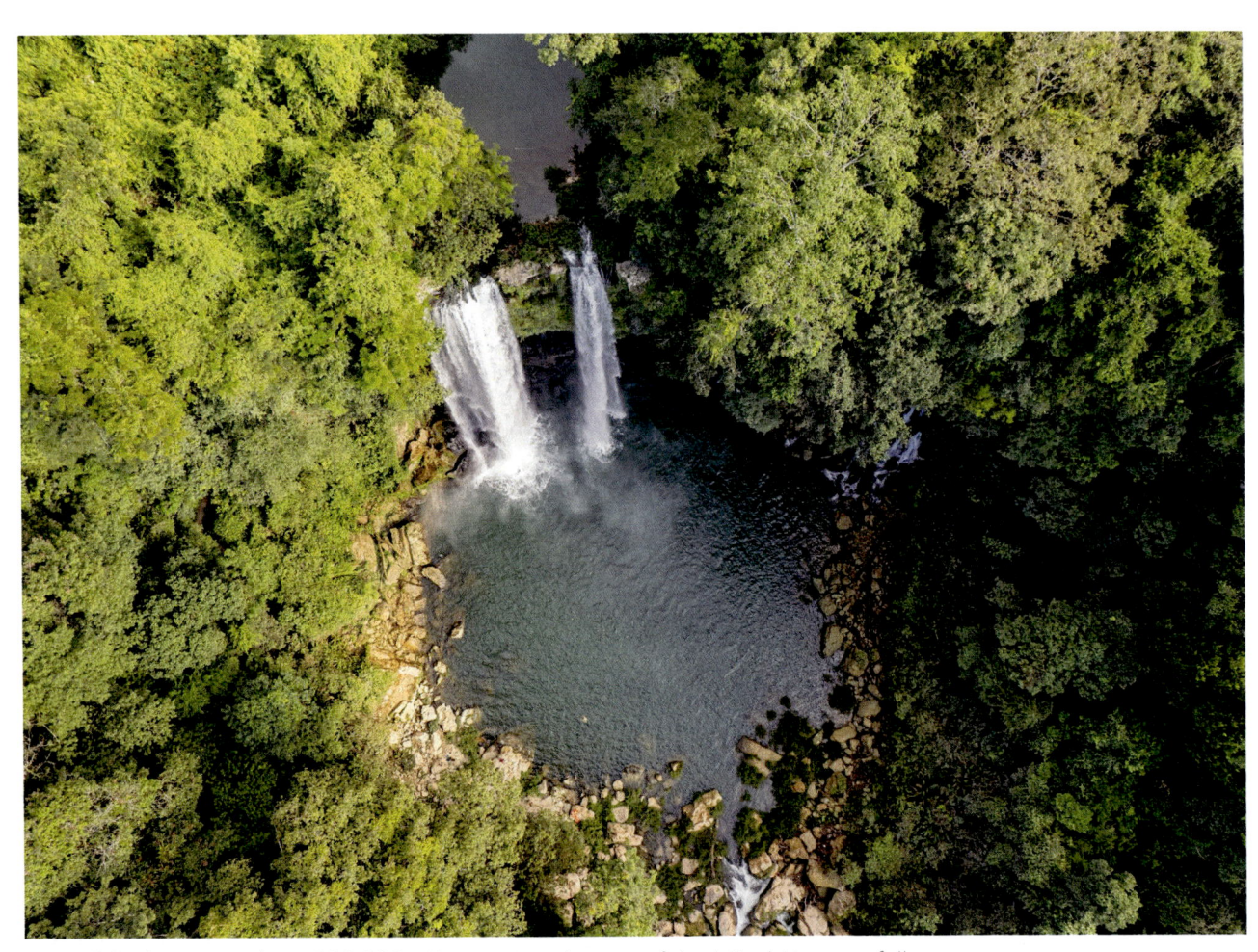

Waterfall plunge pool; pp.292-293 – Harmonious beauty of the Misol-Ha waterfall
Poza formada por la cascada; pp.292-293 – Armoniosa belleza de la cascada Misol-Ha

The Misol-Ha waterfall is approximately 98 feet (30 m) high and is surrounded by dense tropical vegetation.

In the rainy season, which usually runs from June through October, the water becomes less clear, taking on a brown color due to the mud dragged along by the stream.

As the water descends, it forms a large circular pool. A small path surrounds the pool leading to a spot behind the falls. Walking behind the curtain of water brings unparalleled sensations and allows visitors to contemplate the beauty of this place from a different perspective.

La cascada de Misol-Ha tiene aproximadamente 30 metros (98 ft) de altura y está rodeada por abundante vegetación tropical.

En época de lluvias, que suele ser entre los meses de junio y octubre, el color del agua pierde su transparencia y puede verse marrón debido al lodo que arrastra el cauce.

Las aguas al caer forman una amplia poza circular. Un pequeño sendero rodea la poza y continúa por detrás de la cortina del agua. Caminar detrás de la cascada es una sensación inigualable, que permite contemplar la belleza del lugar desde una perspectiva diferente.

Trail behind the waterfall
Sendero por detrás de la caída de agua

Credits

Copyright © Anna Rose, 2022
All rights reserved.
No part of this publication may be reproduced, distributed, or transmitted in any form without the prior written permission of the copyright holder.

Contact - https://photoguide.online, photoguide.travel@gmail.com

Text - Anna Rose, Ana Baehr
Proofreading - Ana Baehr, Ana Paula Cuervo, Alicia Lepre Larrosa
Cover photo - Luis Cantu, @_luis_cantu
Cover design - Islam Farid
Design, editing, general coordination - Anna Rose

Special thanks to all the people that supported and participated in the creation of this book and to all those who dedicate their efforts to the protection of the natural wealth of Mexico.

ISBN 979-8-218-12012-2

Créditos

Copyright © Anna Rose, 2022
Todos los derechos reservados.
Ninguna parte de esta publicación puede reproducirse, distribuirse o transmitirse de ninguna forma sin el permiso previo por escrito del titular de los derechos de autor.

Contacto - https://photoguide.online, photoguide.travel@gmail.com

Texto - Anna Rose, Ana Baehr
Corrección - Ana Baehr, Ana Paula Cuervo, Alicia Lepre Larrosa
Foto de portada - Luis Cantu, @_luis_cantu
Diseño de la portada - Islam Farid
Diseño, edición, coordinación general - Anna Rose

Un agradecimiento especial a todas las personas que apoyaron y participaron en la creación de este libro y a todas las que dedican sus esfuerzos a la protección de las riquezas naturales de México.

ISBN 979-8-218-12012-2

Images
Imágenes

Cover photo / foto de portada – Luis Cantu/ Instagram @_luis_cantu
p.1   KrapOlga/Shutterstock.com
p.5 – Juan Carlos Munoz/Shutterstock.com
pp.6-7 – Andrea Izzotti/Shutterstock.com
p.8 – Nailotl/Shutterstock.com
p.11 – Olli/stock.adobe.com
p.12-13 – Lu_sea/Shutterstock.com
p.14 – Koshkina Tatiana/Shutterstock.com
p.15 – Javarman/Shutterstock.com
pp.16-17 – Ollin Mt/Shutterstock.com
p.18 – CassielMx/Shutterstock.com
p.19 – Paris Claudio 2020/Shutterstock.com, Nyker/Shutterstock.com
pp.20-21 – Cristobal Garciaferro/Shutterstock.com
pp.22-23, 24, 27 – Rubi Rodriguez Martinez/Shutterstock.com
p.26 – Marcos E Ramos Ponciano/Shutterstock.com, JoseLuis/stock.adobe.com
pp.28-29 – Jess Kraft/Shutterstock.com
p.30 – Marcos E Ramos Ponciano/Shutterstock.com
p.31 – Inspired By Maps/Shutterstock.com
pp.32-33 – Tono Pulido/Shutterstock.com
p.34 – Anko70/Shutterstock.com
p.35 – Tono Pulido/Shutterstock.com, Breinhuash/stock.adobe.com
pp.36-37 – Leonardo Gonzalez/Shutterstock.com
p.38 – Michael Bogner/Shutterstock.com, Leonardo Gonzalez/Shutterstock.com
pp.40-41 – Nido Huebl/Shutterstock.com
p.43 – CanadianPhotographer56/Shutterstock.com
p.44 – NickyRedl/Shutterstock.com
p.45 – Simon Dannhauer/Shutterstock.com, Ingus Kruklitis/Shutterstock.com
pp.46-47 – Sergio Tapiro/Shutterstock.com
p.48 – Akramer/Shutterstock.com
p.49 – Jose de Jesus Churion Delvecchio/Shutterstock.com
pp.50-51 – Kylie Nicholson/Shutterstock.com
p.52 – Emily Marie Wilson/Shutterstock.com
p.53 – Cavan-Images/Shutterstock.com
pp.54-55 – David Colin/Shutterstock.com
p.56 – Stacyarturogi/Shutterstock.com
p.57 – Esdelval/Shutterstock.com, Raul Rodriguez Arias/Shutterstock.com
pp.58-59 – M_boldrin/Shutterstock.com
p.60 – Urosr/Shutterstock.com
p.61 – Daniel Bouquets/Shutterstock.com
p.62-63, 64, 65 – Perlas del Mar de Cortez/perlas.com.mx, cortezpearl.mx, @cortezpearlofficial

pp.66-67– Adriana Margarita Larios Arellano/Shutterstock.com
p.68 – Marco Ortiz-MOF/Shutterstock.com
p.69 – Adriana Margarita Larios Arellano/Shutterstock.com
pp.70-71 – Rubi Rodriguez Martinez/Shutterstock.com
p.73 – Esdelval/Shutterstock.com, Wayak/Shutterstock.com
pp.74-75 – Edgar Photosapiens/Shutterstock.com
p.76 – Gino Caballero/Shutterstock.com
p.77 – Peter Clark/stock.adobe.com
pp.78-79, 81 – JoseLuis/stock.adobe.com
p.80 – Jesus Causil/Shutterstock.com
pp.82-83 – Stacyarturogi/Shutterstock.com
p.84 – Rubi Rodriguez Martinez/Shutterstock.com
p.85 – Benjamin Lopez G/Shutterstock.com
pp.86-87 – Frederick Millett/Shutterstock.com
p.89 – Ruth Peterkin/Shutterstock.com
pp.90-91 – JoseLuis/stock.adobe.com
p.92 – Guillermo_Garcia/Shutterstock.com
p.93 – Jacomergo/Shutterstock.com
pp.94-95 – Hakan Ozturk/Shutterstock.com
p.96 – Guajillo studio/Shutterstock.com
p.97 – Tom Ha/Shutterstock.com, Mardoz/Shutterstock.com
pp.98-99 – Stefan Haider/Shutterstock.com
p.100 – Javarman/Shutterstock.com, Tommy Daynjer/Shutterstock.com
p.101 – Natalia Gurieva/Shutterstock.com
p.102 – Javarman/Shutterstock.com
p.103 – JHVEPhoto/Shutterstock.com
pp.104-105 – Luismrivas/stock.adobe.com
p.107 – Luis/stock.adobe.com
pp.108-109 – stockfilm.com/stock.adobe.com
p.110 – Andrea Izzotti/Shutterstock.com
p.111 – Emily Marie Wilson/Shutterstock.com
pp.112-113, 114 – Rubi Rodriguez Martinez/Shutterstock.com
p.115 – Chad Zuber/Shutterstock.com
pp.116-117 – Ecc311/Shutterstock.com
p.118 – Helen Filatova/Shutterstock.com
p.119 – Lisa Strachan/Shutterstock.com
pp.120-121, 122 – Martin Pelanek/Shutterstock.com
pp.124-125 – Isabellaphotography/Shutterstock.com
p.126 – William/stock.adobe.com
p.127 – Esdelval/Shutterstock.com
pp.128-129 – Tom H/stock.adobe.com
p.130 – Jürgen Bochynek/stock.adobe.com
p.131 – Michael Bogner/stock.adobe.com
pp.132-133 – Tetyana Dotsenko/Shutterstock.com
p.134 – LP Production/Shutterstock.com
p.135 – Willyam Bradberry/Shutterstock.com
pp.136-137 – Leonid Andronov/123rf.com

p.138 - Inspired By Maps/Shutterstock.com, Cortina David/CC BY-SA 4.0 via Wikimedia Commons
p.139 - Kertu/Shutterstock.com
pp.140-141, 142-143 - Río Secreto/CC BY-SA 4.0 via Wikimedia Commons
pp.144-145 - Alejandro_Munoz/Shutterstock.com
p.146 - FootageLab/Shutterstock.com
p.147 - Nailotl/Shutterstock.com, Cristhian Canizales/Shutterstock.com
pp.148-149 - CassielMx/Shutterstock.com
p.150 - Blackboxguild/Shutterstock.com
p.151 - Miguelnaranjomx/stock.adobe.com
pp.152-153 - Dr. Juergen Bochynek/Shutterstock.com
p.154 - Rojano.Mx/Shutterstock.com, Dr. Juergen Bochynek/Shutterstock.com
p.155 - Pacoadame/Shutterstock.com
p.156 - Worldswildlifewonders/Shutterstock.com
p.157 - Alexandra Lande/Shutterstock.com
pp.158-159 - LuisGarciaEscobar/Shutterstock.com
p.160 - Vadim Petrakov/Shutterstock.com, Sergey Fomenko/Shutterstock.com
p.161 - The Road Provides/Shutterstock.com
pp.162-163 - Jos macouzet/Shutterstock.com
p.164 - Cryptocone/CC BY-SA 3.0 via Wikimedia Commons
p.165 - RBMapimi/CC BY-SA 4.0 via Wikimedia Commons
pp.166-167 - Alects/Shutterstock.com
p.169 - Oksana Perkins/stock.adobe.com
pp.170-171 - Jorge/stock.adobe.com
pp.172-173 - Lirbalam Abril Cortes Suarez/123rf.com
pp.174-175, 176 - Miguel/stock.adobe.com
p.177 - CarlosVBrito/stock.adobe.com
pp.178-179 - Brenda/stock.adobe.com
p.180 - Pornprapa Korprasert/Shutterstock.com
p.181 - ArtDary/Shutterstock.com
pp.182-183 - World Explorers/Shutterstock.com
p.184 - Joanna Zaleska/Shutterstock.com, Jos macouzet/Shutterstock.com
p.185 - Maximilian Stimmel/Shutterstock.com, Marcos E Ramos Ponciano/Shutterstock.com
pp.186-187 - David/stock.adobe.com
p.188 - Nickolas warner/Shutterstock.com, Deos Fractal/Shutterstock.com
pp.190-191, 192, 193 - Wildestanimal/stock.adobe.com, Shutterstock.com
pp.194-195 - Ciencia y Arte VED/Shutterstock.com
p.196 - Aberu.Go/Shutterstock.com
p.197 - Ger Aguilar/Shutterstock.com
pp.198-199 - HedvikaMichnova.jpg/Shutterstock.com
p.200 - J.S. Lamy/Shutterstock.com
p.201 - Bayazed/Shutterstock.com, Jesus Cobaleda/Shutterstock.com
pp.202-203 - Leonardo Gonzalez/Shutterstock.com

p.204 - Juanmarcos/stock.adobe.com
p.205 - Shane Myers Photography/Shutterstock.com
pp.206-207 - Belikova Oksana/Shutterstock.com
p.208 - Belikova Oksana/Shutterstock.com, Fernanda Arce Amare/Shutterstock.com
p.209 - Lev Levin/Shutterstock.com
pp.210-211 - Mariakray/Shutterstock.com
p.212 - Frederick Millett/Shutterstock.com
p.213 - Iren Key/Shutterstock.com, Arqramos/Shutterstock.com
pp.214-215 - Aguinaldo Matzenbacher/Shutterstock.com
p.216 - Tania Victoria, Secretaría de Cultura de la Ciudad de México/CC BY 2.0 via Flickr.com
p.217 - Wayak/Shutterstock.com
pp.218-219, 220, 221 - Pavel Kirillov/CC BY-SA 2.0 via Wikimedia Commons
pp.222-223 - Agefotostock, Carlos S. Pereyra/Alamy
p.225 - Rini Kools/Shutterstock.com, Elena/stock.adobe.com
pp.226-227 - Lukas Bischoff Photograph/Shutterstock.com
p.228 - Cbojorquez75/CC BY-SA 4.0 via Wikimedia Commons
p.229 - Presidencia de la República Mexicana/CC BY 2.0 via Flickr.com
pp.230-231 - Natydesigns/Shutterstock.com
p.232 - Leonardo Gonzalez/Shutterstock.com
p.233 - VG Foto/Shutterstock.com, Lduarte/Shutterstock.com, Leonardo Gonzalez/Shutterstock.com
pp.234-235 - Schlyx/Shutterstock.com
p.236 - Kazakov Maksim/Shutterstock.com
p.237 - Faviel_Raven/Shutterstock.com
pp.238-239 - Aleksandar Todorovic/Shutterstock.com
p.240 - PrakichTreetasayuth/Shutterstock.com
p.241 - Rubi Rodriguez Martinez/Shutterstock.com
p.242 - Belikova Oksana/Shutterstock.com
p.243 - Javarman/Shutterstock.com, PrakichTreetasayuth/Shutterstock.com
pp.244-245 - JorgePM/stock.adobe.com
p.246 - Bernardojbp/stock.adobe.com
p.247 - Mikael Westgaard/Shutterstock.com, Wayak/Shutterstock.com
pp.248-249 - Mockbird, Wikipedia Loves Art participant "Assignment_Houston_One/CC BY-SA 2.5 via Wikimedia Commons
p.250 - Alexander Van Driessche/CC BY 3.0 via Wikimedia Commons
p.251 - Javier Trueba, Science Photo Library/Alamy
pp.252-253 - Rodolfo Mendoza Torres/Shutterstock.com
p.254 - ScottYellox/Shutterstock.com
p.255 - Tetyana Dotsenko/Shutterstock.com
pp.256-257 - Andrea/stock.adobe.com
p.259 - Angiolo/stock.adobe.com
pp.260-261 - David Carlos/Shutterstock.com

p.262 – Esdelval/Shutterstock.com
p.263 – Andrea De la Parra/Shutterstock.com
pp.264-265 – Rubi Rodriguez Martinez/Shutterstock.com
p.266 – Mike Laptev/Shutterstock.com,
Rubi Rodriguez Martinez/Shutterstock.com
pp.268-269 – Rubi Rodriguez Martinez/Shutterstock.com
p.270 – Javarman/Shutterstock.com
p.271 – Belikova Oksana/Shutterstock.com
pp.272-273 – EMBorque/Shutterstock.com
p.274, 275 – Maciej Czekajewski/Shutterstock.com
pp.276-277 – Tommaso lizzul/Shutterstock.com
p.278 – Phototrip.Cz/stock.adobe.com,
Structured Vision/Shutterstock.com
p.279 – Alfredo Matus/Shutterstock.com
pp.280-281 – Sergio Garnier/stock.adobe.com
p.282 – Nyker/Shutterstock.com
p.283 – Nailotl/Shutterstock.com
pp.284-285, 286, 287 – Leonardo Gonzalez/Shutterstock.com, stock.adobe.com
pp.288-289, 290 – VisualEyze/stock.adobe.com
p.291 – Tomás Esparza/CC BY-SA 4.0 via Wikimedia Commons, Tmasjeg/CC BY-SA 4.0 via Wikimedia Commons
pp.292-293 – Maritxu/Shutterstock.com
p.294 – Daniel Karfik/Shutterstock.com,
Photoshooter2015/Shutterstock.com
p.300 – Seth Willingham/Shutterstock.com

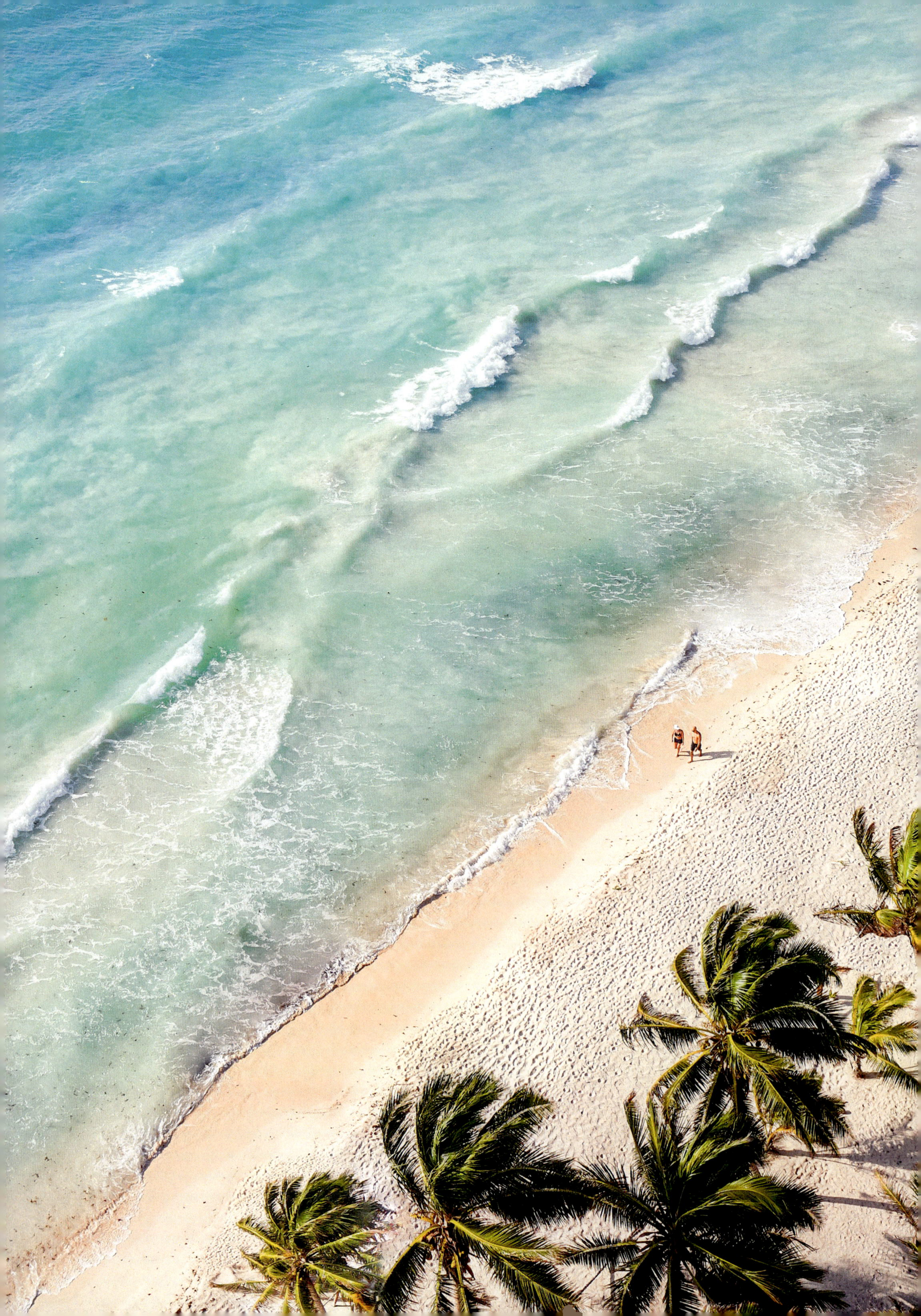

Made in the USA
Las Vegas, NV
04 May 2025

428d227a-2819-4632-809e-0e9b6a02d699R03